Die Verhandlungen der ersten zehn deutschen Juristentage

(1860 bis 1872).

Im Auftrage der ständigen Deputation

übersichtlich geordnet

von

Dr. Carl v. Kißling.

Berlin, 1873.
Commissions-Verlag von J. Guttentag.
(D. Collin.)

Vorwort.

Die ersten zehn deutschen Juristentage — unter dem Präsidenten Geheimrath Dr. v. Wächter 1860 in Berlin, 1862 in Wien, 1863 in Mainz, 1864 in Braunschweig, 1867 in München, unter dem Präsidenten Geheimrath Dr. Bluntschli 1861 in Dresden und 1869 in Heidelberg, unter dem Präsidenten Prof. Dr. Gneist 1868 in Hamburg, 1871 in Stuttgart und 1872 in Frankfurt am Main — haben in 20 Bänden ein so reiches Material geliefert, daß es nothwendig erschien, dasselbe zu ordnen und durch eine übersichtliche Darstellung für den Gebrauch zugänglicher zu machen.

Ueber Wunsch der ständigen Deputation habe ich diese Darstellung übernommen und übergebe sie hiemit den hochverehrten Mitgliedern des Juristentages mit der Bitte für allfällige Mängel mir Nachsicht zu gewähren.

Mein Bestreben ging dahin ein Bild der Gesammtthätigkeit zu schaffen, und dabei sowohl die Resultate der Verhandlungen als den Antheil der Einzelnen an denselben festzustellen.

Die tabellarische Form schien mir der Uebersichtlichkeit wegen nothwendig. Es sind um diese zu erleichtern, so weit es ohne Raumverschwendung möglich war, die Gutachten, Abtheilungs- und Plenarverhandlungen jedes einzelnen Juristentages neben einander gereiht, und dort, wo dieses nicht der Fall ist, wird bei Beachtung der römischen Ziffer des Citates aus den Verhandlungen eine Irrung nicht vorkommen können.

Oefters ist eine Materie je nach dem vorwaltenden Gesichtspunkte, an verschiedenen Orten behandelt, daher um sicher zu gehen das Sachregister jedesmal zu benützen.

Die Schwierigkeit der Arbeit wurde reichlich gelohnt durch die in mir befestigte erhebende Ueberzeugung, daß auf dem Gebiete geistigen Schaffens eine durch die widrigsten Verhältnisse nicht zerstörbare Solidarität der für ihren Beruf wahrhaft Begeisterten herrscht.

Und wahrlich, die Jahre, während welcher die ersten zehn Juristentage thätig waren, sind von schweren und schmerzlichen Ereignissen erfüllt, die sehr geeignet gewesen wären, das große Werk dieser Vereinigung zu hemmen, wenn nicht unmöglich zu machen.

Vor Allem war dieß die politische Trennung Oesterreichs von Deutschland — die, obschon als eine unabweisbare Nothwendigkeit von vielen vorausgesehen, doch immerhin schmerzlich die Betheiligten ergreifen mußte — dann die glücklicher Weise schnell überwundene unnatürliche Zertheilung Deutschlands in den norddeutschen Bund und die dem Süden angehörigen Staaten.

Aus allen diesen widrigen Verhältnissen hat sich durch eigene Kraft ein großes mächtiges Deutschland, und ein erstarktes Oesterreich gebildet, die beide derselben großen Culturaufgabe, den Geist der Sitte, der Bildung und des Fortschrittes in Europa auf dem Wege der Friedens zu verbreiten und durch die Einigung ihrer materiellen Kräfte Europa den Frieden zu sichern, bestimmt sind.

Vor Allen trägt dazu bei die Entwicklung eines den Forderungen der Zeit entsprechenden Rechtszustandes, welcher Kraft mit Humanität verbindet, und dazu soll und will der Juristentag für diese beiden großen Staatsgebiete unaufgefordert und unaufgedrungen mitwirken.

In diesem Sinne haben auch die deutsch-österreichischen Juristen immer ihren berechtigten Platz in demselben, denn sie fördern das Interesse Deutschlands, wenn sie ihre, in dem vielgestaltigen Verkehrsleben eines großen, trotz allem momentanen Mißgeschicke mächtig emporblühenden Staatswesens gewonnenen Erfahrungen, und die durch die selbstständige Rechtsentwickelung geformten Rechtsüberzeugungen in dem Kampfe der Meinungen geltend machen.

Vor allen nützen sie aber dadurch mächtig Oesterreich, weil das deutsche Wesen sich nur durch andauernde unermüdliche geistige Arbeit und die engste geistige Verbindung mit Deutschland zu dem ohne Zwang und Drang und doch unwiderstehlich herrschenden Lebensfaktor dieses Staates heranbilden kann.

Das mag erklären, warum der Antheil der deutsch-österreichischen Juristen an den Arbeiten des Juristentages trotz aller Ereignisse gleich geblieben ist, sowie darüber beruhigen, daß kein untreuer Hintergedanke die Theilnehmer festhält und den Wunsch berechtigt aussprechen lassen, daß die Theilnahme für die Zukunft nur noch eine lebhaftere sein möge.

Linz, im Juli 1873.

Der Verfasser.

Inhalt.

Seite

Ab instantia Freisprechung 130
Absolute Strafe 94
Abweisung der Klage per decretum wegen Nichtbegründung 216
Akkordverfahren 268
Advokaten, Ueberwachung derselben . 204
Advokatenhonorar 206
Advokatenordnung 200
Advokatur Freigebung derselben 200, 202
" Organisation derselben . . 204
" Unabhängigkeit derselben . 202
Akademische Gerichtsbarkeit 180
Aktiengesellschaften 82
Anerkennungsvertrag — verbindliche Kraft desselben 56
Anfechtbarkeit der Verträge wegen laesio enormis 56
Angeklagter, Einlassung desselben auf die Anklage 148
Anklage, Einlassung auf dieselbe von Seite des Angeklagten 148
Anklagebeschluß 144
Antizipation der Beweismittel . . . 212
Anwaltschaft, Freigebung derselben 200, 202
Anwaltszwang 216, 218
Archiv reichskammergerichtliches zu Wetzlar 168
Arrest des Lohnes 266
Außerkurssetzung der Inhaberpapiere . 80
Auskunftertheilung über geltendes Recht durch den d. J. T. 2
Bagatellstreitigkeiten, Verfahren für dieselben 188
Beamtendelikte, Haftung des Staates und der Gemeinden für dieselben . . . 48
Beeidigung der Zeugen im Strafverfahren 132
Bedingtes Mandat 260
Bericht über die Rechtsentwicklung 2, 3, 26
Berufung im Zivil-Prozeß 256

Seite

Berufungsinstanz im Strafverfahren 140, 142
Beschuldigte, Befugnisse desselben . . 112
Beschuldigter, Stellung desselben im Strafprozeß 112
Beurkundung, Formen und Kautelen . 208
Beweis im Schädenprocesse 242
Beweisantizipation 212
Beweisantritt, Regelung desselben . . 234
Beweisinterlokut, bindendes im Zivil-Prozeß 230
Beweisinterlokut, Inappellabilität desselben 214
Beweislast, Ausspruch über dieselbe in der Beweisverfügung 240
Beweismittel, Benennung in den vorbereitenden Schriften 234
Beweismittel, Verbindung mit den Behauptungen 212
Beweisprüfung, freie im Zivil-Prozesse 224
Beweisregeln, bindende im Ziv.-Prozeß 224
Beweisverfügung, Inhalt derselben . . 240
Beweiswirkung des Strafurtheils im Zivil-Prozeß 244
Bibliotheken, Mittheilung der Druckschriften des J. T. 2
Cautelen der Beurkundung 208
Civilehe — obligatorische 66
Civiljury im Civil-Prozeß 252
Civilurtheile, Vollstreckung derselben . 258
Collegia publica 20
Commanditgesellschaften auf Aktien . . 82
Competenz — Prüfung derselben durch die Gerichte 174
Concursverfahren 268
Connubium zwischen Christen und Nichtchristen 66
Cridatar, Ehrenrechte desselben . . . 270
Deklaration der W. O. 84
Disziplinarbehandlung der Advokaten und Kandidaten 204

Seite

Eidesdelation, eventuelle 248
Eidesnorm, allgemeine für Deutschland 220
Eidliche Vernehmung der Parteien als Zeugen im Zivil-Proceß 246
Ehefrau, Stellung derselben bei Rechtsgeschäften 66
Ehegüterrecht 66
Ehrenrechte des Kridatars 270
Einlassung auf die Anklage von Seite des Angeklagten 148
Einzelngerichte, Zulässigkeit derselben . 172
Einzelnhaft 150
Einzelnrichter in Zivilsachen 188
Einzelnrichter in Strafsachen 156
Einzelnrichter und Eventualmaxime . 218
Entlohnung der Advokaten 206
Entscheidung der Rechtsfrage ohne Prozeß 262
Entwurf der Zivil-Prozeßordnung für den norddeutschen Bund 212
Entwurf des Strafgesetzes für den norddeutschen Bund 166
Entwürfe, Bearbeitung von Gesetzes-Entw. durch den J. T. 2
Erbe, Haftung desselben 74
Erkenntnisse, zivilrechtlicher Vollzug derselben 258
Erkenntniß, daß Anklage stattfinde . . 144
Erwerbsgenossenschaft 82
Erzwingbarkeit des Zeugnisses im Strafverfahren 134
Eventualmaxime im Zivil-Prozeß . . 218
Eventualmaxime vor Einzelnrichtern . 218
Examen 18
Exekution ohne Prozeß 260
Exekutionsordnung, Entwurf derselben 22
Familienrath 70
Formen der Beurkundung 208
Frachtgeschäft im Handelsgesetzbuch . . 76
Friedensgerichte 168
Freigebung der Anwaltschaft . . 200, 202
Freisprechende Erkenntnisse, Berufung gegen dieselben 142
Freisprechung ab instantia 130
Gemeinde und deren Aufgabe im Vormundschaftswesen 70
Gemeinden, Haftung derselben für Beamtendelikte 48
Genossenschaft 82
Gerichtsbarkeit für Studirende . . . 180
Gerichtsferien 176
Gerichtshof höchster für Deutschland . 166
Gerichtliche Polizei 122
Gerichtsorganisation — Einheit und Grundsätze derselben 170
Gerichtsvollzieher 264
Gerichtszeitung — (preußische, später deutsche) Organ des d. J. T. 16, 17
Gesellschaft — stille, Reform derselben 74
Gesetzesentwürfe — Bearbeitung durch den d. J. T. 2
Gesetzgebung gemeinsame für den norddeutschen Bund und die süddeutschen Staaten 28
Gesetzgebungswissenschaft — Lehrkanzel hierfür 18
Geschworenengerichte 124, 126
Gewohnheitsrecht als Rechtsquelle . . 34
Giltigkeit der Verträge — Unabhängigkeit von schriftlicher Form . . . 64
Großjährigkeit, Zeitpunkt derselben . . 34
Grundbuchswesen — Sätze hierüber 36—46
Gütergemeinschaft im Ehegüterrecht . 66
Haftung des Erben 74
Haftung des Staates und der Gemeinden für Beamtendelikte 48
Haftung für Unfälle von Angestellten industrieller Unternehmungen . . 62
Handlungsfähigkeit der unter väterlicher Gewalt stehenden Personen . . . 34
Handlungsgerichte, Errichtung und Organisation 176
Handelsgesetzbuch, Einführung desselben 78
Handelsmäkler 80
Honorar der Advokaten 206
Hypothekenrecht, Sätze aus demselben 36—46
Inamobilität der Richter 170
Inappellabilität der Beweisinterlokute 214
Industrielle Unternehmungen, Haftung derselben für Unfälle ihrer Angestellten 62
Inhaberpapiere Außerkurssetzung derselben 80
Interzessionen der Personen weiblichen Geschlechtes 34
Justizpolitik — Lehrkanzel hiefür . . 18
" Handbuch derselben . . . 18
Juristische Klinik 18
Juristisches Studium — Entwicklung desselben 18
Jury Beseitigung durch Schöffen . . 162
Jury im Zivilprozeß 252
Kandidaten der Advokatur, Ueberwachung derselben 204
Klinik juristische 18
Kollegialverfassung 172
Krugs-Ideen zu einer gemeinsamen d. Strafgesetzgebung 88
Laesio enormis 56
Lehrfreiheit 20
Lernfreiheit 20
Liegenschaften — Zwangsverkauf derselben 262
Lohn Arrest desselben 266
Mandat, bedingtes 260
Mandatsverfahren 220, 250
Militärgerichtsbarkeit 106
Militär-Strafrecht 10

Seite

Mündliche Verhandlung im Ziv. Proc. 222
Muthwillenstrafen 230
Nachdrucksgesetz 48
Nichtbegründung der Klage — Abweisung per decretum 216
Notariat — Beruf desselben . . 206, 208
Notariat, Trennung von der Anwaltschaft 206, 208
Notariatscollegien 208
Notariatskammern 206
Nova, Zulassung im Zivil-Prozeß . . 256
Norddeutscher Bund, Entwurf des Strafgesetzbuches für denselben 166
Norddeutscher Bund, Entwurf der Zivil-Proceßordnung für denselben . . 212
Nürnberger Commission für W. O. . 84
Oberster Gerichtshof in Handelssachen 76, 78
Oberster Gerichtshof, Rechtsmittel bei demselben 218
Oberstes Reichsgericht 184
Obligationenrecht, Gesetz hierüber . . 24
Obligatorische Vertretung durch Anwälte 216, 218
Oeffentliches Recht 2
Ordnungsstrafen 230
Organisation der Handelsgerichte . . 176
Organisation des Juristentages . . 2—19
Organisation der Notariatscollegien . 208
Ortsgerichte 168
Papiergeld 84
Patentgesetzgebung 76
Paternitätsklage 66
Parteien, eidliche Vernehmung als Zeugen im Zivil-Prozeß 246
Personalarrest 260
Petitionen, an die Regierungen unzulässige 2
Politische Verbrechen 124
Präklusivfrist für Vorbringer von Thatsachen, Einreden und Beweismitteln 236
Presse, Behandlung der durch dieselbe verübten strafbaren Handlung . . 102
Preßverbrechen 129
Privatanklage 110
Privatankläger, Rechte desselben . . 112
Privatdozenten, praktische Bildung derselben 18
Prozeßordnung, Entwurf derselben . . 24
Prozeßordnung in bürgerl. Rechtsstreitigkeiten für den norddeutschen Bund . 212
Prüfungsrecht des Richters über Verfassungsmäßigkeit des Gesetzes . . 28
Rechte des Privatanklägers 112
Rechts- und Thatfrage im Strafprozeß 124
Rechtsentwicklung, Bericht über dieselbe 2, 3
Rechtsfrage, Entscheidung ohne Prozeß 262
Rechtsmittel der Staatsanwaltschaft zu Gunsten des Angeklagten 142

Seite

Rechtsmittel dritter Instanz 218
Rechtsmittel gegen Feststellung der Thatfrage im Strafverfahren 148
Rechtsmittel im Schädenprozesse . . 242
Rechtspflegestatistik 186
Rechtspraktikanten, deren Praxis bei Verwaltungsbehörden 22
Rechtsstreitigkeiten, bürgerl. Prozeßordnung für den norddeutschen Bund . 212
Regierungen, Petitionen an dieselben unzulässig 2
Reichsgericht, höchstes 184
Reichskammergerichtliches Archiv zu Wetzlar 168
Revisio in jure im Zivil-Prozeß . . 256
Richter, Inamobilität derselben . . 170
Sachverständige im Schädenprozesse . 242
Schaden, Ermittlung desselben . . . 242
Schädenprozesse, Verfahren in denselben 242
Schöffengerichte 156
Schöffen zur Beseitigung der Jury . . 162
Schriftliche Form der Verträge . . . 64
Schriftliches Vorverfahren im Zivil-Pr. 222
Schrift zur Feststellung des Thatbestandes im Zivil-Prozeß 252
Solidarbürgschaft der Genossenschaftsglieder 82
Staat, Haftung desselben für Beamtendelikte 48
Staatliche Genehmigung von Aktiengesellschaften, Commanditgesellschaften auf Aktien und Genossenschaften . 82
Staatsanwaltschaft, Berufungsrecht gegen freisprechende Erkenntnisse . . . 142
Staatsanwaltschaft, Einrichtung derselben 190
Staatsanwaltschaft in bürgerl. Rechtsstreitigkeiten 188
Statistik der Rechtspflege 186
Statistik der Strafrechtspflege . . . 124
Statut des Juristentages . . . 2—19
Stenografie im gerichtlichen Dienste . 180
Strafen, absolute 94
Strafen, entehrende 98
Strafen, Verjährung der rechtskräftig zuerkannten 90
Strafen wegen Gebrauch von Rechtsmitteln 230
Strafgesetzbuch, allgemeines deutsches 86, 88
Strafgesetzbuch für den nordd. Bund . 166
Strafmaß, Erweiterung desselben . . 94
Strafprozeßordnung, Entwurf derselben 126
Strafstatistik 124
Strafurtheil, Beweiswirkung im Zivil-Prozesse 244
Strafverfahren, Wiederaufnahme desselben 146
Strafverschärfung, fakultativ 94
Strafvollstreckung mit Berücksichtigung der Individualität 138

	Seite
Studium, juristisches auf den Universitäten	18
Studienzeit	18
Studirende, besondere Gerichtsbarkeit für dieselbe	180
Sühneverfahren	220
That- und Rechtsfrage im Strafprozeß	124
Thatbestand, Feststellung durch Schrift im Zivil-Prozeß	252
Thatfrage — Rechtsmittel gegen die Feststellung derselben im Strafverfahren	148
Todesstrafe	90, 92
Unabhängigkeit der Rechtspflege	174
Universitäten — juristisches Studium auf denselben	18
Universitätsgerichte	180
Urheberrecht an Werken der Literatur und Kunst	48
Urtheile civilr. Vollzug derselben	258
Vaterschaftsklage	66
Väterliche Gewalt — Handlungsfähigkeit der unter derselben stehenden Personen	34
Verfahren in Bagatellstreitsachen	188
Verfassungsmäßigkeit des Gesetzes von Richtern zu prüfen	28
Vergleichende Rechtsgeschichte, Lehrkanzel hierfür	18
Vergleich vor dem Prozeß	262
Verjährung rechtskräftig zuerkannter Strafen	90
Verkauf zwangweiser, von Liegenschaften	262
Verletzung über die Hälfte	56
Veröffentlichung der Gesetzentwürfe	26
Versicherungswesen	76
Vertheidiger — Befugnisse desselben	112
Verträge — schriftliche Form derselben	64
Vertretung durch Anwälte obligatorisch	216, 218
Verwaltungsbehörden Praxis der Rechtspraktikanten bei denselben	22
Vollstreckung der Zivilurtheile durch die Gerichte oder besondere Beamte	264
Vollzug zivilrechtlicher Urtheile	258
Vormundschaftsrecht und Behörden	70
Voruntersuchung im Strafprozesse	128
Wechsel-Ordnung, Commission für selbe	84
Wechsel-Ordnung, Deklaration derselben	84
Wechsel-Ordnung, Novellen zur selben	78
Wechselrecht, gemeinsames	86
Wetzlar, reichskammergerichtliches Archiv daselbst	168
Wiederaufnahme des Strafverfahrens	146
Wuchergesetze — Aufhebung derselben	56
Würderungseid im Schädenprozesse	242
Zeugen, Beeidigung derselben im Strafverfahren	132
Zeugenbeweis, Beschränkung desselben	232
Zeugenpflicht in Kriminalsachen	164
Zeugniß im Strafverfahren	134
Zinsfuß — freie Vereinbarung desselben	36
Zuständigkeit der Strafgerichte nach der in hypothesi verwirkten Strafe	160
Zwangsausgleich	270
Zwangsverkaufsverfahren	232

Inhaltsübersicht.

I. Organisation des Juristentages.
II. Rechtsstudium und praktische Ausbildung.
III. Gesetzgebung im Allgemeinen.
IV. Bürgerliches Recht.
1. Allgemeine Lehren.
a. Rechtsquellen.
b. Personen.
2. Sachenrecht.
3. Obligationenrecht.
4. Familienrecht.
a. Eherecht.
b. Verhältniß zwischen Eltern und Kindern.
c. Vormundschaftswesen.
5. Erbrecht.
6. Handels- und Wechselrecht, Gewerberecht.
V. Strafrecht.
VI. Strafverfahren und Strafvollzug.
VII. Gerichtsverfassung und gerichtliches Verfahren überhaupt.
1. Gerichte.
2. Richter.
3. Staatsanwaltschaft.
4. Advokatur.
5. Notariat.
VIII. Verfahren in bürgerlichen Rechtsstreitigkeiten überhaupt.
1. Prozeßverfahren.
2. Exekutionsverfahren.
3. Conkurs- und Akkordverfahren.

Ursprüngliches Statut	Abänderungs-Zusatzanträge
I. Organisation des Juristentages.	
§. 1 der „vorläufigen Ordnung." „Der Zweck des Deutschen Juristentages ist: eine Vereinigung für den lebendigen Meinungsaustausch und den persönlichen Verkehr unter den Deutschen Juristen zu bilden, auf den Gebieten des Privatrechts, des Prozesses und des Strafrechts den Forderungen nach einheitlicher Entwickelung immer größere Anerkennung zu verschaffen, die Hindernisse, welche dieser Entwickelung entgegenstehen, zu bezeichnen und sich über Vorschläge zu verständigen, welche geeignet sind, die Rechtseinheit zu fördern." I. 3.	Zu §. 1. Antrag des Prof. Dr. Algidi aus Hamburg: auch das öffentliche Recht einzubeziehen, zurückgezogen. I. 308. In der 4. Abtheilung wurde nach Mittheilung des Präs. Lette aus Berlin beschlossen, daß der Juristentag keine Ersuchen (Petitionen) an die Regierungen zu richten habe. I. 227. Obergerichtsrath Bähr zu Kassel in 8 Zusatz-Paragrafen: „Der d. J. T. bildet für seine Mitglieder ein bleibendes Organ zum Austausch begehrter Auskunft über das in den einzelnen deutschen Ländern geltende besondere Recht." I. 7. Geheimrath Professor Dr. Mittermaier aus Heidelberg stellt den in 11 Paragrafen gegliederten Antrag, daß d. J. T. sich als weitere Aufgabe setze, die Bearbeitung von Entwürfen solcher Gesetze zu übernehmen, deren Erlassung für das gesammte Deutschland ein allgemeines Interesse hat. I. 60. Priv. Dozent Dr. Nissen: „Der J. T. wolle den Bibliotheken der deutschen Universitäten seine Druckschriften einliefern." II. 2. 599. Obergerichtsrath Vorwerk zu Wolfenbüttel: Der d. J. T. wolle beschließen: 1. Daß auf jedem J. T. von den Mitgliedern Auskunft darüber erwartet

Beschlüsse hierüber	Gegenwärtig geltendes Statut
Die vorläufige Ordnung wurde mit der Abänderung zu §. 7, daß vier Vizepräsidenten zu wählen seien, in der ersten General-Versammlung des 1. D. Juristentages einstimmig angenommen. I. 179.	
Wurde in der zweiten Plenar-Versammlung des 1. D. Juristentages dieser Beschluß der 4. Abtheilung, keine Petitionen an die Regierungen zu richten, angenommen. I. 229.	§. 1. Der Zweck des Deutschen Juristentages ist: eine Vereinigung für den lebendigen Meinungsaustausch und den persönlichen Verkehr unter den Deutschen Juristen zu bilden, auf den Gebieten des Privatrechts, des Prozesses und des Strafrechts den Forderungen nach einheitlicher Entwickelung immer größere Anerkennung zu verschaffen, die Hindernisse, welche dieser Entwickelung entgegenstehen, zu bezeichnen und sich über Vorschläge zu verständigen, welche geeignet sind, die Rechtseinheit zu fördern.
Die Abtheilung hat die Annahme mit Modifikation der §§. 2 und 3 beantragt. I. S. 212. Ueber Antrag des Rechtsanwaltes Dr. Horwitz in der 2. Plenarversammlung des 1. d. J. T. durch Uebergang zur Tagesordnung abgelehnt. I. 213.	
In der 1. Abtheilung über Antrag des Geheimrathes v. Wächter die Ablehnung beantragt. I. 310. Dieser Antrag wurde über Referat des Professor Hering in der 2. Plenarversammlung des 1. d. J. T. angenommen. I. 225.	
In der 4. Abtheilung des 2. d. J. T zur Kenntniß gebracht, ohne daß weiterer Beschluß gefaßt wurde. II. 2. 599—600.	
Wurde beschlossen, daß die Deputation alljährlich über die Sachlage Bericht zu erstatten habe. II. 2. 135—139.	

Ursprüngliches Statut	Abänderungs-Zusatzanträge
	werde, was in den einzelnen deutschen Staaten von Regierungen, Kammern Gerichten und Vereinen für oder wider die Förderung deutscher Rechtseinheit seit Jahresfrist geschehen sei; 2. daß die ertheilte Auskunft besprochen und sammt etwaigen Resolutionen veröffentlicht werden solle. II. 237. f. III. 4. Antrag Försters.
§. 2. „Der Deutsche Juristentag tritt alljährlich zusammen." I. 3.	Hofgerichtsrath Brauer aus Bruchsal beantragt zu §. 2: „In Bezug auf die Wahl des Versammlungsortes gilt, abgesehen von außerordentlichen Ausnahmsfällen, die Regel, daß abwechselnd eine geeignete Stadt in der nördlichen oder südlichen Hälfte Deutschlands zu wählen ist, sofern nicht, was dazwischen zu guter Zeit geschehen kann und öfters geschehen soll, eine annähernd im Mittelpunkte von Deutschland liegende geeignete Stadt als Versammlungsort bestimmt wird." II. 228. Ständige Deputation. Zu §. 2. Der Deutsche Juristentag tritt in der Regel alljährlich zusammen, doch ist die ständige Deputation ermächtigt, aus Gründen der Zweckmäßigkeit ausnahmsweise die Wiedereinberufung des Juristentages erst in dem auf dessen letzten Zusammentritt folgenden zweiten Kalenderjahre vorzunehmen. V. 2. 45.
	Kreisrichter Dr. Hilse aus Wongrowitz beantragt, daß in Zukunft die Tagesordnung dahin zu treffen, daß zwischen dem Schluße der Berathungen und dem Endtermine der Gerichtsferien mindestens zwei Tage zur Rückreise frei bleiben. IX. 3. 340.

Beschlüsse hierüber	Gegenwärtig geltendes Statut
Wurde zurückgezogen. II. 2. 134.	§. 2. Der Deutsche Juristentag tritt in der Regel alljährlich zusammen; doch ist die ständige Deputation ermächtigt, aus Gründen der Zweckmäßigkeit ausnahmsweise die Wiedereinberufung des Juristentages erst in dem auf dessen letzten Zusammentritt folgenden zweiten Kalenderjahre vorzunehmen.
Wurde in der zweiten Plenar-Versammlung des 5. D. Juristentages mit Majorität, nachdem Stadtrichter Hiersemenzel aus Berlin den Antrag begründet hatte, angenommen. V. 2. 45.	
In der zweiten Plenar-Versammlung des 9. D. Juristentages der ständigen Deputation zur Berichterstattung zugewiesen. IX. 3. 340.	

Ursprüngliches Statut	Abänderungs-Zusatzanträge
§. 3. „Zur Mitgliedschaft berechtigt sind die Deutschen Ritter, Staatsanwälte, Advokaten und Notare, die Aspiranten des Richteramtes, der Anwaltschaft und des Notariats, die Lehrer an den Deutschen Hochschulen, die Mitglieder der gelehrten Akademieen und die rechtsgelehrten Mitglieder der Verwaltungsbehörden.“ I. 3.	Zu §. 3. Antrag Prof. Dr. Unger's: nach „Mitglieder der gelehrten Akademie“ beizusetzen „Doktor der Rechte.“ I. 202. 309. Obertribunalrath v. Sternenfels in Stuttgart: Zu §. 3 einzuschalten nach „und des Notariats“ sowie Jeder, welcher dazu auch seinen Landesgesetzen für befähigt erkannt ist. II. 276.
§. 4. „Die Mitgliedschaft beginnt mit dem Empfange der Mitgliedskarte und berechtigt zur Theilnahme an den Verhandlungen und an der Abstimmung.“	Staatsanwalt v. Lauhn aus Naumburg: Zu §. 4. „Die Mitgliedschaft kann beendigt werden, wenn sich ein Mitglied unwürdig bewiesen hat, noch ferner dem d. J. T. anzugehören wenn es wegen entehrender Verbrechen oder Vergehen bestraft resp. aus dem Justizdienste entlassen worden ist. „Der Antrag, ein Mitglied auszustoßen, kann nur von einem Mitgliede des d. J. T. gemacht werden, muß die Thatsachen enthalten, auf Grund deren die Ausstoßung erfolgen soll, und ist bei der ständigen Deputation einzureichen. Von dieser ist er dem betr. Mitgliede zur Kenntnißnahme und Rechtfertigung resp. zur Erklärung mitzutheilen, ob das Mitglied vorzieht, freiwillig auszutreten. „Geht die Austrittserklärung binnen der ihm von der ständigen Deputation bestimmten Frist nicht ein, und rechtfertigt sich das betr. Mitglied nicht in der gegebenen Frist, resp. widerlegt es nicht die in der Anklage angeführten Thatsachen, so ist die ständige Deputation berechtigt, nach Feststellung dieser Thatsachen die Ausstoßung des betr. Mitgliedes zn beschließen.

Beschlüsse hierüber	Gegenwärtig geltendes Statut
In der zweiten Plenar-Versammlung des 1. D. Juristentages angenommen. I. 202. im ersten Plenum des 2. d. J. T. angenommen. II./2. 97—98.	§. 3. Zur Mitgliedschaft berechtigt sind die Deutschen Richter, Staatsanwälte, Advokaten und Notare, die Aspiranten des Richteramtes, der Anwaltschaft und des Notariats, sowie Jeder, der nach seinen Landesgesetzen zum Richteramte, zur Anwaltschaft oder zur Ausübung des Notariats für befähigt erkannt ist, ferner die Lehrer an den Deutschen Hochschulen, die Mitglieder der gelehrten Akademieen, die Doktoren der Rechte und die rechtsgelehrten Mitglieder der Verwaltungs-Behörden.
Wurde in der ersten Plenarversammlung des 7. d. J. T. über Antrag der Deputation durch den Schriftführer Makower abgelehnt. VII. 2. 17—19.	§. 4. Die Mitgliedschaft beginnt mit dem Empfange der Mitgliedskarte. Sie berechtigt zur Theilnahme an den Verhandlungen und an der Abstimmung.

Ursprüngliches Statut	Abänderungs-Zusatzanträge
	„Gegen einen solchen Beschluß kann das Mitglied Widerspruch erheben und den Antrag stellen, daß im Plenum des nächsten d. J. T. die Frage über die beantragte Ausstoßung zur Erörterung gestellt und darüber endgiltig beschlossen wird.“
§. 5. „Der Beitrag der Gesellschaftsmitglieder wird auf drei Thaler jährlich festgesetzt und ist für das Jahr 1860 innerhalb vier Wochen nach der Seitens des Deutschen Juristentages erfolgten Genehmigung dieses Statuts, für jedes folgende Jahr innerhalb vier Wochen nach Beginn des neuen Jahres zu entrichten, widrigenfalls derselbe durch Postvorschuß eingezogen wird. Nimmt ein Mitglied den mit Postvorschuß beschwerten Brief nicht an, so wird dies einer ausdrücklichen Austrittserklärung gleich geachtet.“	Antrag der ständigen Deputation. Den §. 5 zu ändern: „Der Beitrag der Gesellschafts-Mitglieder wird vom dritten Vereinsjahre auf zwei Thaler jährlich festgesetzt, und ist innerhalb vier Wochen vor Beginn jedes neuen Jahres zu entrichten, widrigenfalls derselbe durch Postvorschuß eingezogen wird. Nimmt ein Mitglied den mit Postvorschuß beschwerten Brief nicht an, so wird dieß einer ausdrücklichen Austrittserklärung gleichgeachtet. Für die am Orte des J. T. selbst zu lösende Anmeldungskarte ist Ein Thaler zu entrichten. II. 227.
§. 6. „Den Plenar-Verhandlungen des Deutschen Juristentages gehen der Regel nach Abtheilungs-Berathungen voraus. Zu diesem Zwecke werden durch freiwillige Einzeichnung der Mitglieder folgende vier Abtheilungen gebildet: 1. Abtheilung für Privatrecht, insbesondere Obligationen und Pfandrecht; 2. Abtheilung für Handels-, Wechsel-, See- und internationales Recht; 3. Abtheilung für Strafrecht, Strafprozeß und Gefängnißwesen; 4. Abtheilung für Gerichts-Verfassung, Civilprozeß und juristisches Studium. Die Abtheilungen wählen ihre Vorsitzenden, Schriftführer, Berichterstatter und benachrichtigen den Vorsitzenden der Plenar-Versammlung (§. 7), sobald ihre Berathungen über einzelne Gegenstände geschlossen sind; ihre Anträge sind schriftlich zu fassen.“	Zu §. 6. 4. Nach „juristisches Studium“ beizusetzen „und praktische Ausbildung.“ I. 202. Antrag des Assessor Dulheuer in Duisburg: Zu §. 6 der vorläufigen Ordnung wegen Bildung von Unterabtheilungen, in denen die einzelnen deutschen Länder vertreten sein sollen. I. 121. Zu §. 6. Hinter den Worten: „der Regel nach Abtheilungsberathungen voraus“ ein zuschalten: „Nach der Berathung in der bezüglichen Abtheilung findet eine Erörterung und Entscheidung im Plenum nur dann statt, wenn die Abtheilung eine solche beantragt oder das Plenum sich dieselbe vorbehält.“ II. 227.

Beschlüsse hierüber	Gegenwärtig geltendes Statut
Angenommen in der ersten Plenarversammlung des 2. d. J. T. II. /2. 88.	§. 5. Der Beitrag der Gesellschaftsmitglieder beträgt zwei Thaler jährlich und ist innerhalb vier Wochen nach Beginn jedes neuen Jahres zu entrichten, widrigenfalls derselbe durch Postvorschuß eingezogen wird. Nimmt ein Mitglied den mit Postvorschuß beschwerten Brief nicht an, so wird dies einer ausdrücklichen Austrittserklärung gleich geachtet. — Für die am Orte des Juristentages selbst zu lösende Anmeldungskarte ist Ein Thaler zu entrichten.
In der zweiten Plenar-Versammlung des 1. D. Juristentages angenommen. I. 202.	§. 6. Den Plenarverhandlungen des Deutschen Juristentages gehen der Regel nach Abtheilungs-Berathungen voraus. Zu diesem Zwecke werden durch freiwillige Einzeichnung der Mitglieder folgende vier Abtheilungen gebildet: 1. Abtheilung für Privatrecht, insbesondere Obligationen- und Pfandrecht, juristisches Studium und praktische Ausbildung. 2. Abtheilung für Handels-, Wechsel-, See- und internationales Recht.
Wurde im ersten Plenum des 2. d. J. T. über Antrag Lewald aus Berlin und Sabartj aus Ratibor abgelehnt. II/2. 90—92.	3. Abtheilung für Strafrecht, Strafprozeß und Gefängnißwesen. 4. Abtheilung für Gerichtsverfassung und Zivilprozeß. Die Abtheilungen wählen ihre Vorsitzenden, Schriftführer, Berichterstatter und benachrichtigen den Vorsitzenden der Plenar-Versammlung (§. 7), sobald ihre Berathun-

Ursprüngliches Statut	Abänderungs-Zusatzanträge
	Zu §. 6 folgender Zusatz: „In jeder Abtheilung stimmen nur diejenigen mit, welche sich bei ihrer persönlichen Anmeldung in die betreffende Abtheilung eingezeichnet haben.“ II. 228. Assessor Dulheuer zu Wernigerode wiederholt zu §. 6 seine Anträge und stellt folgenden eventuellen Antrag: „Die Abtheilung 1 und 2 zu einer Abtheilung für Civilrecht und die Abtheilung 3 und 4 zu einer Abtheilung für Strafrecht; Prozeß, Studium und Praxis zu vereinigen.“ „Diese beiden Abtheilungen in Unterabtheilungen nach den einzelnen Ländern zu gliedern, deren Organisation der ständigen Deputation übertragen wird.“ II. 229. Professor Dr. Glaser zu Wien. Zu §. 6, Nr. 3 einzuschalten nach Strafprozeß „mit Einschluß des Militär-Strafrechts.“ II. 277. Sämmtliche Beschlüsse der Abtheilungen werden in der Plenarversammlung mitgetheilt. Es findet jedoch eine Erörterung und Entscheidung im Plenum nur statt, wenn dieselbe von der betreffenden Abtheilung vorgeschlagen, oder wenn sie von mindestens zehn Mitgliedern beantragt und von der Plenarversammlung beschlossen wird. Im letzteren Falle wird über die Vorfrage nur einem der Antragsteller und dem Berichterstatter das Wort ertheilt. Vorlagen zum 3. d. J. T. 1. Zu §. 6. Antrag der Deputation: Das juristischen Studium und die praktische Ausbildung in die erste Abtheilung zu verweisen. IV. 2. 5.

Beschlüsse hierüber	Gegenwärtig geltendes Statut
Wurde gegen den Antrag Moritz aus Magdeburg und Dr. Berger aus Wien im ersten Plenum des 2. J. T. angenommen, dagegen die Auslassung der Worte bei ihrer persönlichen Anmeldung über Antrag Lefeldt aus Beuthen beschlossen. II/2. 92—95. Wurde zurückgezogen. II. 2. 134. Zurückgezogen laut Mittheilung des Schriftführers der Deputation. II/2. 96. Ständige Deputation. Im ersten Plenum des 3. J. T. über Bericht des Stadtrichters Hiersemenzel den Antrag angenommen, nachdem Advokat Dr. Bergen und Advokat Judeich über Erklärung desselben daß formelle Fragen der Abtheilungen nicht zur Mittheilung an das Plenum bestimmt sind und nur anwesende Mitglieder für die Verhandlung im Plenum stimmen können, ihre Amendement zurückgezogen hatten. III. 1. 10. Zu §. 6. In der ersten Plenarversammlung des 4. d. J. T. beschlossen. IV. 2. 6.	gen über einzelne Gegenstände geschlossen sind; ihre Anträge sind schriftlich zu fassen. In jeder Abtheilung stimmen nur Diejenigen mit, welche sich in die betreffende Abtheilung bereits eingezeichnet haben. Sämmtliche Beschlüsse der Abtheilungen werden in der Plenar-Versammlung mitgetheilt. Es findet jedoch eine Erörterung und Entscheidung im Plenum nur dann statt, wenn dieselbe von der betreffenden Abtheilung vorgeschlagen, oder wenn sie von mindestens zehn Mitgliedern beantragt und von der Plenar-Versammlung beschlossen wird. Ueber die Vorfrage, ob dem von mindestens zehn Mitgliedern gestellten Antrage auf Plenar-Entscheidung stattzugeben, wird nur einem der Antragsteller und dem Berichterstatter das Wort ertheilt.

Ursprüngliches Statut	Abänderungs-Zusatzanträge
§. 7. „Die Verhandlungen der Plenar-Versammlungen leitet ein Vorsitzender, welcher für die Dauer eines jeden Juristentages in der ersten Plenar-Versammlung durch Stimmzettel oder Akklamation gewählt wird. Derselbe ernennt zwei Stellvertreter und vier Schriftführer. Er bestimmt die Tagesordnung und kann einzelne Gegenstände ohne Vorberathung in den Abtheilungen (§. 6), unmittelbar zur Plenar-Berathung stellen. Auch ist er befugt, Nichtmitglieder als Zuhörer zuzulassen."	
§. 8. „Bei allen Beschlüssen der Plenar-Versammlung und der Abtheilungen entscheidet einfache Stimmenmehrheit der anwesenden Mitglieder; bei allen Wahlen relative Majorität und im Falle der Stimmengleichheit das Loos."	Staatsanwalt Dalcke zu Delitsch: Zu §. 8 des Statuts folgenden Zusatz zu beschließen: „Anträge u. Verbesserungsanträge (Amendements) werden nur dann zur Berathung und Abstimmung gebracht, wenn sie in den Plenar-Sitzungen von mindestens 50, in den Abtheilungs-Sitzungen von mindestens 20 Mitgliedern durch Aufstehen unterstützt werden; darüber, ob ein Antrag durch die erforderliche Zahl von Mitgliedern unterstützt ist, entscheihet, ohne daß es einer besonderen Zählung bedarf, das Bureau."
§. 9. „Wird Schluß der Debatte beantragt, so wird über diesen Antrag sofort abgestimmt. In der Plenarversammlung sind alle Anträge, mit Ausnahme des Antrages auf Schluß der Debatte, schriftlich zu stellen."	Staatsanwalt Nessel: Zu §. 9. „Anträge werden nur dann zur Berathung und Abstimmung gestellt, wenn sie in den Plenarversammlungen von mindestens 20 und in den Abtheilungs-Sitzungen von mindestens 10 Mitgliedern sofort nach der Vorlesung des Antrages durch Aufstehen unterstützt werden." Vorlagen zum 3. d. J. T. 2.
§. 10. „Vor dem Schlusse eines jeden Juristentages wird von der Plenar-Versammlung durch Stimmzettel in einem einzigen Skrutinium eine aus fünf Personen	Zu §. 10. Der Anfang desselben solle folgende Fassung erhalten: „Vor dem Schlusse eines jeden Juristentages wird auf Vorschlag des Vorsitzenden

Beschlüsse hierüber	Gegenwärtig geltendes Statut
	§. 7. Die Verhandlungen der Plenar-Versammlung leitet ein Vorsitzender, welcher für die Dauer eines jeden Juristentages in der ersten Plenar-Versammlung durch Stimmzettel oder Akklamation gewählt wird Derselbe ernennt zwei bis vier Stellvertreter und vier Schriftführer. Er bestimmt die Tagesordnung und kann einzelne Gegenstände, ohne Vorberathung in den Abtheilungen (§. 6), unmittelbar zur Plenar-Berathung stellen. Auch ist er befugt, Nichtmitglieder als Zuhörer zuzulassen.
Die ständige Deputation empfiehlt die Ablehnung. IV. 2. 8. In der 1. Plenarversammlung des 4. d. J. T. wurde dieser Antrag, nachdem der Berichterstatter Stadtrichter Hiersemenzel aus Berlin, Rechtsanwalt Block aus Magdeburg und Rechtsanwalt Calm aus Bernburg gegen denselben gesprochen, der Antragsteller ihn vertheidigt hatte, abgelehnt. IV. 2. 10.	§. 8. Bei allen Beschlüssen der Plenar-Versammlung und der Abtheilungen entscheidet einfache Stimmenmehrheit der anwesenden Mitglieder, bei allen Wahlen relative Majorität und im Falle der Stimmengleichheit das Loos.
Wurde zurückgezogen. III. 1. 10.	§. 9. Wird Schluß der Debatte beantragt, so wird über diesen Antrag sofort abgestimmt. In der Plenar-Versammlung sind alle Anträge mit Ausnahme des Antrages auf Schluß der Debatte schriftlich zu stellen.
Sämmtliche Anträge bis auf den Nr. 5 betreffend, in der zweiten Plenarversammlung des 1. D. Juristentages angenommen. I. 216.	§. 10. Vor dem Schlusse eines jeden Juristentages wird von der Plenar-Versammlung durch Akklamation oder in einem einzigen Skrutinium durch Stimmzettel

Ursprüngliches Statut	Abänderungs-Zusatzanträge
bestehende ständige Deputation mit folgenden Befugnissen und Obliegenheiten gewählt: 1. sie sorgt für die Ausführung der von dem Juristentage gefaßten Beschlüsse, veranstaltet nach eigenem Ermessen den Druck der Protokolle und Vorlagen, bewirkt die Vertheilung der Drucksachen an die Mitglieder und verwahrt alle Akten und Schriftstücke des Juristentages; 2. sie bestimmt Zeit und Ort des nächsten Juristentages, trifft die für denselben nöthigen Vorbereitungen, erläßt die Einladungen und stellt die vorläufige Tagesordnung auf; 3. sie nimmt die Beitrittserklärungen neue Mitglieder entgegen, fertigt die Mitgliedskarten aus, empfängt die Beträge, bestreitet die Ausgaben und legt der folgenden Deputation Rechnung; 4. sie ergänzt sich selbst, falls eines oder mehrere ihrer Mitglieder während des Geschäftsjahres ausscheiden. Die Deputation wählt aus ihrer Mitte einen Vorsitzenden, dessen Wohnort der Sitz der Deputation ist. Zur Giltigkeit ihrer Beschlüsse ist die Einladung sämmtlicher Mitglieder, sowie die Mitwirkung von wenigstens drei Mitgliedern erforderlich."	von der Plenar-Versammlung durch Akklamation oder durch Stimmzettel in einem einzigen Skrutinium eine aus 14 Mitgliedern und dem Präsidenten des letzten Juristentages als Ehrenpräsidenten bestehende ständige Deputation gewählt"; und am Schlusse des Satzes sei beizusetzen: „Von jenen 14 Mitgliedern müssen 7 am Orte des letzten Juristentages, 7 außerhalb wohnen." Nach Z. 2 sei beizusetzen: „bei welcher in der Regel nur diejenigen Vorlagen zu berücksichtigen sind, welche bis 31. Mai des laufenden Jahres eingegangen sind." Nach Z. 4 sei eine neue Nr. 5 anzuschließen: „sie bereitet Abänderungsvorschläge in Betreff der Geschäftsordnung für die Plenar-Versammlung vor und setzt erforderlichen Falles Aenderungen provisorisch ins Werk." Der Schlußsatz des §. 10 soll lauten: „Die Deputation wählt aus ihrer Mitte einen Vorsitzenden und einen Schriftführer, welcher Letztere ein von der Deputation festzusetzendes Pauschquantum für baare Auslagen erhält. Der Sitz der Deputation ist der Ort des letzten Juristentages. Zur Giltigkeit ihrer Beschlüsse ist die Einladung sämmtlicher Mitglieder, sowie die Mitwirkung von wenigstens fünf Mitgliedern erforderlich. Zu §. 10. Hinter dem ersten Alinea zu setzen: „Die Liste der zu Akklamation vorzuschlagenden Personen wird nicht vom Präsidenten allein, sondern durch seine Stellvertreter um je zehn von jeder Abtheilung gewählte Vertrauensmänner festgestellt." II. 228.

Beschlüsse hierüber	Gegenwärtig geltendes Statut
	eine aus neunzehn Mitgliedern und dem Präsidenten des letzten Juristentages als Ehren-Präsidenten bestehende ständige Deputation gewählt. Von jenen neunzehn Mitgliedern müssen mindestens drei am Orte des letzten Juristentages und jedenfalls zwölf auswärts wohnen. Die Liste der zur Akklamation vorzuschlagenden Personen wird durch den Präsidenten der Plenar-Versammlung, seine Stellvertreter und je zehn von jeder Abtheilung gewählte Vertrauensmänner gemeinschaftlich festgestellt. Die ständige Deputation hat folgende Befugnisse und Obliegenheiten:
Von dem Antrage der Nr. 5 wurde der erste Theil angenommen, der zweite verworfen. I. 211.	1. sie sorgt für die Ausführung der von dem Juristentage gefaßten Beschlüsse, veranlaßt nach eigenem Ermessen den Druck der Protokolle und Vorlagen, bewirkt die Vertheilung der Drucksachen an die Mitglieder und verwahrt alle Akten und Schriftstücke des Juristentages;
	2. sie bestimmt Zeit und Ort des nächsten Juristentages, trifft die für denselben nöthigen Vorbereitungen, erläßt die Einladungen, stellt die vorläufige Tagesordnung auf, wobei sie in der Regel nur die bis zum 31. Mai des laufenden Jahres eingegangenen Vorlagen zu berücksichtigen hat, und bereitet Abänderungs-Vorschläge in Betreff der Geschäftsordnung für die Plenar-Versammlung vor;
Im ersten Plenum des 2. d. J. T. angenommen. II/2. 96.	3. sie nimmt die Beitrittserklärungen neuer Mitglieder entgegen, fertigt die Mitgliedskarten aus, empfängt die Beiträge, bestreitet die Ausgaben und legt der folgenden Deputation Rechnung;
	4. sie ergänzt sich selbst, falls eins oder mehrere ihrer Mitglieder während des Geschäftsjahres ausscheiden.

Ursprüngliches Statut	Abänderungs-Zusatzanträge
	Zu §. 10. Die Aenderung, daß 18 Mitglieder der ständigen Deputation gewählt worden, von welchen mindestens drei am Orte des letzten J. T. und jedenfalls 12 auswärts wohnen. II. 376.
	Zu §. 10. „Die ständige Deputation wählt aus ihrer Mitte einen Vorsitzenden, einen Schriftführer, welcher ein von der Deputation festzusetzendes Pauschquantum für baare Auslagen erhält, und einen Kassenführer. Der Letztere ist verpflichtet, der ständigen Deputation bei ihrem jedesmaligen Zusammentritte einen Kassenabschluß vorzulegen. Die Deputation läßt durch eines oder mehrere ihrer Mitglieder die Rechnung prüfen und die Kasse revidiren," wornach auch Anfangs des Paragrafes anstatt „achtzehn" „neunzehn" und zwar zweimal zu setzen sein wird. VII. 2. 14.
§. 12 (§. 11 des Statuts, da §. 11 der „vorl. Ordnung" als transitorisch im Statut ausfiel). „Abänderungen des vom Juristentage genehmigten Statuts können zwar von der Plenar-Versammlung durch einfache Stimmenmehrheit, jedoch nur auf schriftlichen Antrag, der vier Wochen vor dem Zusammentritte des Juristentages der ständigen Deputation (§. 10) überreicht worden, beschlossen werden." Antrag des Notar Dr. Uchatzy aus Reichenberg: „auf Annahme eines Statuts und einer Geschäftsordnung für den Juristentag. I. 111.	
	Antrag des Obertribunalrathes v. Sternenfels in Stuttgart: „Die preußische Gerichtszeitung wolle zum Organ des d. J. T. erklärt werden."

Beschlüsse hierüber	Gegenwärtig geltendes Statut
Im ersten Plenum des 2. J. T. angenommen. II/2. 92—99.	Die Deputation wählt aus ihrer Mitte einen Vorsitzenden, einen Schriftführer, welcher ein von der Deputation festzusetzendes Pauschquantum für baare Auslagen erhält und einen Kassirer. Der letztere ist verpflichtet, der ständigen Deputation bei ihrem jedesmaligen Zusammentritte einen Kassenabschluß vorzulegen. Die Deputation läßt durch eines oder mehrere ihrer Mitglieder die Rechnung prüfen und die Kasse revidiren. Der Sitz der Deputation ist der Ort des letzten Juristentages. Zur Giltigkeit ihrer Beschlüsse ist die Einladung sämmtlicher Mitglieder, sowie die Mitwirkung von wenigstens fünf Mitgliedern erforderlich.
Wurde nach dem Antrage vom Rechtsanwalt Sander aus Arnswalde, die Vorlegung des Kassenabschlusses nur jährlich einmal dem Kassenführer aufzutragen, und vom Rechtsanwalt Sehlmacher aus Pyritz auf Zuweisung eines Pauschquantums an denselben gestellt aber zurückgezogen wurden in der 1. Plenarversammlung des 7. d. J. T. angenommen. VII. 1. 17.	
	§. 11. Abänderungen dieses Statuts können zwar von der Plenar-Versammlung durch einfache Stimmenmehrheit, jedoch nur auf schriftlichen Antrag, der vier Wochen vor dem Zusammentritt des Juristentages der ständigen Deputation (§. 10) überreicht worden, beschlossen werden.
Von der Abtheilung angenommen; ebenso in der 2. Plenarversammlung des 1. d. J. T. und wurde der Wunsch beigefügt, daß sie sich „deutsche Gerichtszeitung“ nennen möge. I. (222).	

Ursprünglicher Antrag	Anträge der Gutachter
II. Rechtsstudium und praktische Ausbildung. 1. Antrag des Advokaturs-Kandidaten Dr. Costa aus Laibach: „Der d. J. T. wolle aussprechen die Nothwendigkeit 1. eigener Lehrkanzeln an den deutschen Hochschulen für vergleichende Rechtsgeschichte, Gesetzgebungswissenschaft und Justizpolitik; 2. der Beförderung eines Handbuches der Justizpolitik." I. 144. 2. Antrag des Justizraths, Rechtsanwalt Volkmar aus Berlin: „Der J. T. wolle als seine Ueberzeugung aussprechen: Das juristische Studium auf den Universitäten bedarf einer weiteren Entwickelung. Diese anzubahnen erscheinen folgende Maßregeln geeignet: 1. Die Exegese und die juristische Literaturgeschichte ist mehr zu berücksichtigen, als dieß bisher geschehen. 2. Bei der Besetzung der Professuren ist auch auf die praktische Vorbildung des Dozenten Gewicht zu legen. 3. Es ist durch eine juristische Klinik den Bedürfnissen der Praxis zu genügen. 4. Die Studienzeit ist auf einen vierjährigen Zeitraum auszudehnen. 5. Ein einziges Examen genügt. Bei diesem wirken in gleicher Zahl als Examinatoren mit: a) die Dozenten der Fakultät ohne Unterschied zwischen den ordentlichen und außerordentlichen Professoren und den Privatdozenten, b) die Mitglieder der Gerichte,	

Verhandlungen in der Abtheilung	Verhandlung und Beschlußfassung in der Plenar-Versammlung
Wurde in der 4. Abth. d. 1. d. J. T. nach Berichterstattung des Obertribunalrath Dr. Waldeck abgelehnt. I. 294, 335.	In der 2. Plenarversammlung des 1. d. J. T. die Ablehnung genehmigt. I. 294.
In der 4. Abth. stellte ad Ziff. 7 der Berichterstatter, Geh. R. Prof. Dr. v. Wächter aus Leipzig, welcher sämmtliche Sätze des Antrages besprach und sich gegen die Ausdehnung der Studienzeit, Beiziehung der Privat-Dozenten zu Examinatoren und ein einziges Examen erklärte, den Antrag, die Versammlung solle aussprechen, daß jeder Kollegienzwang und jede Verkümmerung des Privatdozententhums, ferner die Nothwendigkeit der Ertheilung von Fleiß-Zeugnissen an Zuhörer wegfallen solle, IV. 2, 160, wofür die Prof. Dr. Anschütz aus Halle und Dr. Unger aus Wien sprachen. Kreisrichter Dockhorn aus Kempen fand einen Widerspruch in der Aufhebung der Zwangskollegien und Feststellung einer Studienzeit — was Prof. Anschütz widerlegte. Prof. Dr. Jhering verlangte bestimmte Maßregeln zur Verhütung der Verkümmerung des Dozententhums, wogegen Justizrath Volkmar den allgemeinen Ausdruck seines Antrages aufrecht hielt. Privatdozent Dr. Berchtold aus München konstatirt, daß derlei Unzukömmlichkeiten in Baiern nicht vorkommen. Prof. Pagenstecher aus Heidelberg wünscht die Privatdozenten gegen willkürliche Entscheidungen der Regierung in Betracht ihrer Habilitirung geschützt. Hofr. Dr. v. Kerstorf aus Augsburg warnt vor zu großer Lernfreiheit.	In der 2. Plenarsitzung des 4. d. J. T. wurde vom Referenten geheimen Rath Dr. Wächter der Abtheilungsbeschluß zur Kenntniß gebracht. IV. 2. 124.

Ursprünglicher Antrag	Anträge der Gutachter
c) die Mitglieder des Bureau. Die Personen der Examinatoren wechseln. 6. Die Collegia publica sind ein wesentliches Moment des Unterrichts. 7. Die Lernfreiheit ist so nothwendig, als die Lehrfreiheit. Es fällt daher fort: jeder Kollegienzwang, jedes Monopol der Landesuniversität, jede Verkümmerung des Privatdozententhums."	

Verhandlung in der Abtheilung	Verhandlung und Beschlußfassung in der Plenar-Versammlung
Prof. Dr. Götz aus Leipzig spricht sich gegen die Bezeichnung „Verkümmerung" aus.	

Dr. Levy aus Hamburg wünscht nähere Bezeichnung „juristischen Privatdozententhum."

Der Antrag wurde von dem Antragsteller und dem Berichterstatter gemeinschaftlich in Beziehung auf die Verkümmerung des Privatdozententhums durch die Worte: „durch Ertheilung der venia docendi auf Widerruf und durch Beschränkung der Fächer, über welche der Privatdozent solle lesen dürfen," (indem sie zugleich nach einer Bemerkung des Geh. Justizraths Dr. Jhering aus Gießen das Wort „namentlich" vor diesen Worten fallen ließen) ergänzt; IV. 2, 169.

und wurde nun (zu Ziff. 7. des Antrages) beschlossen:

a) die Abtheilung erklärt sich gegen jeden Kollegienzwang (unter Verwerfung des Verbesserungsantrages des Kreisrichters Dockhorn aus Kempen: „Die Zwangs-Kollegia sind auf eine geringe Anzahl zu beschränken,") IV. 2, 171. es sollen sodann fortfallen

b) die Zwangsteſtate und

c) das Monopol der Landes-Universität, IV. 2, 171.

d) (nach Einschaltung der Worte „durch Regierungs-Konzession" auf Antrag des Bürgermeisters Dr. Drechsler aus Parchim) jede Beschränkung des Privatdozententhums durch Regierungs-Konzession, durch Ertheilung der venia docendi auf Widerruf und durch Beschränkung der Fächer, über welche der Privatdozent lesen darf. IV. 2, 171 f.

Bezüglich des weiteren Antrag des Berichterstatters:

Für Denjenigen, welche in den Staatsdienst oder in die Advokatur einzutreten beabsichtigen, ist die Bestehung einer strengen Prüfung nothwendig. Es sollen aber höchstens zwei Examina stattfinden, ein theoretisches und ein praktisches. Das erstere soll von akademischen Lehrern und Mitgliedern der Gerichte sowie der Advokatur abgehalten werden, sprach sich Adv. Schrey aus Leipzig, Kreisrichter Dockhorn, Prof. Dr. Dove aus Tübingen, Hofgerichtsrath Klehe aus Mannheim für denselben aus, während Dr. Schenk aus Wien blos eine theoretische Prüfung für nothwendig erklärte.

Assessor Dr. Degenkolb aus Berlin wollte blos beschlossen haben, daß es mehr als zwei Examina nicht geben solle.

Ursprünglicher Antrag	Anträge der Gutachter
3. Ist unter die Vorschriften über die Ausbildung der Rechtspraktikanten eine obligatorische Beschäftigung bei den Verwaltungsbehörden aufzunehmen? VIII. 1. 412.	Professor Dr. Behaghel zu Frieburg stellt folgende Sätze auf: 1. Da man Anlaß hat, von den Rechtspraktikanten, welche sich zum Verwaltungsdienste vorbereiten, die Beschäftigung bei Verwaltungsstellen zu fordern, so läßt sich in denjenigen Vorschriften über die Ausbildung der Rechtspraktikanten, welche dieselbe praktische Vorbereitung für den Dienst in der Justiz und in der Verwaltung anordnen, eine Bestimmung, welche rücksichtlich sämmtlicher Rechtspraktikanten die Beschäftigung bei den gedachten Stellen für obligatorisch erklärt, nicht umgehen. 2. Es ist aber die Anordnung derselben praktischen Vorbereitung für die beiderlei Dienste bei der fundamentalen Verschiedenheit derselben verwerflich; es sollte vielmehr die praktische Vorbereitung für jeden dieser Dienste mit Rücksicht auf seine ihm eigenthümliche Anforderung an den öffentlichen Diener in besonderer Weise geregelt werden. 3. Wo dem entsprechend die praktische Ausbildung für jeden der beiderlei Dienste

Verhandlung in der Abtheilung	Verhandlung und Beschlußfassung in der Plenar-Versammlung
Prof. Dr. Unger aus Wien sprach für zwei Prüfungen und ausdrückliche Zulassung der Privatdozenten als Prüfungskommissäre. Referendor v. Gulat aus Carlsruhe erklärte sich für eine Prüfung, ebenso Prof. Dr. Jhering, Prof. Dr. Gneist und Bürgermeister Dr. Drechsler. Der Antrag des Referenten wurde unter Ablehnung des schließlich nochmals vertheidigten Antrages des Antragstellers: „es soll nur Ein Examen stattfinden," und eines Zusatz-Antrages des Regierungsraths v. Witzleben aus Leipzig, „die Abstufung in den Zeugnissen der Reife durch Censur und Censurgrade habe wegzufallen," gegen welchen sich Prof. Dr. Dernburg aus Halle erklärte, angenommen, indem die übrigen von dem Antragsteller angeregten Fragen bis auf Weiteres liegen gelassen wurden. IV. 2, 187. Wurde in der 4. Abth. des 8. d. J. T. vertagt. S. 17, VIII. 2.	

Ursprünglicher Antrag	Anträge der Gutachter
	in besonderer Weise geregelt wird, ist in die Vorschriften über die Ausbildung der Rechtspraktikanten für den Justizdienst eine obligatorische Beschäftigung bei Verwaltungsstellen nicht aufzunehmen, diese vielmehr auf die Vorschriften über die Ausbildung für den Verwaltungsdienst zu beschränken. VIII. 1. 412—424. Oberappell. Gerichtsrath Dr. Fäustle in München bejaht die vorliegende Frage und fixirt die Zeit der administrativen Praxis auf ein Jahr, welche sowohl bei den Regierungskollegien und unteren staatlichen als auch bei größeren Communalbehörden genommen werkönne. VIII. 1. 425—432.
III. Gesetzgebung im Allgemeinen. 1. Antrag des Professors Dr. Unger aus Wien: „Der d. J. T. wolle 1. aussprechen: es sei dringend wünschenswerth, daß im Anschluß an das deutsche Wechsel- und Handelsrecht und zur Anbahnung eines gemeinsamen deutschen Civilgesetzbuches sofort die Abfassung eines allgemeinen deutschen Gesetzes über Obligationenrecht unternommen werde, und 2. die ständige Deputation beauftragen, die deßhalb erforderlichen Schritte bei den deutschen Regierungen zu thun. I. 128. 2. Antrag des Rechtsanwaltes Dr. Straß aus Berlin: „auf Ausarbeitung eines Entwurfes eines allgemeinen deutschen Prozeßgesetzes, verbunden mit einer Exekutions-Ordnung." I. 138.	

Verhandlung in der Abtheilung	Verhandlung und Beschlußfassung in der Plenar-Versammlung
Geheimrath v. Wächter beantragt man möge aussprechen, daß da die Abfassung eines gemeinsamen Gesetzbuches höchst wünschenswerth, ja ein dringendes Bedürfniß sei, die Umstände zur Zeit aber die Ausführung dieses Unternehmens nicht gestatten, die deutschen Regierungen ersucht werden möchten, mindestens eine gemeinsame Gesetzgebung über das Obligationenrecht herbeizuführen. I. 226.	Der vom Geheimrathe Wächter modifizirte Antrag wurde mit Beseitigung der Stelle: die Regierungen zu ersuchen, über Vortrag des Prof. Dr. Jhering in der 2. Plenarversammlung des 1. d. J. T. angenommen. I. 230.
Die 4. Abth. beschloß über Referat des Obertribunalrathes Waldeck aus Berlin: „Der Juristentag erklärt es für wünschenswerth, daß ein allgemeines deutsches Civilprozeßgesetzbuch erlassen werde." I. 281, 332. Ein Antrag, daß als leitende Grundsätze: Jnamobilität und Befreiung der Richter von allen Geschäften außer den Recht-	Wurde in der 2. Plenarversammlung des 1. d. J. T. in der Fassung des bei den Waldeck'schen Anträgen (beim Verfahren in Rechtsstreitigkeiten) gestellten An-

Ursprünglicher Antrag	Anträge der Gutachter
3. Antrag des Advokaturs-Kandidaten Dr. Costa aus Laibach: „es wolle als zweckentsprechend und nothwendig anerkannt werden, größere und wichtigere Gesetze, deren Beendigung einen Aufschub zuläßt, durch Veröffentlichung des Entwurfes im Drucke der allgemeinen freien Beurtheilung anheimzugeben." I. 144.	
4. Advokat P. E. Förster zu Pirna: „Der d. J. T. möge seine ständige Deputation (bis auf Weiteres) ein für alle Mal beauftragen, ihm alljährlich über die bisherige Einigung des in sein Bereich gehörigen Rechts und darüber, ob eine weitere Einigung des letzteren zur Zeit ausführbar und wünschenswerth sei, Bericht zu erstatten, und im Falle der Bejahung dieser Frage ihm darüber, in welchen Rechtszweigen etwa die sofortige Ausführbarkeit und Dringlichkeit einer weiteren Einigung auszusprechen sei, unter möglichster Verfolgung eines gewissen Planes geeigneten Vorschlag zu machen." II 237. (s. Antrag Vorwerk I. S. 4.)	Die ständige Deputation hat beschlossen über Antrag des Professor Dr. Bluntschli: I. „Die von der Mehrzahl deutscher Regierungen angestrebte Begründung eines gemeinsamen Civilprozeßgesetzes und Obligationenrechtes ist des allgemeinen Dankes des Vaterlandes sicher. II. Es erscheint unerheblich, ob dieses auf dem Wege des Bundestages oder der freien Vereinbarung vorbereitet werde, III. zum endlichen Zustandekommen dieser beiden gemeinsamen Gesetze, sei aber ein gemeinsames ständisches Organ nothwendig." II./2. 104—105.

Verhandlung in der Abtheilung	Verhandlung und Beschlußfassung in der Plenar-Versammlung
sprüchen; die Ausschließlichkeit der richterlichen Befugniß auf dem Gebiete des Rechtsstreites; die Collegialität; den bedingten Mandatsprozeß als die allgemeine Prozeßform; Beschränkung der Personalhaft; aufgestellt werden sollen, abgelehnt, als ein ganz neuer Antrag abgelehnt. I. 335.	trages des Obergerichtsanwaltes Goetting aus Hildesheim (das Prinzip der Oeffentlichkeit und Mündlichkeit betreffend), für welchen sich Kreisrichter Meibauer aus Schievelbein aussprach, angenommen. I. 281.
	In der 2. Plenarversammlung des 2. d. J. T. wurden diese Anträge vom Referenten Prof. Dr. Bluntschli vorgetragen. Appellgerichtsrath von Kräwel aus Naumburg a. d. S., Oberstaatsanwalt Dr. Groß aus Eisenach, Advokatanw. Thesmar aus Cöln, Rechtsanwalt Leonhard aus Grüneberg, Obertribunalrath Dr. Waldeck aus Berlin, Justr. Krug aus Dresden, Oberstaatsanwalt Tippelskirch aus Stettin, Adv. Dr. Calm aus Bernburg, Rechtsanwalt Dr. Schaffrath aus Dresden, Rechtsanwalt Lewald aus Berlin, Adv. Dr. Lenz aus Wien, Assessor Dr. Vollert aus Arnstadt, Justizr. Heintze aus Frankfurt a. d. O., Präsident Dr. Heimsöth aus Cöln, Hofgerichtsrath Brauer aus Bruchsal, Kand. Adv. Dr. Raudnitz, Gerichts-Assessor Dr. Mittelstädt aus Posen betheiligten sich an der Debatte.

Ursprünglicher Antrag	Anträge der Gutachter
5. Justizrath von Wilmowsky: „wegen Erzielung einer gemeinsamen Gesetzgebung für den norddeutschen Bund und die süddeutschen Staaten.“ VI. 2. 53.	

IV. Bürgerliches Recht.

1. Allgemeine Lehren.

a. Die Rechtsquellen.

Ursprünglicher Antrag	Anträge der Gutachter
1. Stadtrichter Hiersemenzel: „Der d. J. T. wolle aussprechen, daß die Würde der Rechtspflege und die Handhabung wirklicher Gerechtigkeit nur da gesichert ist, wo der Richter auch die Frage, ob ein Gesetz verfassungsmäßig zu Stande gekommen, ohne Einschränkung zu prüfen hat.“ Nr. 3 der Vorlagen für den 3. d. J. T.	

Verhandlung in der Abtheilung	Verhandlung und Beschlußfassung in der Plenar-Versammlung
	Der erste und zweite Satz wurde einstimmig angenommen, der dritte mit der Aenderung, daß anstatt „Organ" Einrichtung zu setzen sei. Weiters wurde über Antrag v. Kräwel der 1. Satz auch auf das Strafgericht ausgedehnt. II. 2. S. 100 — 132.
	Wurde über diesen Antrag als zu spät überreicht in der 1. Plenarversammlung des 6. d. J. T. zur Tagesordnung gegangen. VI. 2, 53.
	In der ersten Plenar-Versammlung des 3. d. J. T. erstattete Prof. Dr. Ihering über diese Frage Bericht, er unterschied zwei Fragen: a) Hat der Richter in der konstitutionellen Monarchie das Prüfungsrecht wenn die Staatsregierung eine Verordnung erläßt, welche ihrem Inhalte nach der ständischen Mitwirkung bedurft hätte; b) hat er ein Prüfungsrecht, wenn es sich um ein den Namen und Form eines Gesetzes an sich tragende Bestimmung handelt. Die zweite Frage ließ er außer Erörterung und bejahte die erste. III. 1. —19. Der Antragsteller Hirsemenzel erweiterte seinen Antrag dahin, daß er nach „Gesetz" „oder eine Verordnung" einschaltete. III. 2, 20. Hofrath Bluntschli trennt wie Ihering die beiden Fragen, und bejaht ebenfalls die erste. III. 2. 21—24. Obertribunalrath Reichensperger, Oberappellgerichts-Vice-Präsident v. Pape sprachen gegen den Antrag. III. 2, 26—36; 38—40. Obergerichts-Assessor Planck schlug hierauf folgende Fassung vor: „Der Richter hat die verfaßungsmässige Entstehung der Gesetze und Verordnungen zu prüfen, das heißt, er hat zu prüfen, ob diejenigen Bedingungen vorliegen, welche verfassungsmäßig

Ursprünglicher Antrag	Anträge der Gutachter
	In Folge des Beschlusses der 1. Plenarversammlung des 4. d. J. T. wurde über die Frage bezüglich des Prüfungsrechtes der als Gesetze bezeichneten Rechtsnormen der Staatsgewalt Gutachten erstattet. Professor Dr. Stubenrauch aus Wien verneinte dieses Recht. IV. 1. 201—211. Prof. Dr. Gneist aus Berlin stellte für Verfassungsstaaten folgende Grundsätze auf: I. Die Gerichte haben im Gebiete ihrer Civil- und Strafjustizsachen zu prüfen, ob die nach Einführung der Landesverfassung publizirten „Gesetze" verfassungsmäßig, namentlich mit der erforderlichen Zustimmung der Kammern promulgirt sind; andernfalls solche nicht zur Anwendung zu bringen. II. Die Gerichte haben im Kreise ihrer Kompetenz insbesondere zu ermessen, ob und wie weit die publizirten „Verordnungen" der Staatsregierung nach der Landesverfassung Gesetzeskraft haben oder nicht.

Verhandlungen in der Abtheilung.	Verhandlung und Beschlußfassung in der Plenar-Versammlung
	nothwendig sind, damit im Wege der Gesetzgebung ein neuer Rechtssatz entstehen kann." III. 2. 36—38. Die Advokaten Schaffrath, Eller, Mayrsohn und Sabarth vertheidigten den Antrag. III. 2, 40—48. Dr. Brix beantragte Zurückverweisung zur weiteren Vorbereitung an die Deputation, III. 2. 46, Dr. Frank motivirte Tagesordnung wegen Incompetenz des Juristentages den Antrag wesentlicher staatsrechtlicher Natur zu behandeln. III. 2. 47, 49. Der Referent stellt in seinen Schlußvortrag den Antrag, die zweite Frage, über Prüfung der Verfassungsmäßigkeit der Gesetze der ständigen Deputation zur Vorbereitung zu überweisen, die erste aber zu bejahen. III. 2. 49—55. Es wurden am Schlusse der Antrag Frank und Brix abgelehnt, die zweite Frage desselben der Deputation zur Begutachtung zu übergeben beschlossen und mit an Einstimmigkeit grenzender Majorität der Satz angenommen worden: „Verordnungen und Erlässe des Staat-Oberhauptes oder der Staatsregierung, deren Inhalt nur in Form des Gesetzes mit Zustimmung der Stände hätte festgestellt werden können, haben für den Richter keine verbindliche Kraft. III. 2. 58—61. In der Plenar-Versammlung des 4. d. J. T. stellte der Berichterstatter, Geh. Rath Prof. Dr. v. Wächter aus Leipzig, folgende einzelne Anträge: 1. Ueber das Dasein der formellen Erfordernisse der Publikation eines Gesetzes hat der Richter in der Anwendung auf den einzelnen Fall zu erkennen. 2. Der Richter hat ein Gesetz nur insoweit in Anwendung zu bringen, als sein Inhalt die erforderliche Zustimmung der Stände erlangt hat. 3. Dringend ist zu wünschen, daß sofern Zweifel über diese Zustimmung entstehen, endgiltig ein unabhängiger Kassationshof auf Antrag eines bei einem Prozesse Betheiligten oder der Staatsbehörde über die Frage Nr. 2 zu entscheiden habe. 4. Werden Verfassung oder Wahlgesetz durch einen Akt der Staatsregierung einseitig geändert und auf Grund dieser Aenderungen mit Zustimmung der hiernach zusammengesetzten Stände Gesetze erlassen, so sollte jeder Betheiligte das Recht haben, gegen solche Gesetze ein unabhängiges Reichsgericht anzugehen, welches über die Anwendbarkeit der betreffenden Gesetze zu entscheiden hat," worauf nachdem der Antragsteller und Prof. Dr. Gneist für den ursprünglichen Antrag eingetreten waren, Ersterer seinen Antrag dahin faßte: „Der d. J. T. wolle aussprechen, daß die Würde der Rechtspflege und die Handhabung wirklicher Gerechtigkeit nur da gesichert sei, wo der Richter auch die Frage, ob ein Gesetz oder eine Verordnung verfassungsmäßig zu

Ursprünglicher Antrag	Anträge der Gutachter
	III. Den deutschen Gerichten steht dagegen keine Prüfung darüber zu, ob die verfassungsmäßigen Organe von ihrer Befugniß Gesetze zu geben, den rechten Gebrauch gemacht haben. IV. 1. 212—239. Der Verwaltungsrath Dr. Jaques aus Wien sprach sich für das gedachte Prüfungsrecht aus. IV. 1. 239.

Verhandlung in der Abtheilung	Verhandlung und Beschlußfassung in der Plenar-Versammlung
	Stande gekommen, beziehungsweise giltig sei, ohne Einschränkung zu prüfen hat." Kammer-Gerichtsrath Plathner aus Berlin bemerkte, daß er nur zustimmen könne, wenn ein besonderer Gerichtshof zur Prüfung bestimmt werde. Regierungsrath Hornbostl aus Gotha und Prof. Dr. Jhering aus Gießen widersprechen dem Antrage. Es kamen weiters folgende Anträge ein: a) von dem Hofgerichts-Prokurator Dr. Braun aus Wiesbaden: „Der Richter hat im gegebenen Falle über das verfassungsmäßige Zustandekommen der Gesetze und Verordnungen zu befinden, für welchen Obergerichts-Assessor Planck aus Götttingen sprach." IV. 2, 34, 44 und 52. b) von dem Appellationsgerichts-Präsidenten Dr. Schneider aus Dresden: „Ueber das verfassungsmäßige Zustandekommen der Gesetze hat nicht der Zivil- und Kriminalrichter im einzelnen Falle, sondern nur ein von den Ständen und der Regierung gewählter Staatsgerichtshof zu entscheiden." IV. 2, 44. und c) von dem Hof- und Gerichts-Advokaten Dr. Berger aus Wien: „Die Frage, ob ein Gesetz verfassungsmäßig zu Stande gekommen ist, hat ein unabhängiger Staatsgerichtshof zu entscheiden." IV. 2, 52. nach welchem Dr. Schneider den seinigen zurückzog IV. 2, 61. während Ministerialrath v. Freydorf aus Karlsruhe den Sätzen des Berichterstatters einen fünften, „Bei provisorischen Gesetzen hat sich das Prüfungsrecht nicht auf die Frage der Dringlichkeit und Nothwendigkeit zu erstrecken," beigefügt und über den letzten Theil der Frage, hinsichtlich des Verhaltens der Gerichte gegenüber von Gesetzen, welche von einer nur thatsächlich, aber nicht rechtlich bestehenden Gewalt erlassen sind, zur Tagesordnung übergegangen wissen wollte. IV. 2, 55 f. Der Braun'sche Antrag, für welchen sich auch der Antragsteller erklärt hatte, IV. 2, 61, wurde mit geringer Majorität angenommen, IV. 2, 65 f., wodurch sich der Berger'sche und der erste Satz des Antrages des Berichterstatters erledigten. Auf den von Dr. Braun unterstützten Vorschlag des Letzteren brachte der Vorsitzende indessen noch den zweiten Satz mit dem von Obergerichts-Assessor a. D. Planck aus Göttingen beantragten Zusatze (nach „Zustimmung der"): „verfassungsmäßigen" (Stände), sowie die Sätze 3 und 4 des Antrages des Berichterstatters zur Abstimmung, und es wurden dieselben sämmtlich und zwar Satz 2 und 4 beinahe einstimmig angenommen. IV. 2, 66—68.

Ursprünglicher Antrag	Anträge der Gutachter
Ständige Deputation. 2. Soll von der Gesetzgebung das Gewohnheitsrecht als giltige Rechtsquelle anerkannt werden und bejahenden Falls in welchem Umfange? V. I. I.	Oberappell. R. Becker aus Oldenburg: „Die Gesetzgebung darf dem Gewohnheitsrecht die Anerkennung im Allgemeinen nicht versagen; nur bei allgemeinen Gesetzen solcher Natur, daß das Interesse der Allgemeinheit die absolute Unterwerfung der Einzelnen fordert, ist die Bildung abändernden partikularen Gewohnheitsrechtes nicht zu gestatten. V. 1. 1—13. Geheimer Justizrath Prof. Dr. Beseler Berlin: I. Gesetz und Gewohnheitsrecht bestehen als selbstständige Rechtsquellen ursprünglich in gleicher Kraft und Bedeutung neben einander. II. Die Aufhebung des Gewohnheitsrechts durch die Gesetzgebung ist ohne ein besonderes Bedürfniß nicht gerechtfertigt. III. Eine umfassende Gesetzgebung (Codifikation) hat die derogatorische Kraft des Gewohnheitsrechtes nicht anzuerkennen. IV. Das Gewohnheitsrecht als ergänzende Rechtsquelle kann auch neben einer umfassenden Gesetzgebung in Geltung bleiben und ist nur aus besonderen Gründen, und soweit diese reichen, auszuschließen oder zu beschränken. V. 1, 102—110.
2. Die Personen. Ständige Deputation: „Ist es wünschenswerth, daß schon jetzt gemeinsame Bestimmungen über folgende drei Punkte, die auch zum Theil in das prozessualische Verfahren eingreifen, getroffen werden sollen: a) über den Zeitpunkt der Großjährigkeit; b) über die Handlungsfähigkeit der Personen unter väterlicher Gewalt; c) über die Intercessionen der Personen weiblichen Geschlechts." II. 126.	Prof. Dr. Unger aus Wien verneint diese Frage, weil er eine stückweise Aenderung des geltenden Rechtes für bedenklich hält; er will aber folgende Bestimmung dem Juristentage zur Beistimmung vorlegen: „Die Handlungsfähigkeit eines Ausländers wird in der Regel nach den Gesetzen seines Wohnsitzes beurtheilt. Doch wird ein nach diesen Gesetzen nicht handlungsfähiger Ausländer durch die Abschließung von Rechtsgeschäften im Inlande verpflichtet, wenn er nach den Gesetzen des Inlandes handlungsfähig wäre." II/.1 126—128.

Verhandlung in der Abtheilung	Verhandlung und Beschlußfassung in der Plenar-Versammlung
In der 1. Abtheilung des 5. d. J. T. empfahl der Referent Professor Dr. Gneist aus Berlin die Annahme der von Beseler in seinem Gutachten aufgestellten Sätze. Oberapellations-Gerichtsrath Becker vertheidigte die Nothwendigkeit der Anerkennung des Gewohnheitsrechtes contra legem bei hypothetischen Rechten, welchem Obergerichtsrath Vorwerck aus Wolfenbüttel beitrat. Nachdem Professor Beseler gegen diese gesprochen, und Oberappellations-Gerichtsrath Becker seinen Standpunkt abermal vertheidigt hatte, wurde nach einigen Bemerkungen des Hof- und Gerichtsadvokaten Dr. Schenk aus Wien, Professor Dr. Götz aus Leipzig, Advokat Hesse aus Chemnitz, welcher den Antrag stellte, es sei das Gewohnheitsrecht nur auszuschließen, welches den guten Sitten und öffentlichen Rechten widerspricht, und Dr. Voigt aus Weimar wurden die Sätze Beselers — die beiden ersten einstimmig, die beiden letzten mit Majorität angenommen und sohin Beckers und Hesses Anträge abgelehnt. V. 2. 85—100.	Von dem Abth.-Beschlusse wurde die 2. Plenar-Versammlung des 5. d. J. T. durch den Ref. Dr. Gneist in Kenntniß gesetzt. V. 2. 52.
ad a) Gerichtsrath Abeken aus Dresden stellt den in der 1. und 2. Abtheilung des 2. J. T. Antrag: „Der Deutsche Juristentag wolle es zweckmäßig und wünschenswerth anerkennen, daß die Frage, ob Bestimmungen über die Volljährigkeit der Partikulargesetzgebung überlassen bleiben soll, bei der Berathung über das allgemeine Deutsche Obligationenrecht in Erwägung gezogen und nöthigen Falls allgemeine Bestimmungen hierüber getroffen werden." II/2. 143—146. Notar Euler aus Düsseldorf, Advokat Thesmar aus Cöln, Justizrath König aus Cleve, Professor Dr. Pütter aus Greifswald und Professor Dr. Jhering aus Gießen sprachen gegen den Antrag Ungers diese Fragen zu verneinen, für den Antrag der Deputation zu Punkt a II./2. 146—159. Nach einer Erwiderung Ungers II. 2. 159—162 wurde der Antrag der Deputation fast einstimmig angenommen. II./2.	2. Plenar-Versammlung des 2. d. J. T. Ueber Vortrag des Gerichtsraths Abeken wurden die Anträge der Abtheilung zu a und c mit Majorität, und zu b einstimmig angenommen. Dr. Unger zog seinen Antrag zurück. II. 2. 699—702.

Ursprünglicher Antrag	Anträge der Gutachter
2. Sachenrecht, insbesondere Pfandrecht. Antrag des Obertribunalrathes Meyer in Berlin: „auf Ernennung einer Kommission, welche die Grundprinzipien sowohl für das formelle	

Verhandlung in der Abtheilung	Verhandlung und Beschlußfassung in der Plenar-Versammlung

163. Die weitere Beschränkung dieses Satzes auf die Zeit der Emanation einer deutschen Civilprozeßordnung wurde über Antrag des Bürgermeisters Dr. Drechsler aus Parchim abgelehnt. II./2. 165.

ad b) Zu Punkt b sprachen Advokat Dr. Auerbach aus Frankfurt a. M., Advokat Aarons aus Schwerin, Advokat Kuntsch aus Chemnitz, Prof. Dr. Unger, Oberappellgerichts-Direktor Molitor aus München, Prof. Dr. Bluntschli aus München, Kammergerichts-Assessor Wache aus Berlin und wurde der Satz beschlossen: Es ist wünschenswerth, daß über die Handlungsfähigkeit großjähriger Personen unter väterlicher Gewalt die Bestimmung getroffen werde, daß dieselben wegen ihrer Großjährigkeit aus der väterlichen Gewalt heraustreten.“ II./2. 165—175.

ad c) Für Punkt c erklärten sich Notar Euler aus Düsseldorf, Prof. Dr. Heidemann aus Berlin, Prof. Dr. Jhering aus Gießen, Bürgermeister Dr. Drechsler aus Parchim, gegen denselben Präs. Dr. Heimsöth aus Cöln, Prof. Dr. Unger aus Wien, — Prof. Dr. Bluntschli aus München stellte den Antrag: Der d. J. T. erklärt die Aufhebung der römisch-rechtlichen Beschränkung der Intercession der Frauenzimmer für allgemein wünschbar, welchem Prof. Dr. Jhering-Hofrath Dr. v. Kerstorf aus Augsburg und Obergerichtsrath Dr. Rießer aus Hamburg zustimmten, welcher letztere auch über die Aufhebung der cura sexus abgestimmt wissen wollte. Schließlich wurde nach ausdrücklicher Erklärung, daß Familien- und Güterrechtsverhältnisse der Ehefrauen nicht in Frage gestellt würden, der Satz einstimmig angenommen: Es ist wünschenswerth, daß eine gemeinsame Bestimmung für Deutschland getroffen werde, nach welcher die für die Intercession der Personen weiblichen Geschlechtes bestehende Handlungsunfähigkeit (senatus consultum Vellejanum, authentica si qua mulier und die daher entnommenen, sich anschließenden partikularrechtlichen Bestimmungen), so wie die cura sexus aufgehoben werden. II./2. 175—189.

Der weitere Antrag des Prof. Dr. Unger wegen der Handlungsfähigkeit der Ausländer wurde, nachdem Hofrath Dr. v. Kerstorf dagegen gesprochen hat, als so weit gehend erklärt, daß er nicht wohl in Angriff genommen werden könne. II./2. 189—191.

In der 2. Abtheilung des 2. d. J. T. beantragte der für die Bornemann-, Meyer- und Geck'schen Anträge über das Hypothekenwesen bestellte Assessor Meyer die einzelnen Punkte zu besprechen, ohne selbst einen Antrag zu stellen.

Ursprünglicher Antrag	Anträge der Gutachter
wie materielle Hypothekarrecht zu prüfen hat." I. 125. Antrag des Justizrathes König in Cleve: „Der D. Juristentag wolle folgende Sätze erwägen und anerkennen: 1. das dem preußischen und andern germanischen Hypothekarrechte zum Grunde liegende Legitimitätsprinzip ist verwerflich; 2. das französische Recht huldigt demselben nicht; hierin besteht ein Vorzug desselben, wiewohl es sonst an sonstigen erheblichen Mängeln leidet; 3. ausmärzen läßt sich in denjenigen Gesetzgebungen, wo das Legalitätsprinzip gilt, dieses Prinzip ohne Revision des ganzen Zivilrechtes nicht; auch muß darüber, welches Hypothekensystem an die Stelle eines aufzuhebenden zu setzen, hauptsächlich die Erfahrung entscheiden; 4. deshalb ist anzurathen, daß in denjenigen Landestheilen, wo das Legalitätsprinzip gilt, vorläufig daran festgehalten, und in denjenigen Landestheilen, wo das französische Hypothekensystem Geltung hat, auf der Basis des Anti-Legalitätsprinzipes die sonstige Reform des Hypothekengesetzes vorgenommen wird, damit demnächst und dereinst, wenn es sich um die Einführung eines einzigen Deutschen Zivilgesetzbuches handelt, die Zeit mehr berufen und reifer sei, über die Art der Beseitigung des Legalitätsprinzips ein Urtheil zu fällen." I. 126. 3. Obertribunalrath Meyer zu Berlin stellt folgende leitende Sätze für eine künftige deutsche Hypothekenordnung: 1. Die Errichtung eines Grund- und Hypothekenbuches ist wünschenswerth,	

Verhandlung in der Abtheilung	Verhandlung und Beschlußfassung in der Plenar-Versammlung
Adv. Miller stellte in der Abth. des 2. J. T. folgende Anträge: „Der deutsche Juristentag wolle sich bezüglich der Reform des Hypothekenwesens dahin aussprechen: Es sei wünschenswerth, 1. daß in allen Ländern, wo noch General-, gesetzliche oder stillschweigende Hypotheken bestehen, selbige alsbald im Wege der Gesetzgebung endlich beseitigt werden; 2. daß in dem möglichst einfach einzurichtenden Grund- und Hypothekenbuchswesen die Grundsätze der Publizität, Spezialität und Legalität überall zur unbedingten Anwendung kommen; 3. daß die Uebertragbarkeit hypothekarischer Forderungen so wenig als möglich beschränkt; 4. die Kosten für hypothekarische Eintragungen und Löschungen aller Art auf ein geringes Maß herabgesetzt, und 5. den Gläubigern die Einziehung und Geltendmachung hypothekarischer Forderungen im Rechtsweg, so weit es das Bedürfniß und die Natur des Grundkredits gestattet, möglichst erleichtert werde. Dagegen wolle der Juristentag beschließen, die in den Bornemann'schen und Meyer'schen Anträgen bezüglich der persönlichen Haftbarkeit der Grundbesitzer, der Korrealhypotheken, sowie der Feuersocietätsgelder angeregten Fragen der ständigen Deputation zur Einholung anderweiter Gutachten und Vorlegung derselben an den nächsten Juristentag zu überweisen." Oberappellationsgerichts-Direktor Molitor beantragte auf die gestellten Sätze der Antragsteller nicht einzugehen, welchem Justizrath König zustimmte, der Berichterstatter Meyer opponirte. Bürgermeister Dr. Drechsler beantragte ebenfalls nicht auf diese Sätze einzugehen, die Sache aber dem nächsten Juristentag mit vermehrtem Materiale vorzulegen, worauf Molitor seinen Antrag zurückzog, und nachdem für Drechsler's Antrag Advocat Dr. Auerbach, Prof. Dr. Unger, Assessor Dr. Bornemann, Hofrath Dr. v. Kerstorf, gegen denselben Kreisgerichts-Direktor Horn, Kreisgerichtsrath Geck gesprochen, wurde der Antrag in folgender Weise formulirt, mit allen Stimmen gegen 3 angenommen: „Der d. J. T. geht zwar auf die Berathung der Bornemann- und Meyer'schen Anträge zur Zeit nicht ein, erkennt es aber als ein dringendes Bedürfniß, daß die Hypothekengesetzgebung in allen deutschen Ländern auf gemeinsamen Grundsätzen erfolge und	In der 2. Plenar-Versammlung des 2. d. J. T. über Vortrag des Referenten Assessors Meyer der Abtheilungsbeschluß genehmigt. II. 2. 702—704.

Ursprünglicher Antrag	Anträge der Gutachter
die des letzteren nothwendig, doch hängt die Berichtigung der Foliis vom Betreiben der Interessirten ab. 2. Eigenthum und dingliche Rechte, sowie Servituten werden nur durch Eintragung erworben und durch Löschung verloren. 3. Der Inhalt des Hypothekenbuches entscheidet. Für die Vollständigkeit und Uebereinstimmung der Auszüge haftet das Hypothekenamt, resp. dessen Mitglieder und in subsidium der Staat. 4. Die Eintragungen geschehen in der Regel nur auf Antrag der Interessirten. 5. Alle Anträge sind entweder persönlich oder durch beglaubigte Erklärungen zu stellen. 6. Es ist das Prinzip der Publizität festzuhalten. Kreisrichter Geck aus Werden a. R. als Zusatz zum Punkte 6: „Dem Prinzip der Publizität ist auch in subjektiver Hinsicht durch unbedingte Gestattung der Einsicht des Hypothekenbuches und der dazu überreichten Urkunden (der Grundakten) Geltung zu verschaffen." II. 277. 7. Ebenso der Grundsatz der Spezialität-Correlhaftungen sind angemessen zu beschränken. 8. Das Prinzip der Legalität begründe blos die Berechtigung zur Prüfung der Form und Inhalt der Erklärungen, Legitimation und der aus dem Hypothekenbuche hervorgehenden Beschränkungen. 9. Die Eintragung erfolgt durch den eingetragenen Eigenthümer, durch Urtheile oder auf Grund der Ersitzung. 10. Die Präsentation des Antrages entscheidet über das Vorzugsrecht der Ein-	In den über die von der Deputation ausgehobenen Sätze 1—3 des Bornemann'schen Gutachtens und die Sätze 1 und 2 des Meyer'schen Gutachtens, sowie über den Geck'schen Zusatzantrag erstatteten Gutachten kam Hofrath Dr. v. Kerstorf, indem er sich seinerseits wieder auf die Hauptgrundsätze beschränkte, zu dem Ergebniß: „Es möge der Juristentag beschließen, daß es im Interesse der gleichen Rechte und Rechtszustände in ganz Deutschland liege, einem auf die Prinzipien der Publizität und Spezialität gebauten selbstständigen Hypothekensysteme, wie es sich in der neuen Gesetzgebung und insbesondere in dem Bayerischen Hypothekengesetze vom Jahre 1822 gestaltet hat, in allen Deutschen Staaten gesetzliche Geltung verschafft zu sehen, und daß hiebei vom Standpunkte der Wissenschaft, sowie des praktischen Bedürfnisses eine vollkommen konsequente und beziehungsweise konsequentere Durchführung dieses Systems dringend zu empfehlen sei." III. 1. 84. Dr. jur. G. Lührsen, indem er den Standpunkt, den die Deputation bezeichnet, verlassen hatte und wesentlich von der Germanischen Entwickelung des Hypothekenwesens und dem Hamburger Rechtsbrauch ausging, kam zu folgenden fünf selbstständigen Grundsätzen: 1. „Der Besitz von Grundeigenthum kann nur vor dem kompetenten Gerichte (der Hypotheken-Behörde der gelegenen Sache) übertragen und erworben werden.

Verhandlung in der Abtheilung	Verhandlung und Beschlußfassung in der Plenar-Versammlung
beauftragt daher die ständige Deputation weiteres Material für diesen wichtigen Gegenstand zu sammeln und weitere Vorlagen zu machen. II. 2. S. 220—251. Weiters wurde dasselbe bezüglich des Geck'schen Antrages nach einer Debatte, bei welcher sich der Antragsteller, Adv. Müller, Kammergerichts-Assessor Wache, Prof. Dr. Heller und Oberappellationsgerichts-Direktor Molitor betheiligten, beschlossen. II. 2. 252—257.	
c) Auf dem dritten Juristentage wurde bei der Verhandlung in der vereinigten Ersten und Zweiten Abtheilung, nachdem der Berichterstatter, Gerichtsassessor Meyer aus Berlin, sich mit den v. Kerstorf'schen Anträgen einverstanden erklärt, Adv. Dr. Auerbach über die allgemeinen Grundsätze, Prof. Dr. Stubenrauch, Bürgermeister Dr. Drechsler über die Nothwendigkeit der Verbindung der Hypothekenbücher mit den Grundbüchern gesprochen, der Rechtsanwalt Kretzschmann einen später zurückgezogenen Antrag in Beziehung auf Einführung einer Hypotheken-Verjährung gestellt, Reg. R. Weil die Zurückverweisung an die Deputation als wünschenswerth erklärt, um eine Zusammenstellung der Grundzüge aller deutschen Hypothekenordnungen zu erhalten, Notar Euler die Mangelhaftigkeit des rheinischen Hypothekenwesens, Prof. Götz dagegen die Vorzüge der sächsischen Gesetzgebung vom Jahre 1843 gezeigt und sich gegen die Hypothekenbriefe au porteur erklärt, Prof. Dr. Stein die Nothwendigkeit einer gemeinschaftlichen Immobiliarkredit-Gesetzgebung in Deutschland betont, Adv. Kand. Dr. Stöger, Finanzprokurator-Adjunkten Dr. Floch, Prof. Dr. Unger auf Grund der günstigen Erfahrungen in Oesterreich das Grundbuchswesen empfohlen hatten, beschlossen, auszusprechen: „es bestehe Bedürfniß einer gemeinsamen Deutschen Gesetzgebung über das Hypothekenwesen, beziehungsweise den Immobiliarkredit, und sei hiebei die konsequente Durchführung der allgemein für das Hypothekenwesen anerkannten Prinzipien der Spezialität und der Oeffentlichkeit zu Grunde zu legen, und das Hypothekenwesen auf Grundlage des sachenrechtlichen Grundbuchssystems zu errichten." Ferner wurde eine Erklärung über den Antrag des Justizrath König, es sei auch die vollständige Beseitigung des Legalitätsprincips als wünschenswerth auszusprechen, gegen welchen sich Dr. v. Kerstorf erklärt hatte, abgewiesen,	In der 2. Plenarsitzung des 3. d. J. T. wurde vom Referenten Hofrath Dr. Bluntschli der Abtheilungsbeschluß zur Kenntniß gebracht. III. 2. 70.

Ursprünglicher Antrag.	Anträge der Gutachter
tragungen — gleichzeitig präsentirte Anträge haben gleiches Vorrecht. 11. Das Hypothekenrecht ist ein selbstständiges Recht. Der neue Erwerber wird aber persönlich verhaftet, der frühere aber unter Umständen liberirt. 12. Hypotheken müssen einen bestimmten Geldwerth haben und können nicht au porteur ausgestellt werden. 13. Der einlösende Eigenthümer kann außer dem Falle des Kontraktes, der nothwendigen Subhastation oder wenn er sonst in der Verfügung beschränkt war, über dieselbe verfügen. 14. Bei Expropriationen sollen die Hypotheken und dinglichen Rechte in der Regel erlöschen und die Feuersanitätsgelder in Bezug der Gläubiger an die Stelle der Gebäude treten. 15. Die Eintragung begründet den Mandatsprozeß. 16. Das Hypothekenamt stellt entweder eine zum Richteramte qualifizirte Person vor, oder es wirkt ein Richter bei rechtlichen Fragen mit. Alle Hypothekenämter unterstehen der Kontrolle der Obergerichte und des obersten Gerichtshofes. II. 234—236. Präsident des Obertribunales in Berlin Dr. Bornemann stellt nachstehende, das Hypothekenwesen betreffende Sätze: 1. Das Hypothekenrecht wird nur durch Eintragung in das Hypothekenbuch auf Grund einer beglaubigten Erklärung des Eigenthümers oder einer Verfügung des Prozeßrichters erworben. Es erlischt erst mit der Löschung aus dem Hypothekenbuch. 2. Die Hypothekenbehörde hat nur Form und Inhalt der Erklärung, und die Legitimation des Erklärenden zu prüfen,	2. Die Deutsche Hypothek ist als Reallast des Grundstücks, auf dessen Folium sie eingetragen, aufzufassen und nach den Deutschrechtlichen Grundsätzen über diese zu beurtheilen, mit der Ausdehnung einer durch das Gesetz zu bestimmenden persönlichen Haftverbindlichkeit des jedesmaligen Besitzers des belasteten Grundstücks, wenn durch Zwangsverkauf die Hypothek durch den erzielten Kaufpreis nicht gedeckt wird. (4. 5. Bornemann.) 3. Eine Hypothek entsteht nur durch Eintragung in die von dem Gerichte der gelegenen Sache geführten Hypothekenbücher, kann rechtsgiltig nur von dem Gerichte, in dessen Protokolle sie eingetragen, übertragen werden, und erlischt nur durch Tilgung in denselben. (1. Bornemann.) 4. Nur auf Antrag Desjenigen, welcher in den Eigenthums- oder Hypothekenbüchern als Besitzer von Grundeigenthum oder einer Hypothek darauf eingetragen steht, eventualiter dessen gesetzlichen Vertreter oder in Gemäßheit eines den Konsens supplirenden rechtskräftigen Erkenntnisses darf in diese Bücher etwas eingetragen oder darin verändert, umgeschrieben oder getilgt werden. (Gegen 7. Bornemann.) 5. Im Konkurse bildet jedes auf einem Folium eingetragene Grundstück mit seiner Belastung eine Spezialmasse für sich, aus welcher nur der Ueberschuß des von den eingetragenen hypothekarischen Gläubigern und den Kosten nicht in Anspruch genommenen Verkaufspreises in die Generalmasse fällt." Ueber den Geck'schen Antrag bemerkt er, daß derselbe keine genügende Veranlassung gebe, sich mit demselben umgehend zu beschäftigen. III. 1. 85—96."

Verhandlung in der Abtheilung	Verhandlung und Beschlußfassung in der Plenar-Versammlung
ebenso Anträge des Prof. Dr. Stein, nach welchen bei dem Verlangen einer gemeinsamen Immobiliarkredit-Gesetzgebung in Deutschland auf die Art der Entstehung des Handelsgesetzbuches hingewiesen werden solle, und des Adv. Dr. Auerbach in Beziehung auf Uebertragung einer Hypothek und summarisches Verfahren, III. 2, 190. ferner wurde über den Geck'schen Zusatzantrag in Erwägung, daß durch die gefaßten Beschlüsse derselbe schon im bejahenden Sinne erledigt sei, nach dem Vorschlage des Berichterstatters, beziehungsweise des Advokaturkandidaten Dr. Beer, nachdem Prof. Dr. Heller und Oberappellationsgerichts-Direktor v. Molitor darüber gesprochen, zur Tagesordnung übergegangen, woneben ein von dem Finanzprokurator-Adjunkten Floch in Betreff der Erwerbung dinglicher Sachenrechte an Grundstücken gestellter Antrag von demselben, als im Wesentlichen schon angenommen, zurückgezogen, und die Einverleibung der von dem Kreisgerichts-Direktor Horn und dem Bürgermeister Dr. Drechsler eingereichten Zusammenstellung von Anträgen in Betreff des Grundbuchswesens in das Protokoll beschlossen wurde. III. 2, 142—202.	

Ursprünglicher Antrag	Anträge der Gutachter
und nicht auf das Rechtsgeschäft einzugehen. 3. Die Beurkundung der Eintragung erfolgt durch die Beisetzung des Eintragungsvormerks auf die Erklärung oder Verfügung, desgleichen bei der Uebertragung, wenn sie eingetragen wird. 4. Das Hypothekenrecht setzt zwar eine persönliche Forderung voraus, ist aber ein selbstständiges Recht. 5. Der neue Erwerber des Grundstückes haftet persönlich — der frühere persönliche Schuldner dann bis der neue Erwerber als persönlicher vom Gläubiger ausdrücklich oder stillschweigend anerkannt wird. 6. Die Abtretung oder Verpfändung einer hypothekarischen Forderung ist ohne Eintragung wirksam, der spätere redliche Erwerber oder Pfandnehmer schließt jedoch den früheren, wenn ihm die in 3 bezeichneten Beurkundung ausgefolgt, aus. 7. Die Eintragung kann nur auf Grund einer auf die zu 3 gedachte Urkunde gesetzte Uebertragungserklärung oder Verfügung geschehen. 8. „Der Eigenthümer kann die getilgte Hypothek selbst erwerben, ist sie, wenn ihn nicht andere Rechtsgründe dazu verhalten, löschen zu lassen, nicht verpflichtet, sie kann einem anderen von ihm übereignet, oder vom Prozeßrichter überwiesen werden. Im Falle der nothwendigen Subhastation oder des Konkurses kann aber das ungelöschte Hypothekenrecht nicht geltend gemacht werden. 9. Die Korrealhypothek ist am angemessensten dahin zu beschränken, daß	

Verhandlung in der Abtheilung	Verhandlung und Beschlußfassung in der Plenar-Versammlung

Ursprünglicher Antrag	Anträge der Gutachter
jedes Grundstück nur nach seinem ursprünglichen oder wirklichen Werthe hafte. 10. Die Feuerversicherungsgelder treten zu Gunsten der eingetragenen Gläubiger an die Stelle der abgebrannten Gebäude. II. 229—232." 5. Rechtsanwalt Kretschmann: „Der d. J. T. wolle als seine Rechtsüberzeugung aussprechen: daß die Unverjährbarkeit der Hypothekenrechte kein nothwendiges Element der Grundbuchseinrichtung, vielmehr die Einführung einer Hypothekenverjährung mit geräumigen Fristen als Bedürfniß anzuerkennen ist, Nr. 4 und 6 der Vorlagen für den 3. d. J. T.	
6. Ist es angemessen, daß durch die Subhastation sämmtliche auf den subhastirten Grundstücken ruhenden Hypotheken fällig werden? X 1. 63.	Appellationsgerichtsrath Struckmann zu Köln ist der Ansicht, daß der Juristentag von seinem, die Verhältnisse des gesammten Deutschlands berücksichtigenden Standpunkte aus alle Veranlassung habe, die gestellte Frage zu bejahen. X 1. 63—89. Hof- und Ger.-Adv. Dr. Lothar Johanny aus Wien bejaht unbedingt die vorgelegte Frage. X. 1. 136—143.

Verhandlung in der Abtheilung	Verhandlung und Beschlußfassung in der Plenar-Versammlung
In der 4. Abtheilung des 10. d. J. T. stellte der Referent Hof- und Gerichts-Advokat Dr. v. Kißling aus Linz den Antrag: „Der deutsche Juristentag spricht seine Rechtsüberzeugung aus, daß es nicht angemessen sei, daß die bei einer zwangsweisen Veräußerung durch den Kaufpreis gedeckten Hypotheken fällig werden, daß es aber im Wesen des Pfandrechts begründet sei, daß das Pfandrecht bezüglich der durch den Kaufpreis nicht gedeckten Forderungen erlösche." Appellationsrath Struckmann aus Cöln formulirte seinen Antrag dahin: „Es ist angemessen, daß durch die Subhastation sämmtliche auf dem subhastirten Grundstücke ruhenden Hypotheken fällig werden." Präs. Dr. Drechsler erklärt sich für den ersten Satz des Referenten mit dem Beisatze: „Bei richtiger Regulirung des Verkaufs im Wege der Zwangssubhastation und richtigen Normativbedingungen, die das Interesse nach allen Seiten hin wahren." Landesgerichtsrath Stieve aus Zabern stellt dagegen Folgendes auf: I. Die vorliegende Frage (C.):	Wurde vom Referenten der 2. Plenar-Versammlung des 10. d. J. T. zur Kenntniß gebracht. X. 2. 314.

Ursprünglicher Antrag	Antrag der Gutachter
3. Obligationenrecht. 1. Prof. Dr. Heydemann in Berlin: „Der d. J. T. wolle sich für die baldige Herstellung eines gemeinsamen deutschen Gesetzes zum Schutze des Urheberrechtes an Werken der Literatur und Kunst gegen Nachdruck, so wie gegen unbefugte Nachbildung und Aufführung aussprechen.“ II. 1. 236.	
2. „Soll der Staat, beziehungsweise die Gemeinde für Schaden und Nachtheile, welche die von ihnen angestellten Beamten durch vorsätzliche oder kulpose Verletzung ihrer Dienstpflichten einem Dritten zufügen, über-	Geheimrath Prof. Dr. Bluntschli aus Heidelberg spricht seine Ansicht dahin aus, der d. J. T. solle sich, wenn er überhaupt in dieser schwierigen Frage einen Ausspruch

Verhandlung in der Abtheilung	Verhandlung und Beschlußfassung in der Plenar-Versammlung
Ist es angemessen, daß durch die Subhastation sämmtliche auf dem subhastirten Grundstück ruhenden Hypotheken fällig werden? kann gegenwärtig nach der Verschiedenheit der bestehenden Partikulargesetzgebungen verschieden beantwortet werden. II. Der Deutsche Juristentag erklärt aber: Es ist kein Grund vorhanden, das Subhastationsverfahren von der deutschen Civilprozeßordnung auszuschließen. Die für eine solche Ausschließung in den deutschen Civilprozeßmotiven (S. 470) vorgebrachten Gründe sind nicht stichhältig. III. Für das künftige deutsche Subhastationsverfahren ist die Frage ad I zu bejahen. Präs. Kühne von Celle spricht gegen den Antrag des Referenten und Dr. Drechslers. Oberappellationsrath Dr. Bähr ist für Aussetzung der Sache und Einholung neuer Gutachten, nach Bemerkungen des Regierungsraths Hornbostel für den Antrag Struckmann und nachdem sich der Referent gegen die Vertagung ausgesprochen hatte, wird diese beschlossen. X. 2, 220—248.	
Nach Begründung des Antrages durch den Antragsteller (II. 2. 259—263) empfahl der Berichterstatter Prof. Dr. Unger die Annahme desselben in der vereinigten 1. und 2. Abtheilung des 2. d. J. T. Notar Euler, Prof. Dr. Kuntze, Regierungsrath Witzleben, Notar Dr. Uchazy sprachen für den Antrag des Prof. Heydemann, wogegen Assessor Meyer den Antrag als einen bloßen Wunsch ohne materielle Grundlage vertagt wissen wollte, welchem sich Hofrath Dr. v. Kerstorf anschloß, und die Verweisung desselben an die ständische Deputation zur Wiedervorlage mit ganz bestimmten Sätzen beantragte, welchen Prof. Dr. Jhering bekämpfte, Präs. Dr. Heimsött aber unterstützte. Adv. Miller bemerkte, daß die Regierungen im Zollverein mit Frankreich eine Nachdruckconvention abzuschließen im Begriffe seien, gegen welche erhebliche Bedenken bestehen. II. 2. 267—268. Bei der Abstimmung wurde, nachdem der Referent Dr. Unger nochmals den ursprünglichen Antrag empfohlen hatte, dieser mit Majorität angenommen. II. 2. 263—278.	In der 2. Plenar-Versammlung des 2. d. J. T. über Vortrag des Dr. Unger der Beschluß der Abtheilung angenommen. II. 2. 704—705.
Der Referent Kreisgerichts-Direktor von Stößer in Lörrach stellte in der vereinigten 1. und 2. Abtheilung des 6. d. J. T. folgende Sätze auf: 1. Der Staat haftet für Schäden und Nachtheile, welche seine	In der 2. Plenar-Versammlung des 6. d. J. T. wurde dieser Beschluß zur Kenntniß gebracht. VI. 3. 234.

Ursprünglicher Antrag	Anträge der Gutachter
haupt haften und bejahenden Falles in erster Reihe unbedingt oder nur subsidiär?"	wagen will, gegen eine allgemeine Ersatzpflicht des Staates, beziehungsweise der Gemeinde, aussprechen für Schaden, der durch vorsätzliche oder kulpose Verletzung der Dienstpflicht von Seite seiner Beamten zugefügt wurde, und nur ausnahmsweise aus besonderen Gründen eine derartige Ersatzpflicht anerkennen, wobei es der von der Art des besonderen Rechtsgrundes z. B. geschäftsmäßige Uebernahme der Verantwortlichkeit im Gegensatz zur Deliktschuld abhängt, ob dieselbe in erster Reihe oder nur subsidiär eintritt." VI. 1. 52. Staatsrath H. A. Zachariae aus Göttingen verweist auf seine im 19. Jahrgang der Zeitschrift „für die gesammte Staatswissenschaft 1863", S. 582 ff. erschienene Abhandlung, in welcher er sich für die Haftungspflicht ausspricht. VI. 2. 55.

Verhandlung in der Abtheilung	Verhandlung und Beschlußfassung in der Plenar-Versammlung
Beamten einem Dritten durch widerrechtliche Handlungen zugefügt haben. 2. Die Haftpflicht tritt nur ein, wenn und soweit der Beamte selbst nach Grundsätzen des bürgerlichen Rechts mit einer Entschädigungsklage belangt werden kann. 3. Der Schaden muß die unmittelbare und unvermeidliche Folge der Handlungsweise des Beamten sein, darf also 4. insbesondere weder durch positive Handlungen Dritter, ohne mitwirkendes Verschulden des Beamten, noch durch hinzutretende Schuld des Beschädigten verursacht worden sein. 5. Nur wirkliche Beamte des Staats, sie mögen übrigens höhere oder niedere Organe des Staates sein, verpflichten denselben, nicht auch andere Funktionäre. 6. Insbesondere haftet der Staat auch für die widerrechtliche Pflichtverletzung der Richter, sofern es sich hier nicht blos um unrichtige Gesetzesanwendung bei Urtheilsfällung handelt. 7. Der Beamte muß innerhalb der ihm gesetzlich zugewiesenen Sphäre und zum Zwecke, eine dem Staate obliegende Pflicht zu erfüllen, oder eine amtliche Befugniß auszuüben gehandelt haben. 8. Die Widerrechtlichkeit muß in Vorsatz oder grober Fahrlässigkeit bestehen. 9. Es ist gleichgiltig, ob die Pflichtverletzung in einer positiven Handlung oder in einer Unterlassung lag, sofern letztern Falls der Beschädigte dem Beamten gegenüber in einem konkreten Rechtsverhältnisse stand und hiernach befugt war, eine nach Gegenstand, Art und Maß bestimmte Thätigkeit von dem Beamten zu fordern. 10. Die Haftpflicht des Staates ist eine primäre: a) sowohl in den Fällen, worin es sich um ihrer Natur nach privatrechtliche Geschäfte handelt, welche für den Staat von dem dazu bevollmächtigten Beamten mit andern Personen eingegangen wurden, als b) in den Fällen, wo es sich um die Geltendmachung öffentlicher Machtbefugnisse handelt, zu welchen letztern c) auch diejenigen zu rechnen sind, wo Bestätigungen, Beurkundungen u. dgl. von Rechtsakten mit der dazu erforderlichen publica fides erfolgen.	

Ursprünglicher Antrag	Anträge der Gutachter
	Hof- und Ger.-Adv. Dr. Kißling in Linz spricht sich, nachdem die Haftung des Staates bereits angenommen wurde, dahin aus, daß dabei vorausgesetzt werden müsse, 1. dem Beschädigten war entweder nicht möglich, den ihm durch den Beamten zugefügten Schaden auf andere gesetzmäßige Weise abzuwenden; oder 2. dem Beschädigten konnte weder die Ungesetzlichkeit der Verfügung, noch der

Verhandlung in der Abtheilung	Verhandlung und Beschlußfassung in der Plenar-Versammlung

11. Die Haftplicht des Staates ist namentlich in den zu 10 a bezeichneten Fällen die gleiche bürgerlich rechtliche, wie die einer Privatperson, wenn diese das fragliche Geschäft abgeschlossen hätte.
12. Aehnliche Grundsätze treten bei der Haftpflicht der Gemeinden ein, so fern diese ihre Beamten selbstständig bestellen." VI. 3. 70, 71.

Es wurde vorerst die Diskussion über den ersten Satz als Generaldebatte eröffnet.

Prof. Dr. Brinz aus Tübingen bestreitet denselben und nimmt den Antrag Bluntschli's auf.

Hof- und Gerichts-Advokat Dr. v. Kißling aus Linz stellt hierauf den Antrag:

„Es wolle auf die von dem Herrn Referenten aufgestellten 12 Sätze nicht eingegangen werden, sondern der deutsche Juristentag wolle als Rechtsüberzeugung aussprechen: Der Staat, beziehungsweise die Gemeinde, haftet primär für Schäden und Nachtheile, welche die von ihnen aufgestellten Beamten durch vorsätzliche oder kulpose Verletzung ihrer Dienstpflichten einem Dritten zufügen, ohne daß dieser dagegen durch Beobachtung der gesetzlichen Vorschriften sich hätte schützen können." VI. 3. 74.

Prof. Dr. Götz aus Leipzig erklärte sich für den ersten Satz des Referenten Prof. Dr. Mandry für den Antrag des Dr. Brinz, Dr. Voigt aus Weimar schloß sich dem Antrage Kißlings an, während Bezirksgerichts-Assessor Dr. Sölte aus München den ersten Satz des Referenten für annehmbar und die übrigen als unnöthig hinwegfallend erklärt.

Prof. Dr. Brunner aus Lemberg schlägt vor zu sagen: „Der d. J. T. spricht sich für die allgemeine Ersatzpflicht des Staates aus und wird nur ausnahmsweise aus besonderen Gründen eine derartige Ersatzpflicht verneinen."

Prof. Dr. Gneist formulirt den ersten Satz dahin:

„daß der Staat, beziehungsweise die Gemeinde, für Schäden und Nachtheile haften, welche die von ihnen angestellten Beamten durch vorsätzliche und kulpose Verletzung ihrer Dienstpflicht einem Dritten zufügen. Die Vorbedingungen dieser Verhaftung nach Maßgabe des erstatteten Gutachtens bedürfen jedoch einer nochmaligen Erörterung im Einzelnen, welche dem nächsten Juristentage vorbehalten wird," VI. 3. 78, 79, worauf Dr. Brunner und Dr. v. Kißling ihre Anträge zurückziehen. Nachdem der Referent sich für diesen Satz ebenfalls erklärt hat, wurde derselbe mit Majorität angenommen. VI. 3. 54—81.

In der 1. und 2. Abtheilung des 7. d. J. T. wurde wegen Mangel an Zeit die Verhandlung über diese Frage vertagt. VII. 2. 105.

Desgleichen in der 1. und 2. Abtheilung des 8. d. J. T. VIII. 2. 122.

In der vereinigten 1. und 2. Abtheilung des 9. u. J. T. stellte der Referent Justizrath Primker aus Berlin folgende Anträge:

Plenar-Versammlung: In der 2. Plenar-Versammlung des 9. d. J. T. wurde durch den Referen-

Ursprünglicher Antrag	Anträge der Gutachter
	erlittene Schaden, insolange er noch ein Rechtsmittel zu dessen Abwendung hatte, bekannt sein, und 3. die beschwerende Handlung muß innerhalb der dem Beamten zustehenden Machtsphäre geschehen sein. Er hält den Staat für primärhaftend. VIII. 388—411.

Verhandlung in der Abtheilung	Verhandlung und Beschlußfassung in der Plenar-Versammlung
„Der Juristentag spricht seine Ueberzeugung dahin aus: I. Für den Schaden, welcher durch Amtshandlungen eines Staatsbeamten rechtswidrig einem Dritten ohne dessen Verschulden zugefügt worden, haftet die Staatskasse a) stets, wenn eine Bereicherung des Staates stattgefunden hat, b) sonst nur, wenn die Pflicht, welche der Beamte verletzt hat, im Privatrechte begründet ist, namentlich wenn diese Pflicht die dem Staate obliegende Verwaltung von Geldern und Sachen betrifft." „Bezüglich des von den Staatsbeamten rechtswidrig zugefügten Schadens, für welchen die Staatskasse nicht haftet, müssen die zur Zeit noch bestehenden Beschränkungen des Rechtsweges beseitigt werden, namentlich bei gesetzwidrig veranlaßten Freiheitsberaubungen und Beschlagnahmen von Druckschriften." IX. 3. 44, 45. Geheimrath Körner aus Dresden erklärt sich im Wesentlichen mit Kißlings Begründung einverstanden und stellt nachstehendes Amendement: „Der deutsche Juristentag wolle sein Gutachten dahin abgeben, daß der Staat für die Schäden und Nachtheile, welche die von ihm angestellten Beamten durch vorsätzliche oder kulpose Verletzung ihrer Dienstpflichten einem Dritten zufügen, subsidiär zu haften habe." IX. 3. 50. Dr. v. Kißling aus Linz aber: „Der Juristentag spricht seine Rechtsüberzeugung dahin aus, daß der Staat in allen Fällen, in welchen Jemand durch Beamte in Ausübung der Regierungsgewalt beschädigt wird, hafte, wenn dem Verletzten weder durch die Gesetze selbst geschützt ist, noch auf irgend eine andere Weise der Schaden ersetzt werden kann." IX. 3. 50. Prof. Dr. Götz aus Leipzig spricht für Körners Antrag mit Weglassung des auf die subsidiäre Haftung bezüglichen. Staatsrath Dr. Zachariä aus Göttingen formulirte folgende Thesis: „Der Juristentag spricht seine Ueberzeugung dahin aus, daß der Staat bei seiner Gesetzgebung in Betreff der Schadenszufügung seiner Beamten das Princip der direkten Haftungsverbindlichkeit des Staates zur Grundlage zu nehmen habe." IX. 3. 56. Prof. Degenkolb aus Freiburg ist für Vertagung der Entscheidung, welchem Dr. Kißling, Dr. Zachariä und Körner entgegentreten. Zachariä erklärt, daß er sich dem Antrage Kißlings anschließe und seinen zurückziehe, behält denselben aber auf Wunsch der Versammlung bei, sowie er auch den Beisatz wegen den Gemeindebeamten aufnimmt, aber ebenfalls über allgemeinen Wunsch fallen läßt. Nach dem Schlußworte des Referenten wurde unter Ablehnung des Vertagungsantrages der des Staatsraths Dr. Zachariä mit Majorität angenommen. IX. 3. 26—63.	ten zur Kenntniß der Abtheilungsbeschluß gebracht. IX. 3. 342.

Ursprünglicher Antrag	Anträge der Gutachter
Ständige Deputation: 3. „Sind die Wuchergesetze aufzuheben, und ist die Feststellung des Zinsfußes lediglich der Vereinbarung der Paciscenten zu überlassen?“ VI. 1. 227.	Prof. Dr. Goldschmidt zu Heidelberg bejaht unbedingt die zweite Frage — bezüglich der ersten hält er die Aufrechthaltung mancher gesetzlichen Bestimmungen, wie über das Zinsmaß der öffentlichen und privilegirten privaten Pfandleihanstalten und den Anatocismus nothwendig. VI. 227—271. Dr. Schaffrath aus Dresden bejaht beide Fragen, hält aber einzelne Beschränkungen beim Darleihensvertrag zulässig, wenn die Vertragsfreiheit dadurch nicht berührt wird. VI. 277—421.
4. Der d. J. T. beschließt die Anfechtbarkeit der Verträge wegen Verletzung über die Hälfte (laesio enormis) ist aus den deutschen Civilgesetzgebungen zu beseitigen. VII. 2. 105.	
5. Soll das künftige gemeinsame deutsche Obligationenrecht die verbindliche Kraft des Anerkennungsvertrages aufnehmen und wie ist dieses Rechtsgeschäft zu regeln? VIII. 1. 283.	Stadtgerichtsrath Koch zu Berlin empfiehlt nachstehende Resolution zur Annahme: „Der d. J. T. wolle erklären: Das künftige gemeinsame deutsche Obligationenrecht wird, um den Forderungen der Rechtsentwickelung, der Wissenschaft und des Verkehrs zu genügen, folgende Grundsätze aufzunehmen haben:

Verhandlung in der Abtheilung	Verhandlung und Beschlußfassung in der Plenar-Versammlung
In der vereinigten 1. und 2. Abth. des 6. d. J. T. stellte der Referent Dr. Jacques aus Wien folgende Anträge: 1. Die Wucherstrafgesetze und diejenigen Bestimmungen der Civilgesetzgebung, welche auf dem bisher in Geltung bestehenden Grundsatze der Beschränkung der Zinsfreiheit erfließen, sind aufzuheben, und 2. die Feststellung des Zinsfußes ist die Vereinbarung der Paciszenten zu überlassen. Oberlandesgerichts-Vicepräsident Dr. v. Rizy aus Wien erklärt, daß er dem Satz beistimme, dessen unbedingte Anwendung jedoch auf concrete Länder für bedenklich halte. Rechtsanwalt Block aus Magdeburg hält folgende Bestimmung zur Ergänzung des zweiten Satzes des Referenten für nothwendig: „Bei Darlehen ist die Stipulation längerer als einjähriger Kündigungsfrist für die Kontrahenten nicht bindend." Dr. Knepler aus Wien und Hofrath Dr. v. Kerstorf aus Augsburg, Justizrath Dürre aus Magdeburg sprechen für die Anträge des Referenten. Privatdozent Dr. Exner aus Wien ist für die einfache Bejahung der gestellten Frage ohne weitere Zusätze. Es wurden schließlich, nachdem der Referent nochmals seine Anträge vertheidigte, diese einstimmig angenommen und wurde der Antrag Block's zurückgezogen. VI. 2. 82—117.	Die von der Abtheilung gefaßten Beschlüsse wurden nach Vortrag des Referenten Dr. Jacques in der 2. Plenar-Versammlung des 6. d. J. T. einstimmig angenommen. VI. 2. 335.
In der vereinigten 1. und 2. Abth. des 7. d. J. T. ohne Anhörung eines Referates mit großer Majorität angenommen. VII. 2. 105.	Wurde durch Oberappellations-Gerichtsrath Dr. Voigt aus Lübeck der 2. Plenar-Versammlung des 7. d. J. T. mitgetheilt. VI. 2. 235.
In der 1. und 2. Abth. des 8. d. J. T. stellt der Referent Prof. Dr. Jhering aus Wien folgende Sätze auf: I. Ein auf bloßes „Schuldig sein", oder die Zahlung einer Geldsumme, und (oder eines sonstigen Gegenstandes) gerichteter (schriftlicher) Vertrag hat bindende Kraft ohne Angabe des Schuldgrundes. II. Eine Einrede gegen diese Verpflichtung steht dem Schuldner nur nach den Grundsätzen der römischen Condictionentheorie zu.	Der Abtheilungsbeschluß wurde der 2. Plenar-Versammlung des 8. d. J. T. zur Kenntniß vom Prof. Dr. Gneist mitgetheilt. VIII. 2. 321.

Ursprünglicher Antrag	Anträge der Gutachter
	1. Die vertragsmäßige Anerkennung eines bestehenden Schuldverhältnisses begründet die Verpflichtung zur Erfüllung der anerkannten Schuld, ohne daß es eines Nachweises des Rechtsgrundes dieser Schuld bedarf; 2. ein Schuldverhältniß ist erloschen (ohne daß ein anderer Auflösungsgrund nachzuweisen ist), wenn der Gläubiger die Auflösung dem Schuldner gegenüber vertragsmäßig anerkennt; 3. der Anerkennungsvertrag (ad 1. und 2.) kann wegen Mangels der causa (des Verpflichtungs- resp. Auflösungs-Grundes) nur insofern angefochten werden, als die Voraussetzungen einer Klage wegen grundloser Bereicherung (condictio) vorhanden sind; 4. in der Ausstellung und Annahme eines schriftlichen, den Rechtsgrund der Schuld (causa) nicht angebenden Schuldbekenntnisses (Schuldscheins) resp. einer den Tilgungsgrund nicht enthaltenden Befreiungsurkunde (Quittung) liegt die Abschließung eines Anerkennungsvertrages." VIII. 1, 283—308. Prof. Dr. Goetz aus Leipzig stellt folgende 6 Sätze auf: I. Wer einem Anderen kraft Anerkennung eines Forderungsanspruchs desselben (wider ihn) gehalten sein will, wird durch solche erklärte Willenseinigung (Anerkennungsvertrag) verpflichtet, die in ihr enthaltene Zusage zu erfüllen. II. Ingleichen wird, wenn der Eine vom Anderen über seinen Anspruch eine Schuld-Verschreibung (Schuldbrief, Schuld- oder Gutschein, Schuldbekenntniß) erhält, mag der Rechtsgrund jenes Anspruchs darin mit beurkundet sein oder nicht, durch Ausstellung und

Verhandlung in der Abtheilung	Verhandlung und Beschlußfassung in der Plenar-Versammlung
III. Soweit die Intention der Parteien nicht auf das Gegentheil gerichtet war, hat der Gläubiger die Wahl, ob er aus dem Schuldversprechen oder dem ihm zu Grunde liegenden Geschäft klagen will. Ueber Antrag des Stadtgerichtsrathes Dr. Gad und Rechtsanwalts Makower aus Berlin wird eine Generaldebatte über das Prinzip der Anerkennung eröffnet, bei welcher sich Makower, Dr. Gad, Rechtsconc. Seuffert aus Würzburg, Rechtsanwalt Dr. Ladenburg aus Mannheim, Geheimrath Dr. Wächter aus Leipzig und der Referent betheiligen, und nach welcher beschlossen wurde, die Thesen des Referenten dem nächsten Juristentag zur weiteren Erörterung zu überweisen. VIII. 2. 97—122.	

Ursprünglicher Antrag	Anträge der Gutachter
	Empfang der Urkunde ein Anerkennungs-Vertrag geschlossen. III. Derselbe wird auch geschlossen, wenn Gläubiger und Schuldner mittelst einer Berechnung oder Abrechnung unter sich das dem einen oder andern Theil verbleibende Guthaben feststellen, bezüglich der zur Berechnung oder Abrechnung gekommenen Posten, gleich wie über das festgestellte Guthaben. IV. Der Schuldner kann den Schuld-Anerkennungsvertrag anfechten, wenn er denselben in der irrigen Voraussetzung eines bestehenden wirksamen Schuldverhältnisses überhaupt, oder des in dem Vertrage bezeichneten insbesondere, geschlossen hat, oder wenn sonst die Voraussetzungen für die Rückforderung einer Leistung wegen ungehöriger Bereicherung vorhanden sind. V. Durch eine Willenseinigung zwischen Gläubiger und Schuldner, worin ersterer wegen eines Anspruchs an letzteren sich für befriedigt erklärt, wird dieser Anspruch gleich unmittelbar und in Ansehung etwa vorhandener Neben-Berechtigter oder Verpflichteter in gleichem Umfang, wie durch wirkliche Zahlung getilgt. VI. Derjenige, welcher eine solche Erklärung ertheilte, kann sie anfechten, wenn die Voraussetzungen für die Rückforderung einer Leistung wegen ungehöriger Bereicherung vorhanden sind, nach Maßgabe der Art." In der über die Thesen des Prof. Dr. Ihering eingeholten Gutachten spricht sich Senator Dr. Dugge aus Bützow dahin aus: „eine etwas veränderte Gestalt sei der ersten These dahin zu geben:

Verhandlungen in der Abtheilung	Verhandlung und Beschlußfassung in der Plenar-Versammlung
In der 1. und 2. Abth. des 9. d. J. T. beantragt der Referent Bezirksgerichtsrath Hauser aus München, die Thesen Ihering in folgender Fassung anzunehmen: I. Ein Vertrag, gemäß welchem eine Leistung ohne Rücksicht auf den Verpflichtungsgrund geschehen soll, ist rechtsverbindlich. II. Die Zulässigkeit von Einreden aus diesem Vertrage selbst richtet sich nach den allgemeinen Rechtsgrundsätzen. Einreden aus dem unterliegenden Verpflichtungsgrunde gegen die hievon abgelöste Verbindlichkeit sind nur soweit zulässig, als sie selbstständige Gegenforderungen oder Rückforderungsrechte seitens des Schuldners gegen den Gläubiger begründen.	In der 2. Plenar-Versammlung des 9. d. J. T. wurden durch Prof. Dr. Ihering die Abtheilungsbeschlüsse zur Kenntniß gebracht. IX. 3. 341.

Ursprünglicher Antrag	Anträge der Gutachter
	Ein auf bloßes „Schuldigsein" oder eine Zahlung oder sonstige Leistung gerichteter Vertrag hat bindende Kraft ohne Angabe des Schuldgrundes. In der zweiten These sei zur Vermeidung eines Mißverständnisses das Wort „römischen" zu streichen; die dritte These aber, da das Wort „Schuldversprechen" in derselben nach Aufstellung der ersten These kaum einer Mißdeutung unterliegen kann, unverändert anzunehmen." IX. 2. a. 426—444. Privatdozent Dr. Eck zu Berlin stimmt den Thesen mit der Erweiterung bei, daß in I. der Schuldvertrag nicht blos auf die Leistung einer Geldsumme, sondern auch auf diejenigen einer Quantität vertretbaren Sachen oder Werthpapiere gerichtet sein könne. IX. 2. a. 445—454. Oberappellations-Gerichtsrath Dr. Zimmermann in Lübeck: Zu I. stimmt er zu, will jedoch die Worte „oder die Zahlung einer Geldsumme" weggelassen wissen. Zu II. stimmt er zu, hält aber die Verweisung auf die Kondiktionentheorie für nicht passend. Zu III. bemerkt er: daß er eine Vermuthung für den bloß accessorischen Charakter der abstrakten Obligation nicht für begründet halte, sondern viel eher die entgegengesetzte. Da die Frage eine reine quaestio facti ist, wird der Gesetzgeber am richtigsten handeln, wenn er sich der Aufstellung von Präsumtionen ganz enthält. IX. 2. a. 455—502.

Verhandlungen in der Abtheilung	Verhandlung und Beschlußfassung in der Plenar-Versammlung
III. Liegt einer solchen Verbindlichkeit eine Schuld zu Grunde, deren Aufhebung nicht beabsichtigt ist, so bestehen beiderlei Verbindlichkeiten in alternativem Verhältnisse nebeneinander. Der Gläubiger hat die Wahl, aus der neuen Verpflichtung oder dem ursprünglichen Schuldverhältniß zu klagen. Die Erfüllung oder sonstige Befriedigung bezüglich einer Verbindlichkeit hat die Erlöschung der andern zur Folge. IX. 3. 83, 84. Anwalt Dr. Ladenburg schlägt vor für die erste Thesis nachstehende Sätze auszusprechen: „Inhaber- und Ordrepapiere bedürfen zur Giltigkeit nicht die Angabe des Schulgrundes." „Ein schriftliches auf Zahlung einer Summe Geldes oder anderer vertretbarer Sachen gerichtetes Versprechen hat ohne Angabe des Grundes des Versprechens Klagbarkeit." „Auch die Abrechnung, der Vergleich und die Schuldumwandlung bildet für sich allein einen Klagegrund." IX. 3. 87. Prof. Dr. Jhering hält seine erste Thesis mit Auslassung des Wortes „schriftlich", die beiden andern unverändert aufrecht. Nach einigen weiteren Bemerkungen dieser beiden, sprach Prof. Degenkolb aus Freiburg sich dahin aus, daß er die Klagbarkeit des abstrakten Versprechens beschränkt wissen wolle, auf Geldversprechen gegründet auf einen schriftlichen Vertrag. Rechtsanwalt Mayer aus Berlin will das Wort „schriftlich" in die erste Thesis Jherings wieder aufnehmen, und dessen dritte Thesis verwerfen: Nach Schlußworten des Referenten wurden folgende Sätze mit Majorität angenommen: (Im Einverständniß Jherings und des Referenten.) I. Eine ohne Angabe des Schuldgrundes ausschließlich auf ein Schuldigsein oder die Leistung eines Gegenstandes gerichteter Vertrag ist klagbar. IX. 3. 107. Die Sätze Ladenburgs entfielen damit. II. Die Zulässigkeit von Einreden aus diesem Vertrage selbst richtet sich nach den allgemeinen Rechtsgrundsätzen. Einreden aus dem unterliegenden Verpflichtungsgrund gegen die hievon abgelöste Verbindlichkeit sind nur so weit zulässig, als sie selbstständige Gegenforderungs- oder Rückforderungsrechte Seitens des Schuldners gegen den Gläubiger begründen. IX. 3. 103, (nachdem früher die Thesis II. Jherings abgelehnt war.) III. Soweit die Intention der Parteien nicht auf das Gegentheil gerichtet war, hat der Gläubiger die Wahl, ob er aus dem Schuldversprechen oder dem ihm zu Grunde liegenden Geschäfte klagen will. IX. 3. 107, und entfiel damit der Satz 3 des Referenten.	

Ursprünglicher Antrag	Anträge der Gutachter
6. „Inwieweit sollen die Inhaber industrieller Unternehmungen (namentlich von Eisenbahnen und Bergwerken) für die in Folge des Betriebes ihren Angestellten und Arbeitern zustoßenden Unfälle haften?“	Justizrath Karsten in Berlin spricht sich dahin aus: „Für den ganzen Umfang des Norddeutschen Bundes sei ein Gesetz zu erlassen, welches bestimmt, daß die Inhaber industrieller Unternehmungen für die in Folge des Betriebes ihren Angestellten und Arbeitern zustoßenden Unfälle haften, sofern diese Unfälle veranlaßt sind durch das eigene Verschulden des Inhabers oder durch das Verschulden eines seiner Vertreter, Bevollmächtigten oder Beamten, daß sie dagegen nicht haften, wenn die Unfälle veranlaßt sind durch Zufall oder durch das Verschulden eines Fremden oder eines Arbeiters.“ IX. 2. a. 390—398.
7. Soll, auch abgesehen von Handelssachen, die Giltigkeit der Verträge von der Beobachtung der schriftlichen Form unabhängig sein? X. 1. 59.	Prof. Dr. Harum zu Wien spricht sich dahin aus, diese Frage sei im Allgemeinen zu bejahen, mit Vorbehalt der Zulässigkeit von Ausnahmen für gewisse Arten von Verträgen? X. 1. 59—62. Hof- und Ger.-Adv. Dr. Karl v. Feistmantel zu Wien erklärt: Die gestellte Gesetzgebungsfrage im Allgemeinen bejahen zu müssen. Wo jedoch Ausnahmen aus Gründen der öffentlichen Rechtssicherheit statuirt werden (und solche sollen allerdings, insbesondere bei Schenkungen erheblicher Art und bei Eheverträgen gemacht werden), solle die Einrichtung einer gerichtlichen oder notariellen Urkunde vorgeschrieben werden. X. 1. 112—121.

Verhandlung in der Abtheilung	Verhandlung und Beschlußfassung in der Plenar-Versammlung
In der vereinigten 1. und 2. Abtheilung des 10. d. J. T. stellte der Referent Obertribunalsdirektor v. Kübel aus Stuttgart folgende Anträge: 1. Die Giltigkeit von Verträgen soll auch abgesehen von Handelssachen, von der Beobachtung der schriftlichen Form unabhängig sein. 2. Soweit aus Gründen der öffentlichen Rechtssicherheit für einzelne Verträge die schriftliche Form ausnahmsweise für nöthig zu erachten ist, ist die Errichtung einer gerichtlichen oder notariellen Urkunde vorzuschreiben. X. 2. 40. Rechtsanwalt Makower aus Berlin beantragte die Annahme des ersten, und Ablehnung des zweiten Satzes, — ihm tritt bei Advokat Dr. Reinganum aus Frankfurt a/M., Advokatsanwalt Franken aus Köln, während Rechtsanwalt Dr. Kielmayr aus Stuttgart und Rechtsanwalt Gierse aus Münster für diesen 2. Satz sprechen. Nach dem Schlußworte des Referenten stellte Makower den Antrag, in den ersten Satz des Referenten einzuschalten: „in der Regel", worauf dieser mit überwiegender Majorität angenommen wird. X. 2. 36—51.	Vom Referenten wurde der Abtheilungsbeschluß der 2. Plenar-Versammlung des 10. d. J. T. mitgetheilt. X. 2. 274.

Ursprüngliches Statut	Antrag der Gutachter
4. Familienrecht. **a. Eherecht.** 1. Antrag des geheimen Rathes Dr. Mittermaier aus Heidelberg: „auf Bearbeitung eines Gesetzentwurfes über die Stellung der Ehefrau in Bezug auf Vornahme von Rechtsgeschäften, und über das eheliche Güterrecht. I. 127.	
2. Kreisgerichtsrath Geck aus Werden a. R. „Der d. J. T. wolle erklären: a) daß ein gemeinsames Ehegüterrecht für Deutschland anzustreben; b) daß die Gütergemeinschaft als das der deutschen Ehe vorzugsweise entsprechende System zu empfehlen." Nr. 6 der Vorlagen für den 3. d. J. T.	
3. Privatdozent Dr. Hilse aus Göttingen: „Der d. J. T. wolle seine Ueberzeugung aussprechen, daß vom juristischen Standpunkte a) die Zivilehe, die einzig berechtigte Eheschließungsform und b) das Konnubium zwischen Christen und Nichtchristen unbedenklich freizugeben sei." VIII. 1. 253.	Geheimer Justizrath Prof. Dr. Wasserschleben zu Gießen empfiehlt beide Anträge zur Annahme mit dem Beisatze, daß er es als selbstverständlich betrachte, daß bei Zulassung solcher Misch-Ehen nicht die Bedingung aller Kinder in der christlichen Religion gestellt werden darf, da der Staat die bisherige Bevorzugung der christlichen Kirchen aufzugeben und das Prinzip der rechtlichen Parität anzuerkennen und konsequent durchzuführen verbunden ist. VIII 1. 253—270. Prof. Dr. Friedberg zu Freiburg in Breisgau stellt folgende Sätze auf: „Das Konnubium zwischen Christen und Nichtchristen ist staatlich unbedenklich frei zu geben. Die Form für die Schließung solcher Ehen ist die Zivilehe." VIII. 1. 271—282.
b. Verhältniß zwischen Eltern und Kindern. Prof. Dr. Unger aus Wien: „Der d. J. T. wolle seine Rechtsüberzeugung aussprechen, daß die Klage auf An-	

Verhandlung in der Abtheilung	Verhandlung und Beschlußfassung in der Plenar-Versammlung
In der 1. und 2. Abtheilung des 3. d. J. T. wurde nachdem der Antragsteller seine beiden Anträge begründet, und Prof. Dr. Unger, Dr. Ihering und geheimer Justizrath Dr. Heydemann gegen diese, ersterer insbesondere gegen ein dem Inhalte nach gemeinsames eheliches Güterrecht sich erklärt hatten, beide Absätze des Antrages abgelehnt. III. 2. 202—217.	In der Plenarsitzung des 3. d. J. T. wurde vom Referenten Hofrath Dr. Bluntschli der Abtheilungsbeschluß zur Kenntniß gebracht. III. 2. 70.
In der vereinigten 1. und 2. Abtheilung des 8. d. J. T. stellt Referent Prof. Dr. Gneist sieben Thesen auf und schlägt vor: Der deutsche Juristentag wolle die Ueberzeugung aussprechen 1. die Civilehe ist als die dem Verhältniß von Staat und Kirche in Deutschland entsprechende nothwendige Form der Eheschließung auzuerkennen, 2. mit allgemeiner Einführung der Civilehe ist auch das Ehehinderniß wegen Religionsverschiedenheit aufzuheben. VIII. 2. 41. Der Antragsteller erklärt sich mit dem Referenten einverstanden, zieht seinen Antrag deßhalb zurück, und wurde der des Referenten einstimmig angenommen. Es wurde weiter beschlossen auch die Beschlußfassung des Plenum einzuholen. VIII. 2. 25—43.	In der 2. Plenar-Versammlung des 8. d. J. T. erstattete Dr. Gneist Bericht über die Verhandlung und Beschlußfassung der Abtheilung, worauf Kreisrichter Dr. Hilse aus Wongrowiec beantragte die Worte: „mit allgemeiner Einführung der Civilehe" zu streichen. Nach der Beantwortung des Referenten wurden beide Anträge der Abtheilung mit allen gegen eine Stimme angenommen, und mit gleichem Stimmenverhältniß das Amendement Hilse abgelehnt. VIII. 2. 341.
In der 1. und 2. Abtheilung des 3. d. J. T. beantragt Referent Advokat Kohlschüller aus Dresden Ablehnung des ganzen Antrages. III. 243.	

Ursprünglicher Antrag	Anträge der Gutachter
erkennung der unehelichen Vaterschaft im Prinzip für zulässig zu halten sei, daß sie jedoch 1. auf eine ganz kurze Anstellungsfrist zu beschränken sei, 2. daß sie auszuschließen sei, wenn der als Vater in Anspruch Genommene zur Unzucht verführt oder zur Zeit der Beiwohnung verehelicht war, sowie wenn die Mutter notorisch eine liederliche Weibsperson ist, 3. daß sie durch die exceptio plurium concumbentium entkräftet werden könne." III. Vorlage 7. S. 220. 232, 238.	

Verhandlung in der Abtheilung	Verhandlung und Beschlußfassung in der Plenar-Versammlung
Prof. Ihering aus Gießen für die Beibehaltung der Paternitätsklage ohne bestimmten Antrag. III. 227, 265. Assessor Mayer aus Berlin, daß die Verpflichtung zur Alimentation eines unehelichen Kindes dem angeblichen Schwängerer nicht obliegt, wenn die Mutter eine in geschlechtlicher Beziehung bescholtene Person ist. III. 229. Prof. v. Stubenrauch aus Wien. Die Alimentationsklage sei mit angemessenen Beschränkungen insbesonders durch die exceptio plurium concumbentium zulässig. III. 238. Prof. Heydemann aus Berlin für seinerzeitige Abschaffung der Paternitätsklage derzeit für einen Uebergangszustand. III. 243. Prof. Dr. Keller aus Wien für die Beibehaltung der Paternitätsklage mit der einzigen Beschränkung einer kurzen Anstellungsfrist. III. 246. Hofgerichtsadvokat Dr. Vogel aus Darmstadt. Die Klage sei nur zulässig, wo sie mit der Klage auf Ehevollzug, auf Grund eines Eheversprechens oder eines unter diesem Versprechen vollzogenen Beischlafes verbunden ist oder auf erfolgte Anerkennung der Vaterschaft sich stützt. III. 250. Regierungsrath Dr. Weil aus Wien. Die exceptio der Verehelichung solle nur dann gelten, wenn die Verführte dieß gewußt hat und nicht im Dienstverhältnisse zum Manne stand. III. 252. Amtsrichter Wedekind aus Lüneburg für vollständige Abschaffung der Paternitätsklage. III. 256. Bürgermeister Drechsler von Parchim: Die Klage auf Alimentation eines unehelichen Kindes könne nicht auf das stuprum allein begründet werden, sondern es muß die Anerkennung des als unehelicher Vater Belangten dazu kommen. III. 259. Advokat Dr. Auerbach aus Frankfurt a/M. für diesen Antrag III. 261. Advokat Dr. Beer aus Bielitz stellt Antrag auf motivirte Tagesordnung, weil die Sache noch nicht spruchreif sei. III. 263. Hofrath v. Kerstorf aus Augsburg: Die Klage sei nur zulässig in Verbindung der Klage auf Ehelichung. III. 264. Prof. Dr. Unger vertheidigte seinen Antrag. III. 220, 232, 238. Bei der Abstimmung wurde der Antrag auf Tagesordnung abgelehnt und Antrag Stubenrauchs angenommen.	In der 2. Plenar-Versammlung des 3. d. J. T. beantragte nach Vortrag des Prof. Dr. Unger Adv. Judeich aus Dresden den Uebergang zur Tagesordnung, weil ein ganz specieller Punkt aus dem Systeme des Personen- und beziehungsweise Obligationenrecht herausgegriffen sei. III. 131. Bürgermeister Drechsler aus Parchim: Die Sache sei auf die Tagesordnung des nächsten Juristentages zu setzen. III. 133. Adv. Fries aus Weimar: Der Antrag sei der ständigen Deputation zur Berichterstattung für den vierten Juristentag zuzuweisen. III. 128. Wurde Drechsler's Antrag angenommen und entfiel daher die Beschlußfassung über den vom Ref. Dr. Unger bekannt gegebenen Beschluß der Abtheilung. In der 2. Plenar-Versammlung des 4. d. J. T. stellte Antrag Referent Bürgermeister Drechsler im Vereine mit Dr. Unger und Zustimmung v. Kerstorf den Antrag: „Die Paternitätsklage ist in jenen Theilen Deutschlands, wo sie zur Zeit noch im Principe besteht, in die engsten Grenzen einzuschränken, in einem gemeinsamen Deutschen Gesetzbuche ist dieselbe jedoch nur in Ausnahmsfällen zuzulassen." IV. 132. Adv. Anwalt König von Cleve dagegen, daß im Deutschen Civilgesetzbuche die Paternitätsklage

Ursprünglicher Antrag	Antrag der Gutachter
c. Vormundschaftswesen. 1. Prof. Heller aus Graz: „Die gedeihliche Entwickelung des Deutschen Vormundschaftsrechtes erfordert die Bildung eigener, aus dem Schoße der Gemeinden hervorgehenden Vormundschaftsbehörden mit dem Familienrathe als vorwiegend berathendem Organe zur Seite.“ III. 2. 143. 2. Advokaturs-Kandidat Dr. Schenk aus Wien: „Der d. J. T. wolle als seine Ueberzeugung aussprechen: A) Das Deutsche Familienrecht beruht auf dem altdeutschen Gedanken des Mundiums. Daraus folgt: aa) die Vormundschaft ist Sache der Familie, bb) in deren Ermangelung der Gemeinde. Es ist daher B) die Vormundschaft auf das Familienprinzip zurückzuführen. Zu diesem Ende ist erforderlich: aa) die Schaffung einer Familienversammlung, bb) die Stellung derselben in einer	Gerichtsrath Aull in Mainz beantragte: „Der Juristentag wolle als seine Ueberzeugung aussprechen: A) Das Deutsche Familienrecht beruht auf dem altdeutschen Gedanken des Mundiums. Daraus folgt:

Verhandlung in der Abtheilung	Verhandlung und Beschlußfassung in der Plenar-Versammlung
	nicht anerkannter unehelicher Kinder nicht zuzulassen sei. IV. 134. Nachdem über diese Anträge Adv. Lingmann aus Koblenz, IV. 140, Kreisrichter Gad aus Sagan, IV. 142, Professor Jhering, IV. 137, 145, dann der Antragsteller Dr. Unger, IV. 143, gesprochen hatten wurde Antrag Drechsler's mit Majorität angenommen.
Würde von der 1. und 2. Abth. des 3. d. J. T. wegen verspäteter Vorlage für den nächsten d. J. T. zurückgelegt. III. 2. 143. In der vereinigten 1. und 2. Abth. des 4. d. J. T. wurden vom Berichterstatter, Adv. Dr. Bernays aus Mainz die Anträge in folgender Fassung: Der deutsche Juristentag spreche als seine Ueberzeugung aus: 1. daß ein Familienrath zu schaffen sei, der in allen durch das Gesetz zu bestimmenden Fällen bald eine entscheidende, bald eine berathende Stimme hat; 2. daß dem Familienrathe eine richterliche Behörde beigegeben werde, welche den Familienrath leitet und in demselben Sitz und Stimme hat; 3. daß den Gerichten die Obervormundschaft über diesen Familienrath derart zustehe, daß in den durch das Gesetz zu bestimmenden Fällen die Beschlüsse des Familienrathes der Bestätigung der Gerichte bedürfen, und die Letzteren über alle zwischen dem Vormunde und dem Familienrathe entstandenen Streitigkeiten entscheiden, auf Vorschlag des Vorsitzenden Dr. Gneist dem nächsten Juristentage zur Einholung schriftlicher Gutachten überwiesen. IV. 2. 189—196.	In der 2. Plenar-Versammlung des 4. d. J. T. wurde der Abtheilungsbeschluß vom Referenten Dr. Bernays zur Kenntniß gebracht. IV. 2. 124.
In der 1. Abth. des 5. d. J. T. wurde vom Berichterstatter, Notar Euler aus Düsseldorf, beantragt: Der Juristentag wolle als seine Ueberzeugung aussprechen: 1. daß die Vormundschaft Sache der Familie, in deren Ermangelung der Gemeinde ist; 2. daß ein Familienrath zu schaffen ist, der in allen durch	In der 2. Plenar-Versammlung des 5. d. J. T. wurde der Abtheilungsbeschluß durch den Ref. Euler mitgetheilt. V. 2. 53.

Ursprünglicher Antrag

Weise, daß der Schwerpunkt der Vormundschaft in ihr liegt.

C) Uebrigens ist mit dem staatlichen Aufsichtsrechte immer nur ein Gericht zu betrauen.“ Deutsche Gerichtszeitung 1863, Nr. 32.

Anträge der Gutachter

aa) die Vormundschaft ist Sache der Familie,

bb) in deren Ermangelung der Gemeinde.

Es ist daher

B) die Vormundschaft auf das Familienprinzip zurückzuführen.

Zu diesem Ende ist erforderlich:

aa) die Schaffung einer besonderen Familienversammlung für jede Pflegschaft, welche aus den vom Gesetze zu bezeichnenden Familienangehörigen des Pflegebefohlenen und in deren Ermangelung aus den vom Gesetze zu bezeichnenden Angehörigen der Gemeinde, in welcher der Mündel wohnt, zu bestehen, den Vormund zu wählen und alle weiteren vom Gesetze der Obervormundschaft zugewiesenen Rechte und Pflichten auszuüben hat.

bb) Diesem Familienrathe ist ein Richter beizugeben, welcher den Vormund zu verpflichten, die Familienversammlung zu berufen, deren Berathung zu leiten und an dieser Theil zu nehmen, aber keine entscheidende Stimme hat.

C) In den vom Gesetze zu bezeichnenden Fällen ist dem Vormunde sowohl als der bei den Entscheidungen des Familienrathes in der Minderheit gebliebenen Mitgliedern desselben ein Rekursrecht gegen jene Entscheidungen an ein Kollegialgericht zu gewähren.

D) Jedenfalls sei mit dem staatlichen Aufsichtsrechte immer nur ein Gericht zu betrauen.

Im Falle der d. J. T. sich für Ueberweisung der Vormundschaften an eigene aus den Gemeinden zu bildende Behörden erklären sollte, wolle derselbe seine Ueberzeugung dahin aussprechen:

E) Daß in diesem Falle es nicht rathsam sei, diesen Behörden einen Familienrath an die Seite zu geben.“ V. 1, 14—28.

Hof- und Ger.-Adv. Dr. Heyßler aus Wien:

„Die Vormundschaft ist ein Recht und eine Obliegenheit der Familie. Sie wird ausgeübt durch den Vormund und durch den Familienrath, welcher dem Vormunde theils mit berathender, theils mit beschließender Stimme zur Seite steht.

Verhandlung in der Abtheilung	Verhandlung und Beschlußfassung in der Plenar-Versammlung
das Gesetz zu bestimmenden Fällen bald entscheidende, bald berathende Natur hat, daß diesem eine richterliche Behörde beigegeben wird, welche den Familienrath leitet und in demselben Sitz und Stimme erhält; 3. daß dem Gerichte das staatliche Aufsichtsrecht über diesen Familienrath der Art zusteht, daß in den durch das Gesetz zu bestimmenden Fällen die Beschlüsse des Familienrathes der Bestätigung des Gerichts bedürfen, und daß dasselbe über alle zwischen dem Vormunde und dem Familienrathe entstehenden Streitigkeiten entscheidet, im Falle der Annahme der Heller'schen Sätze wolle aber ausgesprochen werden, daß es nicht rathsam sei diesen Behörden einen Familienrath an die Seite zu geben, daß aber dann auch mit dem staatlichen Aufsichtsrecht ein Gericht zu betrauen sei. Diesem schloß sich der Antragsteller Dr. Schenk an und zog seine im Antrage unter A. und B. aufgestellten Sätze zurück, Justizrath König aus Cleve beantragte hierauf auszusprechen: Daß ähnlich wie im französischen Rechte ein Familienrath, d. h. ein Organ aus Familienmitgliedern eventuell Freunden für jede Vormundschaft zu schaffen ist, welches unter Vorsitz des Orts-Einzelrichters die Angelegenheiten der Vormundschaft zu leiten hat und dessen Beschlüsse in wichtigeren, vom Gesetze zu bestimmenden Fällen von dem Kollegial-Gerichte zu bestätigen sind. Nach Bemerkungen des Dr. Schenk und Dr. Bernay's hierüber stellte Obergerichtsrath Vorverk aus Wolfenbuttel den Antrag: „Die Vormundschaft ist Sache der Familie, vorbehaltlich des Rechtes der Mutter die Vormundschaft zu führen, und die Eltern einen Vormund zu ernennen." Nachdem Dr. Gneist für den Antrag Königs gesprochen und Vorverk die Auslassung der Worte „ähnlich wie im französischen Rechte", Ministerialrath Selkmann aus Oldenburg die der Worte „die Vormundschaft zu leiten hat und Dr. Gneist an deren Stelle" die Worte „theils beschließend, theils berathend neben den Vormund zu stellen ist," beantragt hatte, wurde nach weiterer Aenderung der letzten Worte dieses Antrages, nachstehender Satz einstimmig angenommen: „Es ist ein Familienrath, d. h. ein Organ aus Familiengliedern eventuell Freunden für jede Vormundschaft zu schaffen,	

Ursprünglicher Antrag	Anträge der Gutachter
	Die Obervormundschaft ist ein Recht und eine Obliegenheit der Gemeinde; sie wird ausgeübt durch Entscheidung in gewissen vorbehaltenen Fällen, sei es wegen der Wichtigkeit des Gegenstandes, sei es wegen Meinungsverschiedenheit der vormundschaftlichen Organe; und durch die Oberaufsicht über die vormundschaftliche Gestion. Jede Administrativ-Thätigkeit der Gerichte in Vormundschaftssachen hat aufzuhören; die Gerichte haben in diesen Angelegenheiten ausschließend in den Grenzen und nach den Formen ihrer allgemeinen (Civil- und Straf-) Gerichtsbarkeit einzuschreiten." V. 1, 53.
5. Erbrecht. Kreisgerichtsrath v. Piper: „Der d. J. T. wolle die Ueberzeugung aussprechen: Es sei gerecht, daß der Erbe den Gläubigern des Erblassers niemals über den Betrag der Nachlaßmasse hinaus verhaftet werde." Nr. 5 der Vorlagen für den 3. d. J. T.	
6. Handels-, Wechsel- u. Gewerberecht. 1. Der Stadtrichter Primker in Berlin: „Der d. J. T. möge anerkennen, daß das dringende Bedürfniß vorhanden, eine Reform der Gesetzgebung über die stille Gesellschaft in Deutschland noch vor dem Zustandekommen eines deutschen Handelsgesetzbuches vorzunehmen." I. 1. 107.	
2. Antrag des Advokaten Judeich in Dresden: „Der d. J. T. wolle den Männern der	

Verhandlung in der Abtheilung	Verhandlung und Beschlußfassung in der Plenar-Versammlung
welches unter Vorsitz des Ortseinzelrichters theils berathend, theils beschließend in die Vormundschaftsverwaltung einzuführen ist, und dessen Beschlüsse in wichtigeren vom Gesetze zu bestimmenden Fällen von dem Kollegialgerichte zu bestätigen sind." Sodann wurde die Frage über die Betheiligung der Gemeinde an der Vormundschaft von dem Vorsitzenden zur Berathung gestellt, in dieser Hinsicht aber ein Antrag nicht eingebracht und nun auch der Antrag von Bernays unter Ziff. 3. als durch Annahme des König'schen erledigt erklärt, der Heller'sche Antrag (s. oben a.) aber einstimmig verworfen. V. 2, 100—132.	
Wurde in der 1. und 2. Abtheilung des 3. d. J. T. wegen Mangel eines Referenten und Abwesenheit des Antragstellers hierüber zur Tagesordnung übergegangen. III. 2. 203. Desgleichen beim 4. d. J. T. IV. 2. 125.	
Ueber Referat des Assessors Makower aus Berlin wurde in der 2. Abtheilung der Beschluß gefaßt: In Erwägung, daß die gesetzliche Regulirung der Verhältnisse der stillen Gesellschaft vor Publikation des deutschen Handelsgesetzbuches die Vollendung des nationalen Werkes nur von Neuem verzögern würde, geht der Juristentag über den Antrag des Herrn Stadtrichters Primker zur Tagesordnung über. Der deutsche Juristentag spricht jedoch hierbei die Erwartung aus, daß die Regierungen Alles aufbieten werden, damit die Bearbeitung des deutschen Handelsgesetzbuches so rasch als möglich zum Abschluß gebracht werde und das Gesetzbuch selbst ins Leben trete. I. 232. 315.	In der 2. Plenar-Versammlung des 1. d. J. T. wurde der Beschluß der Abtheilung angenommen. I. 232.
Laut Referat des Assessors Makower wurde an Stelle dieses Antrages der des Advokaten Kuntzsch aus Chemnitz: „Der Juristentag wolle den Wunsch aussprechen, daß die	Wurde gegen den von Rechtsanwalt Block gestellten und von Rechtsanwalt

Ursprünglicher Antrag	Anträge der Gutachter
zu Nürnberg tagenden Handelsgesetzgebungs-Kommission Dank und Vertrauen aussprechen für die Schaffung des in allen Theilen, speziell auch im Titel „vom Frachtgeschäft" aufrecht zu erhaltenden Entwurfes." I. 130.	
3. Antrag des Staatsanwaltes a. D. Dr. Klauhold in Hamburg: „Es spreche der d. J. T. seine Ueberzeugung dahin aus, daß unabhängig von der Frage, ob ein gemeinsames deutsches Handelsgesetzbuch zu Stande gebracht wird oder nicht, die Errichtung eines obersten Gerichtshofes zur Entscheidung von Handelsrechtsfragen eine nothwendige Voraussetzung zur ferneren gleichmäßigen Ausbildung des deutschen Handelsrechtes ist, und sei dazu das Oberappellationsgericht der vier freien Städte zu bestimmen." I. 132.	
4. Notar Dr. Uchazy zu Reichenberg: „Der d. J. T. wolle aussprechen, es sei die baldigste Einführung eines Allgemeinen Deutschen Patentgesetzes erwünscht." II. 2336. Motive „Deutsche Gerichtszeitung" 1861, S. 190.	Adv. Miller empfiehlt die Annahme des gestellten Antrages mit dem Beisatze: daß wesentlich die Einsetzung einer Kommission für diese Patentangelegenheiten nothwendig wäre. II./2. 205—209.
5. Die Adv. Kuntzsch und Miller und der Gerichtsassessor Bernau: „Der d. J. T. wolle aussprechen: 1. es sei dringend wünschenswerth, daß im Nachtrag und zur Vervollständigung des Allgemeinen Deutschen Handelsgesetzbuches baldigst auch ein das gesammte Versicherungswesen umfassendes Gesetz mit Zugrundelegung des in den	

Verhandlung in der Abtheilung	Verhandlung und Beschlußfassung in der Plenar-Versammlung
deutschen Regierungen den Interessen des Handelsstandes bei den Bestimmungen über die Haftung der Eisenbahnverwaltungen in Betreff des Frachtverkehres thunlichst Rechnung tragen mögen." I. 234. 317.	Völk aus Danzig vertheidigten Antrag auf Tagesordnung der Beschluß der 2. Abtheilung, für welcher Hofr. v. Kerstorf aus Augsburg eintrat, in der 2. Plenar-Versammlung des 1. d. J. T. mit großer Majorität angenommen. I. 238.
Die 2. Abtheilung beschloß laut Referat des Assessors Makower über diesen Antrag in seiner speziellen Fassung zur Tagesordnung überzugehen und ihn in allgemeiner Fassung der 4. Abtheilung zu überlassen. I. 233. 317.	Wurde in der 2. Plenar-Versammlung des 1. d. J. T. der Antrag auf Tagesordnung angenommen, vorbehalt Beschluß über den Antrag der 4. Abtheilung. I. 234. (siehe VII. Gerichtsverfahren. 1. Gerichte.)
Präsident Dr. v. Heimsöth sprach für die Vertagung, weil über die Grundsätze der Patentgesetzgebung keine Vorbereitung und keine näheren Vorschläge vorliegen, und wird nach einer Debatte, bei welcher sich Dr. Uchazy, Advokat Dr. Auerbach, Hofrath Dr. v. Kerstorf und Kreisgerichtsrath Parisius betheiligten, dieser Vertagungsantrag angenommen. II. 2. 205—217.	In der 2. Plenar-Versammlung des 2. d. J. T. wurde über Vortrag des Referenten Miller gegen den Antrag des Dr. Uchazy der Beschluß der Abtheilung angenommen. II. 2. 705—707.
In der 1. und 2. Abtheilung des 3. d. J. T. wurde über Vortrag des Referenten Advokat Kohlschütter und nachdem Assessor Bernau, Prof. Dr. Stubenrauch und Advokat Dr. Auerbach hierüber gesprochen und die Antragsteller die Ziff. 2 des Antrages fallen gelassen hatten, ward einstimmig beschlossen: 1. auszusprechen, es liege ein dringendes Bedürfniß vor, daß über das gesammte Versicherungswesen, soweit es noch nicht durch	In der 2. Plenarsitzung des 3. d. J. T. wurde vom Referenten Hofrath Dr. Bluntschli der Abtheilungsbeschluß zur Kenntniß gebracht. II. 2. 71.

Ursprünglicher Antrag	Anträge der Gutachter
Art. 327 ff. des Entwurfs eines Handelsgesetzbuchs für die Preußischen Staaten von 1857 befolgten Prinzips zu Stande komme, und 2. die ständige Deputation deshalb beauftragen, die dießfalls erforderlichen Schritte bei den Deutschen Regierungen zu thun. III. 1, Vorl. Nr. 8. 6. Stadtgerichtsrath Borchardt aus Berlin, Prof. Dr. Auschütz aus Halle, Kreisrichter Dr. Gad aus Sagan, Adv. Dr. Ladenburg aus Mannheim und Adv. Dr. Auerbach aus Frankfurt a. M.: 1. Der d. J. T. spricht den Wunsch aus, daß diejenigen Deutschen Bundesstaaten, in welchen das Allgemeine Deutsch-Handelsgesetzbuch noch keine Gesetzeskraft hat, dasselbe alsbald unverändert einführen; 2. der d. J. T. spricht den Wunsch aus, daß diejenigen Deutschen Bundesstaaten, in welchen die Novelle zur Allgemeinen Deutschen Wechselordnung noch nicht publizirt ist, baldigst mit der Publikation vorgehen möchten; 3. der d. J. T. erklärt, daß zur Wahrung der durch Einführung eines Deutschen Handels- und Wechselrechts gewonnenen Rechtseinheit die Errichtung eines gemeinsamen obersten Gerichtshofes für ganz Deutschland dringendes Bedürfniß ist. IV. 2. 212.	
7. Empfiehlt sich die Beibehaltung des Instituts der Handelsmäkler? VII. 1. 92.	Wm. Puscher, technischer Assessor am Handelsappellationsgerichte zu Nürnberg: spricht sich für die Beibehaltung der Handelsmäkler aus, verlangt jedoch die Aufhebung der Beschränkung des Art. 69, Z. 6 A. D. H., welche denselben die Annahme schriftlicher Aufträge und durch dritte Personen verbietet. VII. 1. 92—99.

Verhandlung in der Abtheilung	Verhandlung und Beschlußfassung in der Plenar-Versammlung
das Handelsgesetzbuch regulirt ist, ein gemeinsames deutsches Gesetz erlassen werde, dagegen in Einzelnheiten hinsichtlich der Form der Einleitung u. s. w. (wie nach dem Antrage des Advokaten Dr. Auerbach aus Frankfurt auszusprechen, daß die zum Entwurfe eines allgemeinen deutschen Obligationenrechtes zusammentretende Kommission beauftragt werden sollte, ein solches Gesetz zu entwerfen) nicht einzugehen." III. 2. 278—286.	
Diese Anträge, die in einer formlosen Besprechung der vereinigten 1. und 2. Abtheilung des 4. d. J. T. als nicht auf der Tagesordnung gesetzte behandelt wurden, wurden mit Einschaltung der Worte: „mit Einschluß des Seerechtes" auch „Handelsgesetzbuch" im ersten Satze angenommen. IV. 2. 212.	Wurde vom Prof. Dr. Anschütz der Abtheilungsbeschluß in der 2. Plenar-Versammlung des 4. d. J. T. mitgetheilt und dieser von der Verhandlung einstimmig angenommen. IV. 2. 127—128.
In der vereinigten 1. und 2. Abth. des d. J. T. beantragte vorerst Privatdozent Dr. Hilse aus Göttingen die Vertagung der Verhandlung und Veranlassung weiterer Gutachten durch die Deputation. Ueber Vorschlag des Rechtsanwalts Makower aus Berlin ward der Beschluß über diesen Antrag ausgesetzt, bis der Referent Präses Dr. Albrecht aus Hamburg das Referat erstattet habe. Dieser stellt den Antrag, daß	In der 2. Plenar-Versammlung des 7. d. J. T. wurde der Abtheilungsbeschluß durch den Ref. zur Kenntniß gebracht. VII. 2. 234.

Ursprünglicher Antrag	Anträge der Gutachter
8. Soll es zulässig sein, Inhaberpapiere außer Kurs zu setzen? VII. 1. 123.	Hofrath Dr. v. Kerstorf in Augsburg beantragt, nachdem die Aufgabe des d. J. T. eine höhere sei, als die sich mit Korrekturen einzelner partikular-rechtlichen Regular-Bestimmungen zu befassen. „Der d. J. T. wolle — unter dem Ausdrucke des Bedauerns über den Fortbestand der sogenannten Außerkurssetzung von Inhaberpapieren mittelst Privatvermerkes, als den Postulaten der Rechtswissenschaft, den Ansprüchen Einzelner auf Rechtssicherheit und den Bedürfnissen des Verkehres widerstrebend — über die aufgeworfene Gesetz-

Verhandlung in der Abtheilung	Verhandlung und Beschlußfassung in der Plenar-Versammlung
der Juristentag sich aussprechen wolle, daß nach seiner Ueberzeugung überwiegende Gründe für die Aufhebung des Institutes der Handelsmäkler sprechen. Dr. Hilse zieht seinen Vertagungsantrag hierauf zurück. Advokat Dr. Auerbach aus Frankfurt a/M. erklärt sich für den Antrag des Referenten. Stadtgerichtsrath Borchardt aus Berlin stellt dagegen folgenden Antrag: „Der Juristentag wolle unter Aufhebung der Nr. 1 des Art. 69 Handelsgesetzbuches aussprechen: 1. Wenn die amtliche Feststellung des Werthes resp. Kurses der Staatspapiere, Produkte 2c. unter Zuziehung der Mäkler und nach Maßgabe des von ihnen geschlossenen Geschäfts erfolgt, dürfen nur die zwischen Anwesenden von den Mäklern vermittelten Geschäfte zu Grunde gelegt werden. Die von den Mäklern für eigene Rechnung oder für Auswärtige geschlossenen Geschäfte dagegen bleiben hierbei unberücksichtigt. 2. Ebenso finden die Bestimmungen der Art. 77 seq. in Bezug auf die Beweiskraft der Eintragungen und Notirungen der Mäkler keine Anwendung auf die von denselben für eigene Rechnung oder für Auswärtige geschlossenen Geschäfte. Schließlich wurde der Antrag des Referenten mit sehr großer Majorität angenommen. VII. 2. 68—81.	
In der vereinigten 1. und 2. Abtheilung des 7. d. J. T. beantragt der Referent Rechtsanwalt Makower aus Berlin Annahme des Antrages, welchen Löhr auf Verneinung der Frage stellt. Hofrath Dr. v. Kerstorf begründet weiters seinen Antrag auf motivirte Tagesordnung, wogegen Advokat Dr. Auerbach aus Frankfurt und Prof. Dr. Götz aus Leipzig dem Antrage Löhrs beistimmen. Nach weiteren Erörterungen Dr. Löhr's und Dr. v. Kerstorf's im Sinne ihrer Anträge beantragt Rechtsanwalt Heidsieck aus Rhaden: „Daß die Außerkurssetzung durch die betreffende Behörde vorgenommen werden soll."	Die 2. Plenar-Versammlung des 7. d. J. T. nahm durch den Referenten den materiellen Beschluß der Abtheilung zur Kenntniß. VII. 2. 273.

Ursprünglicher Antrag	Anträge der Gutachter
	gebungsfrage zur motivirten Tagesordnung schreiten." VII. 1. 123—167. Adv. Dr. Georg Löhr zu Köln spricht sich vom gesetzgebenden Standpunkte dahin aus, daß es nicht zulässig sein solle, Inhaberpapiere außer Kurs zu setzen. VII. 1. 168—181.
9. Hof- und Ger.-Adv. Dr. Jaques aus Wien: „Der d. J. T. spricht als seine Ueberzeugung aus: I. Zur Errichtung von Aktiengesellschaften und Kommanditgesellschaften auf Aktien soll es staatlicher Genehmigung nicht bedürfen. II. Die Gesetzgebung über Erwerbs- und Wirthschaftsgenossenschaften soll auf nachfolgenden Grundlagen beruhen: 1. auf dem Grundsatze, daß es zur Errichtung einer Genossenschaft staatlicher Genehmigung nicht bedürfe; 2. auf dem Grundsatze obligatorischer Solidarbürgschaft der Genossenschaftsglieder."	

Verhandlung in der Abtheilung	Verhandlung und Beschlußfassung in der Plenar-Versammlung
Dr. Otto aus Heilbronn tritt dem entgegen, während Oberamtsrichter Zirkler aus Tübingen sich für Kerstorf erklärt. Schließlich wird der Antrag Löhrs mit 60 gegen 48 Stimmen angenommen, und wegen dieser geringen Majorität auf Antrag Dr. Kißling's aus Linz Verhandlung im Plenum beschlossen. VII. 2. 48—66.	
In der vereinigten 1. und 2. Abtheilung des 8. d. J. T. wurde nach Vortrag des Referenten Prof. Dr. Goldschmidt aus Heidelberg und des Referenten der Satz 1 mit überwiegender Majorität angenommen. VIII. 2. 58. Bezüglich des 2. Satzes schlägt der Referent die Verwerfung desselben und folgende Sätze vor: „Es ist wünschenswerth, daß für die Verpflichtungen der Genossenschaft jeder einzelne Genossenschafter solidarisch und mit seinem ganzen Vermögen einsteht; es steht jedoch prinzipiell der Bildung von Genossenschaften mit nur beschränkter Haftpflicht und freiem Austrittsrecht der Genossenschafter nichts entgegen, sofern dafür Sorge getragen wird, daß den Genossenschaftsgläubigern ein jederzeit bestimmtes und bekanntes Minimalkapital haftet." „Insbesondere ist kein Genossenschafter innerhalb einer dem Zeitpunkt seines Austritts folgenden, zweijährigen Verjährungsfrist befugt, seinen vertragsmäßigen Minimalbeitrag zurückzuziehen, und es hat ein jeder Genossenschafter innerhalb dieses zweijährigen Zeitraums den noch rückständigen Theil seines Minimalbeitrags zur Befriedigung der Genossenschaftsgläubiger für die zur Zeit seines Austritts bereits bestehenden Verbindlichkeiten der Genossenschaft einzuschießen. Die Genossenschaft ist zur Einziehung dieser Beiträge verpflichtet." VIII. 2. 72. Rechtsanwalt Dr. Ladenburg aus Mannheim spricht sich ebenfalls für die Ablehnung des Satzes 2 aus. Dr. Alex. Meyer aus Breslau ist für das Prinzip der Solidarhaftung. Dr. Mittermaier aus Heidelberg dagegen für den Antrag des Referenten. Ueber Vorschlag des Prof. Dr. Gneist, dem der Referent Rechtsanwalt Dr. Otto aus Heilbronn und Stadtgerichtsrath Dr. Gad aus Berlin beitreten, werden folgende Sätze mit Majorität angenommen: „Es ist wünschenswerth, daß für die Verpflichtungen der	Wurde der 2. Plenar-Versammlung des 8. d. J. T. von Professor Dr. Gneist der Abtheilungsbeschluß mitgetheilt. VIII. 2. 321.

Ursprünglicher Antrag	Anträge der Gutachter
10. Dr. Ladenburg aus Mannheim: „Der d. J. T. wolle als seine Ueberzeugung aussprechen: 1. Wer Papiergeld ausstellt und ausgibt, ist zu dessen Einlösung verbunden; es macht dabei keinen Unterschied, ob Staaten, Korporationen, Gesellschaften oder einzelne Personen dasselbe ausgestellt und ausgegeben haben. 2. Die Annahme desselben in Zahlung ist eine Art der Einlösung; der Aussteller ist aber zur Einlösung in Metallgeld verpflichtet, sobald er aufhört, es in Zahlung anzunehmen."	Adv. Dr. W. Auerbach in Frankfurt a. M.: unterscheidet zwischen Papiergeld von Staaten und demjenigen von Privaten — ersteres ist Geld, letzteres bloße Forderung. Ersteres habe daher einen Zwangskurs, und ist die Einlösung nicht privatrechtlich begründet, sondern dies nach öffentlichem Recht zu beurtheilen; die letzteren seien nur vom privatrechtlichen Standpunkte als Inhaberpapiere anzusehen. IX. 2. a. 406—425.
Wechselrecht. 1. Gerichtsassessor Sarau aus Hamburg: „Der d. J. T. möge die Erwartung aussprechen, daß die von der Nürnberger Kommission gefaßten Beschlüsse, mehrere zur allgemeinen d. W. O. gekommene Fragen betreffend, von den h. deutschen Regierungen in ihren Staaten baldigst eingeführt werden." I. 1. 315.	
2. Stadtgerichtsrath Borchardt zu Berlin: „Der d. J. T. wolle aussprechen: daß ein Bedürfniß zu einer Deklaration der d. W. O. noch nicht vorhanden, und daß der Erlaß einer Deklaration eher nachtheilig als vortheilhaft wirken werde." II. 277.	Präsident Dr. Heimsött aus Cöln stellte den Antrag auf Tagesordnung. II./2. 197—203.

Verhandlung in der Abtheilung	Verhandlung und Beschlußfassung in der Plenar-Versammlung
Genossenschaft jeder einzelne Genossenschafter solidarisch und mit seinem ganzen Vermögen einstehe. Die darauf bezügliche Bestimmung des norddeutschen Bundesgesetzes erscheint als angemessen." „Es steht jedoch prinzipiell der Bildung von Genossenschaften mit nur beschränkter Haftpflicht und freiem Austrittsrecht der Genossenschaften Nichts entgegen, sofern dafür Sorge getragen wird, daß den Genossenschaftsgläubigern ein jeder Zeit bebestimmtes und bekanntes Minimalkapital haftet." VIII. 2. 43—92.	
Kam aus Mangel an Zeit nicht zur Verhandlung. IX. 3. 341.	
In der 2. Abth. vom Antragsteller zurückgezogen. I. 317.	
Nachdem für den Antrag des Referenten Hofrath Dr. Kerstorf aus Augsburg und Prof. Dr. Kuntze aus Leipzig, gegen denselben der Antragsteller Borchardt gesprochen, wurde der Uebergang zur Tagesordnung angenommen. II. 2. 195—203.	In der 2. Abtheilung des 2. d. J. T. über Vortrag des Hofrath Dr. v. Kerstorf der Antrag der Abtheilung angenommen. II. 2. 707—708.

Ursprünglicher Antrag	Anträge der Gutachter
3. Dr. Jacques in Wien: „Der d. J. T. spricht als seine Ueberzeugung aus: Die Herstellung eines gemeinsamen Wechselrechtes aller europäischen Staaten, sowi der Vereinigten Staaten von Nord-Amerika entspricht dem heutigen Stande der Wissenschaft und ist ein Bedürfniß des internationalen Handelsverkehrs und Kredites. Der d. J. T. beauftragt seine ständige Deputation, eine Denkschrift in diesem Sinne an die kaiserlichen Regierungen von Deutschland und Oesterreich zu dem Ende zu richten, damit durch die Initiative derselben die Einsetzung eines internationalen Delegirten-Kongresses und die Durchführung der Kodifiation des gemeinsamen Wechselrechts erzielt werden möge." X. 2. 71.	
V. Strafrecht.	
Appellationsrath v. Kraewel aus Naumburg a. S.: „Der d. J. T. wolle anerkennen, daß ein allgemeines deutsches Strafgesetzbuch, welches diejenigen Grundsätze adoptirt, die in den Gesetzbüchern der einzelnen deutschen Staaten enthalten sind und in der deutschen Rechtswissenschaft und dem deutschen Rechtsleben ihre Begründung finden, ein dringendes Bedürfniß ist, sowie in Erwägung zu ziehen, auf welche Weise jenes Bedürfniß am zweckmäßigsten und schnellsten befriedigt werden könne. I. 58.	

Verhandlung in der Abtheilung	Verhandlung und Beschlußfassung in der Plenar-Versammlung
In der 1. und 2. Abth. des 10. d. J. T. empfiehlt der Referent Geheimer Justizrath Borchardt die Annahme des ersten Theils, dagegen weil derselbe eine Abweichung des bisherigen Verfahren des d. J. T. herbeiführen würde, die Verwerfung des zweiten Theiles. Der Antragsteller Dr. Jaques änderte den zweiten Theil des Antrages dahin ab: der Juristentag stellt seiner ständigen Deputation anheim, im geeigneten Zeitpunkte eine Denkschrift u. s. w. Diesem stimmt Rechtsanwalt Niemayer von Marburg mit der Erweiterung bei, daß auch den Regierungen von England, Frankreich, Italien, Amerika und Spanien von dem Antrage Kenntniß gegeben werde. Adv. Anwalt Franken aus Köln und Rechtsanwalt Makower aus Berlin, Rechtsanwalt Dr. Kalm aus Leipzig, Adv. Dr. Reinganum aus Frankfurt am Main, sprechen für den Vorschlag des Referenten. Nach Bemerkungen desselben zieht Dr. Jaques seinen Antrag zurück, mit diesem fällt der Antrag Niemayers, hierauf wird fast einstimmig der erste Satz des Antrages angenommen und wird Vorlage ans Plenum zur Beschlußfassung über Antrag Makowers genehmigt. X. 2. 71—88.	In der 2. Plenar-Versammlung des 10. d. J. T. brachte der Referent die Verhandlung u. Beschlußfassung der Abtheilung zur Kenntniß, worauf Rechtsanwalt Wilke aus Magdeburg die Ablehnung des Antrages empfahl, und mit überwiegender Majorität der Beschluß der Abtheilung angenommen wurde. X. 2. 284.
Die 3. Abth. hat über Referat des Oberst. A. Dr. v. Groß, über diesen, sowie die unter 2 und 3 folgenden Anträge des Prof. Dr. Wahlberg u. Dr. v. Groß, nachdem von Kraewel in der Abtheilung einen Entwurf eines deutschen Strafgesetzbuches bezüglich der ersten fünf Paragrafe vorgelegt, Rechtsanwalt von Dazur aus Ostrowo eine Petition deshalb an die Regierung zu richten und Obertribunalrath Goldammer eine Modifikation des Kraewel'schen Antrages beantragt hatte, beschlossen den Antrag: der d. J. T. wolle anerkennen, daß ein allgemeines deutsches Strafgesetzbuch ein dringendes Bedürfniß ist, daß hierwegen eine Petition den deutschen Regierungen zu überreichen und nach B. und C. des Groß'schen Antrages vorzugehen sei. I. 321.	In der 2. Plenar-Versammlung des 1. d. J. T. wurde der Antrag des Gerichtsassessors Sander aus Berlin, den ganzen Kräwel'schen Antrag anzunehmen abgelehnt, der Abtheilungsantrag dahin beschränkt angenommen, daß der J. T. anerkennen wolle, daß ein allgemeines deutsches Strafgesetzbuch ein dringendes Bedürfniß sei. I. 246.

Ursprünglicher Antrag	Anträge der Gutachter
2. Zusatzantrag des Ober-Staatsanwaltes Dr. v. Groß aus Eisenach: A) Der d. J. T. wolle eine Petition an sämmtliche deutschen Regierungen richten und in derselben beantragen: daß die deutschen Regierungen gemeinschaftlich beschließen möchten, ein allgemeines deutsches Strafgesetzbuch durch eine von ihnen zu wählende Kommission entwerfen zu lassen und eventuell nach geneigter Prüfung dasselbe in ihren Staaten einführen. B) Der d. J. T. wolle mit Ausführung dieses seines Beschlusses seine ständige Kommission betrauen und namentlich C) dieser Kommission auftragen, die unter A) bezeichnete Petition nebst einer motivirten Denkschrift ausarbeiten zu lassen, und beide Schriften unter gleichzeitiger Publikation derselben durch den Druck im Namen und Auftrag des d. J. T. sämmtlichen deutschen Regierungen zu überweisen. I. 59. Prof. Dr. Wahlberg aus Wien: „Der d. J. T. wolle eine Kommission von Juristen verschiedener deutscher Staaten bilden, welche über „Krug's Ideen zu einer gemeinsamen deutschen Strafgesetzgebung" bis zum nächsten d. J. T. ein umfassendes Gutachten abzugeben hat, und hierfür folgendes Verfahren vorzeichnen: Jedes Kommissionsmitglied hat während der Jahresfrist vom Standpunkt seiner Landesgesetzgebung den Krug'schen Entwurf zu beurtheilen und dabei den Gesichtspunkt festzuhalten, ob und inwieweit sich eine Vereinbarung seines Landesgesetzbuches mit diesem Entwurfe, und sei es auch nur annäherungsweise, ausführen läßt. Die ständige Deputation des d. J. T. hat sodann auf Grundlage der eingelaufenen Separatgutachten aus der Mitte der Kommission ein Referat hervorgehen zu lassen, und dieses Referat mit den geeigneten Vorschlägen ist dem nächsten d. J. T. zur Berathung in pleno vorzulegen." I. 63.	

Verhandlung in der Abtheilung	Verhandlung und Beschlußfassung in der Plenar-Versammlung

Ursprünglicher Antrag	Anträge der Gutachter
4. Prof. Dr. Glaser zu Wien: „Der d. J. T. wolle sich dafür aussprechen, daß neben der Verjährung der strafgerichtlichen Verfolgung die Verjährung rechtskräftig erkannter Strafen zugelassen werde.“ II. 237. 5. Appellationsgerichtsrath v. Kraewel: „Der d. J. T. wolle folgende Sätze aussprechen: Wenn auch keine Einigung dahin zu erzielen sein sollte, daß die Todesstrafe in ganz Deutschland abgeschafft wird, so hindert dies doch das Zustandekommen eines für ganz Deutschland geltenden Strafgesetzes nicht.“ III. Nr. 11 der Vorl. für den 3. d. J. T.	

Verhandlung in der Abtheilung	Verhandlung und Beschlußfassung in der Plenar-Versammlung
Geheim-Justizrath Dr. Abegg empfahl den Antrag in der 3. Abth. des 2. deutschen Juristentages zur Annahme, was auch beinahe einstimmig geschah. II. 2. 436—442.	In der 2. Plenar-Versammlung des 2. d. J. T. über Vortrag des Ref. geh. Justizr. Dr. Abegg wurde mit Majorität der Antrag angenommen. II. 2. 694—699.
In der 3. Abth., des 3. d. J. T., nachdem der Berichterstatter Prof. Dr. Wahlberg beantragt, über den Antrag zur Tagesordnung überzugehen (als noch verfrüht), der Antragsteller für denselben gesprochen und die Abtheilung sich dahin erklärt hatte, über einen von dem Obergerichtsanwalt Götting gestellten Antrag dahin lautend: „Die gänzliche Beseitigung der Todesstrafe ist eine der Voraussetzungen für das Zustandekommen eines gemeinsamen Deutschen Strafgesetzbuches," für welchen Rechtsanwalt Sabarth, Anwalt Fries, Prof. Dr. Geyer sich erklärten, für jetzt nicht abzustimmen: auch Obertribunalsrath v. Seckendorff einen von ihm vorgelegten Antrag auf eine motivirte Tagesordnung zurückgezogen hatte, in Gemäßheit eines Antrages des Prof. Dr. v. Holtzendorff (dem sich der Antragsteller angeschlossen hatte), gegen welchen Geheim-Justizrath von Abegg sprach, wie derselbe bezüglich der Formulirung des Verlangens nach Rechtseinheit von dem Kreisgerichts-Direktor von Kunowsky im Einverständnisse mit den Antragstellern verbessert worden war, und nachdem Staatsanwalt v. Auffenberg sich für den Krämel'schen Antrag erklärt hatte, als Beschluß ausgesprochen: „Die hinsichtlich der Todesstrafe bestehende Verschiedenheit der gegenwärtigen Deutschen Strafgesetze ist kein Hinderniß gegen die unmittelbare Ausführung der vom Juristentage als dringendes Bedürfniß erklärten Deutschen Strafrechtseinheit." III. 2. 364—382.	In der 2. Plenar-Versammlung des 3. d. J. T. erstattete Prof. Dr. Wahlberg aus Wien über die Beschlüsse der Abtheilung Bericht und wurde, nachdem Obergerichtsadvokat Eller aus Mannheim beantragte zu erklären, diese Verschiedenheit bezüglich der Todesstrafe sei ein Hinderniß, und Advokat Fries aus Weimar die Ablehnung des Abtheilungsbeschlusses, für welchen Prof. Dr. v. Holtzendorff aus Berlin, Obertribunalrath v. Seckendorff aus Berlin, Hof- und Gerichtsadvokat Dr. Berger aus Wien eintreten, welcher letzterer übrigens beantragte zu beschließen, es sei diese Verschiedenheit kein Hinderniß, die Strafrechtseinheit anzustreben, wurde über Vorschlag des Präs. Dr. Wächter mit überwiegender Majorität ausgesprochen: daß der Zwiespalt, der noch in Beziehung auf die Frage über die Todesstrafe, in den deutschen Legislationen besteht, kein Hinderniß sein soll und bilde, sofort zum hochwichtigen Werke der gemeinsamen deutschen Strafgesetzgebung zu schreiten. III. 2. 75—87.

Ursprünglicher Antrag	Anträge der Gutachter
6. Adv. Fries zu Weimar: „Der d. J. T. wolle erklären: daß die Todesstrafe als mit den Grundsätzen einer richtigen Strafgesetzgebung unvereinbar abzuschaffen sei." Nr. 22 der Vorl. für den 3. d. J. T.	

Verhandlung in der Abtheilung	Verhandlung und Beschlußfassung in der Plenar-Versammlung
Dieser Antrag wurde als verspätet nicht auf die Tages-Ordnung gesetzt. III. 2. 368. In der 3. Abth. des 4. d. J. T. stellte der Referent Sectionschef v. Hye aus Wien folgende Anträge: „Der d. J. T. spricht es als seine Ueberzeugung aus: 1. Die allmälige völlige Abschaffung der Todesstrafe ist eine gebieterische Forderung der fortschreitenden Zivilisation, und es seien daher die bestehenden Strafensysteme namentlich auch in dieser Zielrichtung entsprechend umzugestalten. 2. Die Todesstrafe sei aber auch jetzt schon, nämlich in dem alsbald zu erlassenden gemeinsamen Deutschen Strafgesetze — außer den Fällen des Kriegs- und Stand- und bei Meutereien des Seerechts — auf zwei Verbrechen zu beschränken, nämlich: a) auf den mit überlegtem Vorsatze ausgeführten Mord eines Menschen und b) auf hochverrätherische Angriffe gegen die körperliche Sicherheit der Person des Staatsoberhauptes. 3. Die Todesstrafe sei selbst in diesen Fällen im Gesetze nicht absolut anzudrohen, sondern dem erkennenden Gerichtshofe sei freizulassen, bei überwiegenden Milderungsumständen statt derselben auf lebenswierige oder selbst zeitliche Freiheitsstrafe zu erkennen.“ IV. 2. 231. Prof. Dr. Abegg aus Breslau, nicht gegen den Antrag, vertheidigt die Gerechtigkeit der Todesstrafe. Dr. Schaffrath aus Dresden stellt den Antrag: „Der Juristentag spricht als seine Ueberzeugung aus: die Todesstrafe ist abzuschaffen.“ Dr. Mühlfeld aus Wien dagegen: Die Todesstrafe solle in einem allgemeinen Strafgesetzbuche, außer den Fällen des Krieges und Seerechtes bei Meutereien, keinen Platz finden. Die Advokaten Dr. Lenz aus Wien, Assessor Wößmann aus Höchst, Akzessist Emerling aus Darmstadt, Prof. Dr. Geyer aus Innsbruck sprechen für die Abschaffung, Advokat Schumann aus Bayreuth gegen dieselbe. Bei der Abstimmung wurden der erste und zweite Theil, sowie der dritte Theil (aber durch Dr. Schaffrath dahin modifizirt daß die Worte „bei überwiegenden Milderungsumständen“ ausgelassen wurden) des Hye'schen Antrages angenommen. IV. 2. 231—233.	In der 2. Plenar-Versammlung des 4. d. J. T. hielt Ref. v. Hye seine Anträge aufrecht, Dr. Mühlfeld wiederholt ebenfalls seinen in der Abtheilung gestellten Antrag, welcher mit Majorität angenommen wurde. IV. 2. 105.

Ursprünglicher Antrag	Anträge der Gutachter
7. Appellationsgerichtsrath v. Kraewel: a) Wenn das allgemeine deutsche Strafgesetzbuch absolute Strafen, wie die Todes- und lebenswierige Zuchthausstrafe androht, so ist dem Richter zugleich die Möglichkeit zu geben, wegen des Hinzutretens von Milderungsgründen auch auf geringere als die absolute Strafe zu erkennen. b) Ueberhaupt ist das Strafmaß so zu erweitern, daß der Richter bei der Strafabmessung auch auf außergewöhnliche Schärfungs- und Milderungsgründe Rücksicht nehmen kann. Ein geringstes Strafmaß ist nur ausnahmsweise festzusetzen. c) Verordnet das allgemeine Deutsche Strafgesetzbuch wegen hinzutretender erschwerender Umstände eine Verschärfung der Strafe, so ist in der Regel der Richter zu dieser Strafschärfung wohl zu ermächtigen, nicht aber zu zwingen, daß er allemal diese Strafschärfung eintreten lassen muß. III. 1. Vorl. Nr. 11.	Obertribunalrath von Tippelskirch aus Berlin erklärt sich unbedingt für den Satz c, modifizirt aber den Satz b dahin, daß der Richter nur bei Vorhandensein besonderer, im Gesetze aufgestellten Milderungsgründe unter die geringste ordentliche Strafe herabzugehen berechtigt, aber dann ein gewisses Maß der bestimmten außerordentlichen Strafe zu verhängen, beschränkt sein müsse. IV. 1. 157—178.

Verhandlungen in der Abtheilung	Verhandlung und Beschlußfassung in der Plenar-Versammlung
In der 3. Abth. des 3. d. J. T. hat der Antragsteller seinen Antrag in dem Satze unter b) die Worte nach „Richter": „sogar beim Schwurgerichtsverfahren" ergänzt. Es wurde nun ad a) statt des Satzes unter a, mit dem sich der Berichterstatter, Prof. Dr. Wahlberg einverstanden erklärt, und dessen zweiten Theil der Obertribunalsrath v. Seckendorff die Worte „dem Richter" abzustreichen beantragt hatte, gemäß dem Antrage des Prof. Dr. v. Holtzendorff dem sich der Antragsteller angeschlossen; zu sagen: absolute Strafandrohungen (Strafbestimmungen) [d. h. nicht Strafen] sind grundsätzlich zu verwerfen, wodurch auch der v. Seckendorff'sche Verbesserungsantrag (mit dem v. Kräwel'schen Satze a.) sich erledigte; ad b) c) die in den Sätzen b. und c. enthaltenen, auf Strafmilderung, Strafabmessung und Strafschärfung bezügliche Anträge aber, hinsichtlich deren Rechtsanwalt Sabarth aus Ratibor den Wegfall der von dem Antragsteller neuerdings eingefügten Worte: „sogar" u. s. w. beantragt hatte, dem sich Kreisgerichtsrath v. Kunowski anschloß, nach dem Antrage des Prof. Dr. v. Holtzendorff, für welchen Prof. Dr. Geßler und Adv. Dr. Völk sich aussprachen, der ständigen Deputation zur Vorbereitung für den nächsten Juristentag zu überweisen; III. 2, 388—404.	In der 2. Plenar-Versammlung des 3. d. J. T. wurden über Vortrag des Prof. Dr. Wahlberg aus Wien die Beschlüsse der Abtheilung mit großer Majorität angenommen. II. 2. 87.
c) Beim vierten Juristentage stellte aa) in der dritten Abtheilung der Berichterstatter, Privatdozent Dr. Merkel aus Gießen, zunächst, indem er seine Ansicht in Betreff des Satzes b) entwickelte, folgende Anträge: „Der Juristentag möge erklären: 1. Der Juristentag verwirft die Kräwel'schen Anträge Nr. b) und c); 2. erklärt, daß die Unterscheidung zwischen Strafausmessungsgründen und Strafänderungsgründen, wie sie gegenwärtig	In der Plenar-Versammlung des 4. J. T. wurde vom Referenten Gen.-Sekret. Schwarze aus Dresden der Abtheilungsbeschluß zur Kenntniß gebracht. IV. 2. 85.

Ursprünglicher Antrag	Anträge der Gutacher
	Prof. Dr. Wahlberg as Wien ist ebenfalls für den Satz c, vrwirft jedoch den Satz b, IV./1. 181—19.

Verhandlungen in der Abtheilung	Verhandlung und Beschlußfassung in der Plenar-Versammlung

in unseren Gesetzen fixirt ist, als eine prinzipslose aufzugeben sei;

3. daß dagegen der ordentliche Straßmaßstab mit seinen Gliederungen, begründet in den konstitutiven Elementen der besonderen Verbrechensthatbestände und Steigerungen und Verbindungen, deren diese Elemente fähig sind, zu unterscheiden sei von allgemeinen und speziellen Strafänderungsgründen.
4. Allgemeine Milderungsgründe sind solche, die Zurechenbarkeit betreffende Momente, welche in ihrer höchsten Steigerung die Strafbarkeit vollständig ausschließen. Dahin gehören: geminderte Zurechnungsfähigkeit, Jugend, Nothstand, Befehl, Pflichtenkonflikt.
5. Diesen allgemeinen Milderungsgründen gegenüber ist ein Minimalsatz nicht festzuhalten.
6. Spezielle Strafänderungsgründe sind außerhalb des besonderen Thatbestandes liegende Momente, welche die durch jenen begründete Strafpflicht in irgend einem nach den verschiedenen Verbrechensarten verschiedenen Maße mindern oder erhöhen."

Der Antragsteller aber formulirte den gedachten Satz b) zur Verdeutlichung in folgender Weise:

„Der deutsche Juristentag möge als seine Ueberzeugung aussprechen:

Es sei nothwendig, daß ein deutsches allgemeines Strafgesetzbuch dem Richter die Befugniß einräume, unter das (gewöhnliche oder wie auf den Vorschlag des Advokaten Dr. Schaffrath aus Dresden von dem Antragsteller verbessert wurde) ordentliche Strafmaß herabzugehen, und dann ein noch geringeres, außerordentliches Strafmaß anzuwenden, wenn nach seinem Ermessen selbst die geringste der That angedrohte Strafe mit deren Strafbarkeit nicht in richtigem Verhältnisse steht." IV. 2. 221.

Nach einigen Bemerkungen über die vorliegenden Anträge von Seite des Geh. Justizrath Dr. Abegg aus Breslau stellte Gerichtsassessor Dr. Rubo aus Berlin den Antrag, zu beschließen:

„Daß der Richter ermächtigt sein solle, für den Fall mildernder Umstände unter das geringste gesetzliche Strafmaß herabzugehen,"

den er auf Vorschlag des Vorsitzenden, General-Staatsanwalt Dr. Schwarze aus Dresden, durch die Worte ergänzte:

„ohne durch eine im Gesetze hierfür festgesetzte Strafgrenze beschränkt zu sein."

Es wurde aber sowohl der Rubo'sche als auch der v. Kräwel'sche Antrag abgelehnt, worauf der Berichterstatter seine sämmtlichen Anträge, der Antragsteller aber den Satz c) mit Genehmigung der Versammlung zurückzog. IV. 2. 211—230.

Ursprünglicher Antrag	Anträge der Gutachter
8. Hofgerichtsr. v. Stößer von Bruchsal: „Der d. J. T. wolle als seine Rechtsüberzeugung aussprechen, daß entehrende Strafen dem Gerechtigkeits- und Besserungszwecke der Strafe widersprechen und daß solche deshalb bei Bearbeitung eines gemeinsamen deutschen Strafgesetzbuches keine Aufnahme finden mögen. Nr. 12 der Vorl. für den 3. d. J. T.	

Verhandlung in der Abtheilung	Verhandlung und Beschlußfassung in der Plenar-Versammlung
In der 3. Abtheilung des 3. d. J. T. stellte der Berichterstatter Sektionschef Dr. v. Hye-Gluneck folgende Anträge: Der d. J. T. spricht es als seine Ueberzeugung aus, daß von der Gerechtigkeit gebieterisch gefordert und gleichmäßig durch den Besserungszweck der Strafe, durch die Humanität, durch die heutigen sozialen Anschauungen, sowie durch den Stand der Kultur des deutschen Volkes dringend empfohlen sei, in dem künftigen deutschen gemeinsamen Strafgesetze in Beziehung auf die entehrenden Strafen an folgenden Grundsätzen festzuhalten: 1. Alle schon ihrer Qualifikation nach einen das Ehrgefühl eines jeden Menschen erstickenden oder doch abstumpfenden Charakter einschließenden Strafen oder Verschärfungen derselben, wie z. B. die Ausstellung am Strafpfahle (Pranger, Schandbühne und dergleichen), die Kettenstrafe und insbesondere jede Art von körperlicher Züchtigung (Stockprügel, Ruthenstreiche u. s. w.) haben unbedingt zu entfallen. 2. Die in der Wissenschaft und in den bestehenden Strafgesetzen unter dem Namen entehrender Straffolgen bekannten Verluste a) der Ehren-, b) der sogenannten politischen oder staatsbürgerlichen, c) der Dienst- oder Amts- und d) der gemeinen bürgerlichen Rechte sollen kraft des Gesetzes oder durch besonderes richterliches Straferkenntniß nur mit der Strafe für solche strafbare Handlungen verbunden werden, welche selbst vermöge ihrer inneren Beschaffenheit als entehrend gelten, nämlich auf einer verächtlichen, ehrlosen Gesinnung beruhen. 3. Es hat aber auch bei den strafbaren Handlungen der erwähnten Kategorie in der Regel mit der Erlöschung der Strafe überhaupt auch die Fähigkeit zur Wiedererlangung der verlorenen Ehren-, politischen und Dienstrechte und die Berechtigung zur Wiederausübung der entzogenen gemeinen bürgerlichen Rechte ohne Weiteres einzutreten, und nur in solchen Fällen, wo eine strafbare Handlung auf besondere Niederträchtigkeit oder Bosheit des Schuldigen schließen läßt, sowie bei Gewohnheitsverbrechen soll es dem erkennenden Gerichte freistehen, die Fortdauer der Unfähigkeit zur Wiedererwerbung und beziehungsweise Wiederausübung der genannten vier Kategorien von Rechten noch einige Zeit über das Ende der Strafe hinaus jedoch in einer der verhängten Strafe entsprechenden Dauer oder Zeit-Skala, und höchstens auf 10 Jahre nach Erlöschung der Strafe auszusprechen. 4. Bei allen übrigen strafbaren Handlungen soll während der Dauer der Freiheitsstrafe nur die Ausübung der genannten vier Kategorien von Rechten ruhen, ihre Untersagung daher nach Erlöschung der Strafe von selbst entfallen. 5. Das Begnadigungsrecht der Krone (des Staatsoberhauptes) ist auch in Beziehung auf die gänzliche und theilweise	In der 2. Plenar-Versammlung des 3. J. T. wurde über Vortrag des Ref. Dr. Hye-Gluneck die von der Abtheilung beschlossenen Sätze in der redigirten Fassung angenommen, nachdem über Antrag des Adv. Dr. Mühlfeld und Adv.-Cand. Dr. Hanisch aus Wien die in der redigirten Formulirung ausgelassener Kettenstrafe wieder ausdrücklich aufgenommen war. III. 2. 86—95.

Ursprünglicher Antrag	Anträge der Gutachter

Verhandlung in der Abtheilung	Verhandlung und Beschlußfassung in der Plenar-Versammlung
Nachsicht dieser Straffolgen im vollsten Umfange aufrecht zu erhalten. 6. Es seien diese Bestimmungen des künftigen deutschen Strafgesetzes rückwirkend auch auf alle nach den früheren Gesetzen ausgesprochenen Verurtheilungen in Anwendung zu bringen, in so weit diese Bestimmungen für den Verurtheilten günstiger sind, als die bisherigen Strafgesetze." Dieselben wurden angenommen, und zwar der Antrag sub Ziff. 1, nachdem Rechtsanwalt Sabarth einen von ihm darauf, auch die Brandmarkung unter die Beispiele der Ziff. 1 des Antrages des Berichterstatters aufzunehmen, gestellten Antrag auf die Aeußerung des Letzteren, daß diese Strafart nirgends und gewiß in keinem deutschen Gesetze mehr vorkomme, wieder zurückgenommen hatte; III. 2. 417 f. der Antrag sub Ziff. 2., dem Antrage des Advokaten Dr. Schaffrath (dem der Berichterstatter beitrat) gemäß, unter Beifügung der Worte nach „beruhen": „und deshalb nach der allgemeinen Meinung entehrend sind," wodurch sich ein Antrag des Geh. Raths, Prof. Dr. v. Wächter aus Leipzig dahin lautend: „An Stelle des Absatzes zu erklären: daß von dem Gerichte der Eintritt der in dem Strafgesetzbuche bestimmten Schmälerung der politischen und Ehrenrechte nach der Natur des Verbrechens auszusprechen sei, und zwar entweder auf eine bestimmte Zeit oder auf eine unbestimmte; daß aber im letzteren Falle das Gericht die Befugniß habe, nach dem Verhalten des betreffenden jene Folgen für die Zukunft wieder aufzuheben," für welchen Prof. Dr. Geßler sich erklärte, erledigte; der Antrag sub Ziff. 3 unter Verwerfung eines Verbesserungsvorschlages des Advokaturkandidaten Dr. Stern die Fähigkeit zur Wiedererlangung der Dienstrechte auszuschließen; der Antrag sub Ziff. 4 mit dem von Geh. Rath Prof. Dr. v. Wächter beantragten und von dem Berichterstatter gebilligten Zusatze: „daß dem Richter auch bei Bestimmung der Art der Freiheitsstrafe die Möglichkeit geboten werden müsse, dem Umstande Rechnung zu tragen, daß die Handlung nicht aus unehrenhafter Gesinnung hervorgegangen, und daß zu diesem Zweck besondere Strafarten einzuführen seien," die beiden letzten Punkte aber ohne Weiters; dagegen abgelehnt der Antrag des Rechtsanwalts Götting aus Hildesheim: 1. Der Juristentag spricht als seine Ueberzeugung aus: „daß die Anträge des Herrn Berichterstatters als das Geringste, was die Gerechtigkeit und der Besserungszweck der Strafe fordert, anzunehmen seien." 2. Er beschließt: „daß der Stößer'sche Antrag in seiner weiteren Tendenz an die ständige Deputation zur weiteren Vorbereitung für den nächsten Juristentag zurückgewiesen werde." III. 406—439."	

Ursprünglicher Antrag	Anträge der Gutachter
9. „Fordert es die nothwendige Freiheit der Presse und genügt es der Rücksicht auf die öffentliche Sicherheit (vergl. die Beschlüsse des 1. d. Journalistentages), daß bei den mittelst der Presse verübten strafbaren Handlungen die allgemeinen Strafgesetze und Strafrechtsgrundsätze ausnahmslos zur Anwendung kommen? — oder sollen in gewissen Hauptpunkten (eventuell in welchen?) Ausnahmen stattfinden und welche Ausnahmen sind a) im Interesse der nothwendigen Freiheit der Presse erforderlich und zugleich ohne Nachtheil für die öffentliche Sicherheit zulässig? b) im Interesse der öffentlichen Sicherheit geboten?“	Prof. Dr. Glaser aus Wien: I. Handlungen, deren Thatbestand nicht schon an und für sich durch den Mißbrauch der öffentlichen Meinungsäußerung bedingt ist, sind auch, wenn sie durch die Presse verübt worden (uneigentliche Preßdelikte), nach den allgemeinen Strafrechtsgrundgesetzen und Strafgesetzen zu beurtheilen; es gilt dieß namentlich auch von der Anstiftung und der Theilnahme. II. Dagegen fallen die eigentlichen Preßdelikte — d. h. für die öffentliche Ordnung gefährliche und blos darum verbotene Publikationen — nur aus formellen Gründen in das Gebiet des Strafrechtes; für ihre Abgrenzung und Behandlung müssen daher besondere, ihrer eigenthümlichen Natur entsprechende Regeln gelten. III. Als verboten sind nur diejenigen Veröffentlichungen anzusehen, durch welche entweder a) zu strafbaren oder wenigstens rechtswidrigen Handlungen aufgereizt, oder b) ein durch das Gesetz geschütztes Objekt in einer an sich verwerflichen Form angegriffen wird. IV. Den eigentlichen Preßdelikten sind nur objektive Repressivmaßregeln, über deren Zulassung das Gericht im ordentlichen Verfahren (V. und VI.) entscheidet, entgegenzusetzen; die persönliche Bestrafung des Urhebers der Schrift oder jener Personen, welche zur Veröffentlichung mitwirken, liegt hier ebenso wenig im Interesse der öffentlichen Ordnung, als in dem der nothwendigen Preßfreiheit.

Verhandlung in der Abtheilung	Verhandlung und Beschlußfassung in der Plenar-Versammlung
Der Referent Dr. Jaques aus Wien stellte in der 3. Abtheilung des 10. d. J. T. zunächst folgende 2 Sätze auf: 1. Die Hervorbringung und der Verkauf von Erzeugnissen der Presse, die Colportage und das Anheften von Plakaten haben ausschließlich den Bestimmungen der Reichsgewerbeordnung zu unterliegen. Eine Entziehung der Befugniß zum selbstständigen Betrieb eines Gewerbes durch richterliches Erkenntniß im Falle einer durch die Presse begangenen Zuwiderhandlung darf nicht stattfinden. 2. Alle weiteren aus den Grundsätzen des Präventivsystems abgeleiteten Beschränkungen als insbesondere die Concessionen, Cautions- und Stempelpflicht, zeitweilige oder dauernde Einstellung des Erscheinens bei periodischen Druckschriften, die Ueberweisung von Pflichtexemplaren, die Entziehung des Postdebits haben zu entfallen. X. 2. 98. Stadtrichter Dr. Rubo aus Berlin will, „daß die Versammlung beschließe über diese Frage nicht abzustimmen, weil sie zur Competenz der Versammlung nicht gehört, event. über diese Frage zur Tagesordnung übergehe." X. 2. 98. Nach Bemerkungen des Referenten wird jedoch dieser Antrag abgelehnt und in die weitere Verhandlung eingetreten. Appellationsrath Dr. Vollert aus Eisenach wünscht für die Sätze des Referenten auszusprechen: „Der Juristentag spricht aus, daß für die Preßgesetzgebung das Repressivsystem entscheide." X. 2. 100. Nach dem Schlußworte des Referenten wurden dessen beide Sätze mit Majorität angenommen. Weiters schlägt dieser vor: Die vorläufige Beschlagnahme von Druckschriften, ebensowohl die richterliche, als die administrative, ist unzulässig. X. 2. 102, gegen welchen Staatsrath Dr. Zachariä aus Göttingen, dem sich Geheimrath Dr. Körner aus Dresden, Rechtsanwalt Dr. Steinfeld aus Kassel, Ministerialrath Bingner aus Karlsruhe anschließt, bemerkt, daß die Ausschließung der richterlichen Beschlagnahme zu weit gehe. Advokat Dr. Lenz aus Wien, sowie Advokat Götting aus Hildesheim, Anwalt v. Feder aus Mannheim, Advokat Dr. Gottschalk aus Braunschweig sind für den Referenten. Advokat Fränzel aus Dresden will für den Fall als die	In der 2. Plenar-Versammlung des 10. d. J. T. wurde vorerst beantragt die Frage wegen Anwendbarkeit der allgem. Strafproceßgesetze auf Preßdelikte — so wie die wegen der Beschlagnahme zur Erörterung und Entscheidung. im Plenum zu bringen, dann in dem Abtheilungsbeschlusse auch „zu beurtheilen" beizusetzen. Der Frage der Kompetenz der Jury für Preßdelikte ist selbstverständlich hierdurch nicht „präjudizirt" worauf Dr. Jacques über die Verhandlung u. Beschlußfassung in der Abtheilung referirte. Es wurde hierauf beschlossen, nur die Frage wegen der Beschlagnahme in Berathung zu nehmen. Rechtsanw. Bacher aus Stuttgart stellte den Antrag, Ziffer II zu streichen, beziehungsweise sie in der Weise umzuändern: „Die vorläufige Beschlagnahme von Druckschriften ist im administrativen Wege überhaupt unzulässig, im richterlichen bloß in so weit, als es der Zweck der strafrechtlichen Verfolgung erfordert," für welchen R.-Anw. Dr. Steinfeld von Kassel eintritt, während Obergerichtsanwalt Götting

Ursprünglicher Antrag	Anträge der Gutachter
	V. Bei eigentlichen Preßdelikten ist der Anklagegrundsatz streng festzuhalten; es bedarf weder einer gerichtlichen Voruntersuchung, noch eines gerichtlichen Erkenntnisses über die Versetzung in den Anklagezustand, noch endlich eines Verhöres in der öffentlichen Hauptverhandlung. VI. Es ist wünschenswerth, daß in Ländern, in welchen Geschwornengerichte bestehen, denselben alle Prozesse wegen des Inhaltes von Druckschriften zugewiesen werden. VII. Unabhängig von den Vorschriften über Verjährung soll die Verfolgung jeder Druckschrift ausgeschlossen sein, welche während einer bestimmten Zeit, während welcher ihre Verfolgung im Inlande möglich war, unverfolgt geblieben ist. VI. 1. 68—104. Prof. Dr. John in Königsberg: I. Die nothwendige Freiheit der Presse fordert den Wegfall aller derjenigen gesetzlichen Bestimmungen, welche von der Voraussetzung der Gefährlichkeit der Presse ausgehend, den Gebrauch der Presse einschränken und ihn einer beständigen Aufsicht unterwerfen. II. Für die öffentliche Sicherheit genügt es, wenn bei den mittelst der Presse verübten strafbaren Handlungen die allgemeinen Strafgesetze zur Anwendung kommen. III. Es ist im Interesse der nothwendigen Freiheit der Presse erforderlich und zugleich im Interesse der öffentlichen Sicherheit geboten, daß der verantwortliche Redakteur die volle strafrechtliche Verantwortlichkeit der von

Verhandlung in der Abtheilung

Beschlagnahme zulässig erkannt wird, die Festsetzung einer Präclusivfrist von 10 Tagen, nach deren Ablauf sie nicht mehr erfolgen dürfe.

Rechtsanwalt Dr. Bocher aus Stuttgart stellt folgenden Antrag:

„Die vorläufige Beschlagnahme von Druckschriften ist auf administrativem Wege überhaupt unzulässig, auf richterlichem Wege ist sie bloß insoweit zulässig, als die strafrechtliche Untersuchung verlangt.“ X. 2. 108.

Referent Dr. Jaques beantwortet die Gegenbemerkungen und wird mit überwiegender Majorität angenommen:

I. „Die vorläufige Beschlagnahme von Druckschriften auf administrativem Wege ist unzulässig,“

ebenso mit einer erst durch eine itio in partes konstatirte Majorität der zweite Satz:

II. „Die vorläufige Beschlagnahme von Druckschriften auf dem richterlichen Wege ist unzulässig.“ X. 2. 87—117.

In der 2. Sitzung der 3. Abtheilung empfahl Dr. Jaques folgende Sätze zur Annahme.

„Preßdelikte sind nach den allgemeinen Strafgesetzen und nach folgenden weiteren Bestimmungen zu beurtheilen:

A. Ist durch eine periodische Druckschrift ein Verbrechen oder Vergehen begangen, so fällt dem Redakteur (oder Herausgeber), wenn er nicht selbst strafrechtlich verantwortlich gemacht werden kann, die Vernachlässigung pflichtmäßiger Aufmerksamkeit zur Last. Wegen derselben ist auf eine höchstens 6monatliche Freiheitsstrafe und zugleich auf eine angemessene Geldbuße zu erkennen.

B. Dieselben Strafen treffen unter den gleichen Voraussetzungen den Verleger (eventuell Kommissionshändler oder Drucker) einer nicht periodischen Druckschrift, wenn auf derselben nicht ein Verfasser oder Herausgeber genannt ist, welcher zur Zeit der Uebernahme in den Verlag (in Kommission, zum Druck) im Inlande seinen bleibenden Aufenthalt hatte oder wenn diese Angaben unwahr sind.

C. Unter den gleichen Voraussetzungen treffen diese Strafen den Verbreiter, wenn auf der Druckschrift kein Verfasser oder Herausgeber, welcher zur Zeit der Verbreitung im Inlande einen bleibenden Aufenthalt hatte oder kein inländischer und ebensowenig ein ausländischer gewerbsmäßiger Verleger genannt ist, wenn ferner bei periodi-

Verhandlung und Beschlußfassung in der Plenar-Versammlung

von Hildesheim und Hofgerichtsadv. Nillmayer aus Darmstadt die Anträge des Referenten vertheidigen und ersterer das Amendement: „Die vorläufige administrative oder richterliche Beschlagnahme von Druckschriften ist auf den Fall von Anstiftung strafbarer Handlungen zulässig“, letzterer das: „Die vorläufige Beschlagnahme von Druckschriften, ebenso die richterliche als die administrative, behufs Unterdrückung von Preßdelikten ist unzulässig“, stellten.

Appellationsrath von Stenglein aus München sprach gegen die Anträge der Abtheilung.

Es wurde hierauf nach dem Schlußworte des Referenten, welcher vorschlug zu sagen: „Die Beschlagnahme, soweit sie durch die Strafprozeßordnung normirt ist, wird hierdurch nicht berührt,“ der Antrag Kühne, Albrecht und Genossen, „die Anträge unter II zu streichen“ mit Majorität angenommen. X. 2. 284—310.

Ursprünglicher Antrag	Anträge der Gutachter
	ihm herausgegebenen Zeitung oder Zeitschrift übernimmt. IV. Es ist im Interesse der nothwendigen Freiheit der Presse erforderlich und zugleich ohne Nachtheil für die öffentliche Sicherkeit zulässig, daß die Verjährungsfrist für sämmtliche Preßdelikte auf einen Zeitraum von sechs Monaten, vom Tage der ersten Veröffentlichung der betreffenden Druckschrift im Inlande an gerechnet, beschränkt werde. V. Es ist im Interesse der nothwendigen Freiheit der Presse erforderlich und zugleich ohne Nachtheil für die öffentliche Sicherheit zulässig, daß die Strafverfolgung gegen Zeitungen wegen der aus anderen Zeitungen unter Angabe der Quelle entnommenen Artikeln, nicht stattfinde. VI. Es ist im Interesse der nothwendigen Freiheit der Presse und zugleich im Interesse der öffentlichen Sicherheit geboten, daß 1. Für diejenigen Preßprozesse, zu welchem die im Inlande erscheinenden Druckschriften Veranlassung geben, dasjenige Gericht das ausschließlich kompetente sei, in dessen Bezirk die betreffende Druckschrift erschienen. 2. Sämmtliche Preßprozesse in denjenigen Ländern, in welchen Geschwornengerichte bestehen, den Geschwornengerichten zugewiesen werden. VI. 1. 318–361.
10. Privatdozent Dr. Hilse aus Göttingen: „Der d. J. T. wolle seine Ueberzeugung dahin aussprechen: daß — unabhängig von der Frage, wie weit die Zuständigkeit der Militär-Gerichts-	Stabsauditor Höß aus München spricht sich dahin aus: „Der d. J. T. wolle seine Ueberzeugung dahin aussprechen, daß — unabhängig von der Frage, wie weit die Zuständigkeit der

Verhandlung in der Abtheilung	Verhandlung und Beschlußfassung in der Plenar-Versammlung
schen Druckschriften kein Redakteur oder Herausgeber genannt ist oder wenn irgend eine dieser Angaben unwahr und als solche erkennbar war. Ausländische periodische Druckschriften können durch richterliches Erkenntniß insolange verboten werden, als die wegen eines durch dieselben begangenen Delikts Verurtheilten dem Urtheile nicht Genüge leisten. X. 2. 129, 130. dagegen wollte Dr. Bacher aus Stuttgart lediglich ausgesprochen wissen: „Preßdelikte sind nach den allgemeinen strafrechtlichen Grundsätzen zu beurtheilen." Ministerialrath Bingner, Rechtsanwalt Dr. Regensburg aus Mannheim erklärten sich für den Referenten. Dr. Schaffrath aus Dresden, Bezirksgerichtsdirektor Mehling aus Aschaffenburg für den Antrag Bacher. Der Referent formulirt seinen Antrag in folgendem Satz: „Preßdelikte sind nach den allgemeinen Strafgesetzen zu beurtheilen; außerdem sind Fahrlässigkeitsstrafen wegen Vernachlässigung der pflichtmäßigen Obsorge zuzulassen. X. 2. 135, worauf Dr. Bacher die Einschaltung der Worte „strafrechtlichen und strafprocessualen" verlangt, worauf der Satz: „Preßdelikte sind nach den allgemeinen strafrechtlichen und strafprocessualen Grundsätzen zu beurtheilen," mit Majorität und der weitere Satz des Referenten: „Außerdem sind Fahrlässigkeitsstrafen im Falle der Vernachlässigung der pflichtmäßigen Obsorge festzusetzen," mit überwiegender Majorität angenommen wird. X. 2. 118—138. Der Referent spricht noch aus, daß die Preßdelikte den Geschwornen zu unterstellen sind. Der Antrag des Advokaten Bekh aus Lindau zu konstatiren im Protokoll, daß diese Erklärung allgemeinen Beifall gefunden hat, wird vom Präsidenten Dr. Schwarze als geschäftsordnungswidrig abgelehnt. X. 2. 142, 143.	
In der 3. Abtheilung des 8. d. J. T. stellte der Referent Apellationsgerichtsrath v. Stenglein aus München folgenden Antrag: „Der deutsche Juristentag, die Reformbedürftigkeit der in den deutschen Staaten in Geltung stehenden militärgerichtlichen	In der 2. Plenar-Versammlung des 8. d. J. T. brachte der Ref. die Beschlüsse der Abtheilung zur Kenntniß.

Ursprünglicher Antrag

barkeit sich in Deutschland zu erstrecken habe, — jedenfalls die unausbleiblich nöthige und bereits angebahnte Einigung des Militärstrafverfahrens in Deutschland nur auf Grund eines Gesetzes wird geschehen dürfen, welches bei Oeffentlichkeit, Mündlichkeit und Unmittelbarkeit dem Richter freie Würdigung des Beweis-Ergebnisses, und dem Angeschuldigten unbeschränkte Vertheidigungs-Befugniß überläßt." VIII. 1. 130.

Anträge der Gutachter

Militärgerichte in Deutschland sich zu erstrecken habe — jedenfalls die wünschenswerthe und auch nothwendige Einigung des Militärstrafverfahrens in Deutschland nur auf Grund eines Gesetzes wird geschehen dürfen, welches den Anforderungen der Humanität und dem vorgeschrittenen Standpunkte der Wissenschaft entspricht, sich von Berücksichtigung althergebrachter Vorurtheile, soweit sie sachlich nachtheilig ist, fernehält, und bei Oeffentlichkeit, Mündlichkeit und Unmittelbarkeit, endlich Trennung der That- von der Rechtsfrage dem Richter der That freie Würdigung des Beweis-Ergebnisses und dem Angeklagten unbeschränkte Vertheidigungs-Befugniß überläßt." VIII. 1. 130—144.

Landesgerichtsrath Dr. v. Harrasowsky aus Wien

beantragt, nachdem durch diesen Antrag Fragen berührt werden, welche die allgemeine Militärgesetzgebung betreffen, und politischer Natur sind, und sohin außer dem Bereiche des d. J. T. liegen, über den Antrag zur Tagesordnung zu gehen. VIII. 145—152.

Rechtsanwalt Mellien in Spremberg gibt folgendes Gutachten ab:

„Wir halten die Reform der Militärstrafgerichtsordnungen, die in den verschiedenen deutschen Staaten in Wirksamkeit sind, für ein unabweisbares Bedürfniß der Rechtsordnung.

Wir meinen aber nicht:

1. daß diese Reform unter den jetzigen Zeitverhältnissen durch ein einheitliches Gesetz durchzuführen ist; —
2. daß die in der Frage ausgedrückten Aenderungen des Verfahrens dem Bedürfniß genügen. —

Verhandlung in der Abtheilung	Verhandlung und Beschlußfassung in der Plenar-Versammlung
Verfahrensgesetze und das Bedürfniß einer Einigung derselben anerkennend, spricht seine Ueberzeugung aus, daß eine zeitgemäße, die Anforderungen der Wissenschaft und der Rechtssicherheit erfüllende Reform dieser Gesetze nur zu verwirklichen ist, wenn dem Militärstrafverfahren die wesentlichen Formen des bürgerlichen Verfahrens zugeführt werden und die Zuständigkeit der Militärgerichte sich im Frieden auf Dienstvergehen der Militärpersonen beschränkt." VIII. 2. 206. Der Antragsteller Dr. Hilse zieht seinen Antrag zurück, spricht für den des Referenten mit Ausnahme der Worte: „und die Zuständigkeit der Militärgerichte sich im Frieden auf Dienstvergehen der Militärpersonen beschränkt", welche er zu verwerfen beantragt. Prof. Thudichum aus Tübingen stellt dagegen folgende Anträge auf: Der deutsche Juristentag erachtet es für nothwendig, daß in allen deutschen Staaten, soweit dies noch nicht geschehen, die militärische Strafrechtspflege ohne Verzug nach folgenden Hauptgrundsätzen umgestaltet werde: 1. Bei allen in Friedenszeiten gegen Militärpersonen zu führenden Untersuchungen wegen schwerer Rechtsverletzungen sind zwei bürgerliche Urkundspersonen und in den geeigneten Fällen neben den militärischen auch bürgerliche Sachverständige zuzuziehen. 2. Die Zusammensetzung des untersuchenden und des urtheilenden Gerichts darf nicht für jeden einzelnen Fall der Willkür höherer Befehlshaber anheimgestellt bleiben, namentlich muß dem Angeklagten das Recht zustehen, einen Theil der urtheilenden Richter auch ohne Angabe und Beweis von Gründen abzulehnen. 3. Gegen die von den Militärgerichten gefällten freisprechenden oder verurtheilenden Erkenntnisse sind die nach dem allgemeinen Strafprozesse zulässigen Rechtsmittel zu gewähren. Dagegen kann die Rechtskraft solcher Erkenntnisse nicht von einer Bestätigung durch höhere Befehlshaber abhängig gemacht werden. 4. Der Angeklagte ist in der Wahl des Vertheidigers und in den Mitteln der Vertheidigung nicht weiter zu beschränken, als dieß auch im allgemeinen Strafverfahren für nothwendig erkannt wird. 5. Das Gericht hat das Urtheil auf Grund der ihm unmittel-	Dr. Hilse wiederholt das in der Abtheilung gestellte Amendement, und nachdem Dr. Jacques aus Wien und der Ref. sich gegen dieses erklärt hatten, wurde der Antrag der Abtheilung mit allen gegen zwei Stimmen angenommen, und ebenso das Amendement mit gleichem Stimmenverhältniß abgelehnt. VIII. 2. 361.

Ursprünglicher Antrag	Anträge der Gutachter
	Wir können nur einer Resolution das Wort reden, die neben den in der Frage enthaltenen Forderungen auch: 1. die Beschränkung des Militärgerichtsstandes der deutschen Heere auf die militärischen Verbrechen und Vergehen der Militärpersonen, 2. die Oeffentlichkeit des Hauptverfahrens, 3. die Aufhebung des Ernennungs- und Bestätigungsrechtes der Militärbefehlshaber bezüglich der Einsetzung der militärischen Spruchgerichte und ihrer Erkenntnisse, 4. die Gewährung der im bürgerlichen Strafverfahren üblichen Rechtsmittel als Aufgaben der Militärgesetzgebung bezeichnet. VIII. 1. 153—179. Staatsanwalt Dr. Mittelstädt aus Altona empfiehlt folgenden Antrag: „Der d. J. T. erachtet eine einheitliche Reform des deutschen Militärstrafverfahrens für dringend geboten, welche mindestens für die in den gemeinen Strafgesetzen vorgesehenen strafbaren Handlungen das Anklageprinzip, die Grundsätze der Unmittelbarkeit, Mündlichkeit und Oeffentlichkeit, freie Beweiswürdigung für den Richter und freie Vertheidigungsbefugniß für den Angeschuldigten in einer dem bürgerlichen Strafprozeß entsprechenden Gestalt verwirklicht." VIII. 1. 180—193.
VI. Strafverfahren und Strafvollzug. 1. Rechtsanwalt Lewald aus Berlin: „Der d. J. T. wolle als seine Rechtsüberzeugung aussprechen: 1. jedem Privatbetheiligten ist die Erhebung der Anklage in solchen Fällen zu gestatten, wo sich die Staatsanwaltschaft dessen weigert;	Oberstaatsanwalt Dr. v. Groß aus Eisenach beantragt: „Von dem Standpunkte ausgehend, daß die Strafverfolgung von der Staatsanwaltschaft nach dem Grundsatze der Legalität nicht Opportunität gehandhabt werden soll, daß das Klagerecht nicht dem Privaten,

Verhandlung in der Abtheilung	Verhandlung und Beschlußfassung in der Plenar-Versammlung
bar vorgeführten Beweise nach gewissenhafter Ueberzeugung zu finden. 6. Die Gerichtsverhandlungen sind öffentlich. VIII. 2. 210, welche er aber Mangels an Zeit zu ihrer Behandlung später zurückzieht. Hierauf hat Dr. Seelemann aus Hamburg beantragt: „an Stelle der beiden letzten Alineas des Antrages des Referenten zu setzen: „und nur diejenigen militärischen Vergehen der Zivilgerichtsbarkeit oder doch mindestens der Mitwirkung von Zivilrichtern entzogen werden, für deren Sühnung die gesetzlich geregelte Disziplinarstrafgewalt der Militärvorgesetzten ausreicht," und Advokat Herr Dr. Dernburg aus Darmstadt vorgeschlagen: „der Juristentag spricht es weiter als seine Ueberzeugung aus, daß Disziplinarvorschriften für die Armeen, soweit sie die Erkennung von Strafen zum Gegenstand haben, nur auf dem Wege der Gesetzgebung zu erlassen sind." VIII. 2. 213. Kreisgerichtsrath Bähr aus Waldshut spricht für die Nothwendigkeit des Strafgesetzes im Strafverfahren, und für Beibehaltung der Militärjustiz bei Fällen der militärischen Ordnung und Unterordnung. Advokat Dr. Seelemann und Dr. Dernburg motiviren ihre Anträge. Dr. Rosenbacher aus Prag bevorwortet die Kompetenz der Zivilgerichte für gemeine Verbrechen der Militärpersonen. Advokat Bekh aus Lindau ist gegen den Antrag Hilse's auf Ablehnung des letzten Satzes im Antrage des Referenten. Nach Bemerkungen des Dr. Seelemann, Kreisgerichtsrath Bähr und Dr. Hilse und dem Schlußworte des Referenten wird dessen Antrag mit dem Amendement des Dr. Dernburg mit Majorität angenommen, das des Dr. Seelemann abgelehnt. VIII. 2. 193—225.	
Die 3. Abth. des 1. d. J. T. hat laut Referat des Oberstaatsanwaltes Schwarz aus Berlin beschlossen: daß die Plenarversammlung den Antrag Lewalds und die dazu gestellten Anträge der ständigen Deputation zur Prüfung und zum Vortrage beim nächsten Juristentage überweisen möge. Meritorische Anträge hierzu waren gestellt von Staatsanwalt Koch, Staatsanwalt Block, Obertribunalrath von	Bei der 2. Plenar-Versammlung des 1. d. J. T. wurde dieser Antrag der Abtheilung nach eingehender Debatte, gegen den — daß sich der J. T. wenigstens sofort für das Prin-

Ursprünglicher Antrag	Anträge der Gutachter
2. in allen Fällen sind neben der Staatsanwaltschaft den Parteibetheiligten die vollen Rechte einer Partei, welche nicht bloß die Zuerkennung einer Entschädigungssumme, sondern die Verurtheilung des Angeklagten erstreben darf, einzuräumen; 3. die Parteistellung des Anklägers bedingt es, daß dem Angeklagten gleiche Parteirechte eingeräumt werden, also namentlich a) daß er nicht erst nach geschlossener Voruntersuchung, sondern von Anfang an sich eines rechtsverständigen Beistandes als Vertheidiger bedienen darf, b) daß dem Vertheidiger gleiche Rechte wie dem Ankläger eingeräumt werden. I. 71."	sondern dem Staate (entweder durch sein Organ oder jedem Mitgliede desselben [Popularklage]) in der Regel zustehe, und daß gegen Unterlassungen der Staatsanwaltschaft aus politischen Rücksichten andere Wege einzuschlagen sind, und weil auch Rücksicht für die Anzuklagenden zu nehmen sei; und auch eine Beschwerdeführung an ein Gericht (Antrag Grävenitz) gegen das Prinzip, daß die Gerichte sich mit der Anklage nicht zu befassen haben, verstößt; die Ablehnung des ersten Lewald'schen Satzes und aller Amendements. II. 131—156. Obertribunalrath Dr. v. Seckendorff aus Berlin anerkennt ein Recht der Anklage der durch eine strafbare Handlung verletzten Person in den Fällen zu, in welchen die Staatsanwaltschaft die Verfolgung zurückweist, und stellt zum Satze 2 eine Reihe von Anträgen zur Regelung der Befugnisse des Beschädigten im Strafprozesse, speziell zur Geltendmachung des Entschädigungsanspruchs. II. 175—214. Zu Satz 3 des Lewald'schen Antrages stellt Oberstaatsanwalt Dr. v. Groß folgende Anträge: 1. Den Absatz a desselben mit dem Zusatze: „jedoch unter näher zu bestimmenden, durch den Zweck der Untersuchungsführung gebotenen Beschränkungen", anzunehmen; 2. über das Alinea 1, sowie Absatz b desselben und die Anträge Vogler's und den 3. Satz des Antrages Tippelskirch zur motivirten Tagesordnung überzugehen, in Erwägung, daß dem Angeschuldigten und dessen Vertheidiger die freieste Bewegung und all' diejenigen Befugnisse einzuräumen sind, welche dem Zwecke des Strafprozesses

Verhandlungen in der Abtheilung	Verhandlung und Beschlußfassung in der Plenar-Versammlung
Seckendorff, Oberstaatsanwalt von Tippelskirch, Prof. von Holtzendorff, Prof. Geßler, Justizrath Vogler, Staatsanwalt v. Grävenitz, I. 323—325, und zwar zu Satz 1. v. Holtzendorff, dieses Befugniß auf die Fälle der Ehr- und Körperverletzung, sowie rechtswidriger Freiheitsbeschränkung und Gefangenhaltung zu beschränken, I. 324, von Geßler beizusetzen: sowie in denjenigen Fällen, in welchen die Staatsanwaltschaft in Kollision tritt mit früher durch sie durchgeführten Anklagen, I. 324, von Koch einzuschalten nach „Privatbetheiligten" — welcher hiefür die gesetzlich festzustellenden Bedingungen erfüllt und beizusetzen: dagegen ist den letztern die Befugniß einzuräumen die Verfolguug einer Strafsache auch wegen offenbarer Unerheblichkeit für das öffentliche Interesse zu unterlassen, I. 322; v. Block einzuschalten nach „Privatbetheiligten ist" nach vorgängiger Sicherstellung des Anzuklagenden gegen leichtsinnige und chikaneuse Anklagen I. 323. v. Seckendorff es sei die gleichmäßige Organisirung der Staatsanwaltschaft anzustreben und vom Grundsatze auszugehen, daß dem Staatsanwalt nicht ausschließlich sondern jedem die Verfolgung einer strafbaren Handlung zustehe, der durch dieselbe in seinen Rechten verletzt wurde. I. 323. v. Grävenitz, daß das Recht der durch eine strafbare Handlung verletzten Person im Falle verweigerter Verfolgung durch die Staatsanwaltschaft eines Schutzes durch Gewährung einer richterlichen Entscheidung bedürfe. I. 325. v. Tippelskirch stellte 3 Sätze dahin auf, daß 1. die Privatanklage neben der öffentlichen Anklage unabhängig bestehen, 2. die Zahl der bloß auf Antrag zu verfolgenden strafbaren Handlungen, soweit das öffentliche Interesse gestattet, ausgedehnt, 3. die Vorzüge der Anklage vor der Vertheidigung ausgeglichen und 4. in erheblichen Sachen der Augeklagte vor Erhebung der Anklage gehört werde. I. 323.	zip „es sei das Monopol der Staatsanwaltschaft zu beseitigen" auszusprechen, bei welcher sich der Antragsteller Lewald, Oberstaatsanwalt v. Tippelskirch aus Stettin, Rechtsanw. Calm aus Bernburg, Justizrath Vogler aus Berlin, Kreisgerichtsrath Wollheim aus Cammin, Obertribunalr. v. Seckendorff aus Berlin, Prof. Dr. Geßler aus Tübingen betheiligten, mit Majorität angenommen. I. 258.
Z. 3 von Vogler. Es sei die Beseitigung des Monopols der Staatsanwaltschaft und die gleiche Stellung des Anklägers und Vertheidigers wünschenswerth. I. 325.	
In der 3. Abtheilung des 2. d. J. T. kamen die vom Berichterstatter Dr. Schwarze gestellten Anträge zur Discussion. Der 1. Satz wurde, nachdem Dr. Schaffrath ein Amen-	2. Plenar-Versammlung des 2. d. J. T. Ueber Vortrag des Gen. St. Anw. Dr. Schwarze

Ursprünglicher Antrag	Anträge der Gutachter
	dienlich und zugleich dem Interesse der Vertheidigung förderlich erscheinen, daß aber für die nähere Bestimmung dieser Rechte im Einzelnen der Gesichtspunkt der bloßen Vergleichung mit den Rechten des Staatsanwaltes weder ein ausreichender, noch überall ein zutreffender ist. — Gegen Satz 4 des Antrages Tippelskirch hat er kein Bedenken. II. 160—174.
	Obertribunalrath Dr. v. Sückendorff weist als Ungleichheiten in den Befugnissen der Staatsanwaltschaft und Vertheidigung nach und fordert daher Beseitigung: a) der Auseinandersetzung der Anklage im Anfange des Strafprozesses; b) des Verbot des unmittelbaren Fragerechtes des Vertheidigers; c) der Ungleichheit der Befugnisse des Vorsitzenden gegenüber der Staatsanwaltschaft und des Vertheidigers bei Ausschreitungen; d) der Ungleichheit bei Vorladung von Zeugen, dann e) Mittheilung jedes Antrages des Anklägers an den Beschuldigten; und f) Zugestehung der gleichen Rechtsmittel. II. 214—219.
	Referent General-Staatsanwalt Dr. Schwarze aus Dresden stellt im Namen der ständigen Deputation zur Beantwortung der Lewald'schen Sätze und der anderen Amendements folgende Anträge: 1. Die Untersuchung wird in der Regel durch den Staatsanwalt veranlaßt, bei geringen Verbrechen kann das Gesetz die Anklage dem Beschädigten zuweisen. 2. Der Staatsanwalt kann die Verfolgung ablehnen, wenn die zu verfolgende

Verhandlung in der Abtheilung	Verhandlung und Beschlußfassung in der Plenar-Versammlung
dement bei sogenannten Antragsverbrechen die Verfolgung dem Beschädigten zu überlassen gestellt, dasselbe aber nach Bekämpfung desselben durch Oberstaatsanwalt v. Tippelskirch und Prof. Dr. Glaser, Staatsanwalt v. Grävenitz, Staatsanwalt Koch zurückgezogen hatte, der Antrag des Geh. Justizrath Dr. Krug, nach „Staatsanwalt" einzusetzen: „sei es von Amtswegen, sei es auf Antrag des Vorletzten" der Antrag des Rechtsanwalts Haase beizusetzen, daß in der Regel die Untersuchung durch den Staatsanwalt veranlaßt wird, und der des Oberstaatsanwalts Dr. Keller im 2. Satze anstatt „Verbrechen" zu setzen: „strafbare Handlung" abgelehnt; wurde angenommen mit dem Beisatze Schaffrath's. II. 2. 289—311.	wurden die Beschlüsse der Abtheilung zu Satz 1 bis 4 angenommen.
Zu dem 2. Satze hat Oberstaatsanwalt v. Tippelskirch beantragt, denselben zu streichen, und dafür den §. 3 zu beginnen: Wenn der Staatsanwalt die Verfolgung einer strafbaren Handlung ablehnt, so kann der durch dieselbe Beschädigte die Anzeige an das Gericht bringen u. s. w. —	
der Staatsanwalt Koch das Amendement gestellt, noch bei zufügen:	
„oder weil die Verfolgung für das öffentliche Interesse offenbar unerheblich erscheint."	
Der Referent Dr. Schwarze beantragte Streichung des §. 2, da sich über diese Amendements keine Uebereinstimmung erzielen lasse, worauf Koch auf seinen Antrag für diesen Fall verzichtet.	
Hof- und Apellationsgerichts-Prokurator Keller protestirt gegen diesen Vorgang, welchem sich Advokat Kuhn anschließt.	
Geh. Justizrath Sydow spricht sich für das Amendement Tippelskirch aus.	
Es wurde hierauf zugleich die Discussion über Satz 3 verbunden, zu welchem Anträge gestellt wurden und zwar a) vom Rechtsanwalt Sabarth: „daß dem Angeklagten resp. der Vertheidigung gegen den Verweisungsbeschluß dieselben Rechtsmittel zu gestatten, welche dem Ankläger gegen die Zurückweisung der Anklage zustehen."	
Rechtsanwalt Schaffrath, daß im Falle jeder Ablehnung der Beschädigte die Sache vor Gericht bringen. Dasselbe bezweckten die Anträge des Staatsanwalts Leske, Oberstaatsanwalt Dr. Keller und Justizrath Corty.	
Nachdem Oberstaatsanwalt v. Tippelskirch, Rechtsanwalt Lewald, Staatsanwalt Leske hierüber gesprochen,	

Ursprünglicher Antrag	Anträge der Gutachter
	Handlung nicht unter das Strafgesetz fällt, oder nicht durch Beweise unterstützt ist. 3. Der Beschädigte kann in diesem Falle die Sache vor Gericht bringen. 4. Im Falle das Gericht die Anklage zuläßt, hat (nach Ansicht eines Theiles der Deputation) der Beschädigte unter Wahrung des Rechtes der Staatsanwalt sich ihrer anzunehmen (nach Ansicht des anderen Theiles), die Staatsanwaltschaft dieselbe fortzusetzen. 5. Die Adhäsion wegen der Zivilrechtsfrage ist zulässig; der Strafrichter kann nur zum Schadenersatz verurtheilen, nicht aber lossprechen; der Zivilrichter, an das strafgerichtliche Urtheil in Bezug des Ausspruches der That und Schuld gebunden, überall freie Beweisprüfung vorausgesetzt. 6. Der Beschädigte kann behufs der Ermittelung selbstständig mitwirken (Ansicht des einen Theiles der Deputation), er ist von der Mitwirkung auszuschließen (Ansicht des anderen Theiles). Eine Verurtheilung in Schadenersatz kann nur gefordert werden, wenn sich aus der, zum Zwecke der Untersuchung nöthig gewordenen Erörterung die Verbindlichkeit zum Schadenersatz und deren Umfang mit ausreichender Bestimmtheit ergibt. Satz 2 wird vom Oberstaatsanwalt Dr. v. Groß zur Annahme empfohlen. II. 156—159. 7. Der Beschuldigte kann nicht die Rechte einer Partei heben (nach Ansicht eines Theiles der Deputation), nach Ansicht des anderen Theiles kann er einen Antrag auf Verurtheilung gegenüber des Antrages der Staatsanwaltschaft auf Freisprechung stellen.

Verhandlung in der Abtheilung	Verhandlung und Beschlußfassung in der Plenar-Versammlung
wurde der Satz 2 unverändert, der Satz 3 mit dem Amendement Schaffrath's angenommen. II. 2. 311—329. Zum Satze 4., welchem die beiden Meinungen der Deputationsmitglieder ausdrückt, wurden folgende Anträge gestellt: a) vom Oberstaatsanwalt v. Tippelskirch, daß im Falle der Freisprechung der Privatankläger die Kosten des Verfahrens und wenn die Anklage durch Beschluß zurückgewiesen wurde, die Kostenermittlung zu zahlen habe und eine Kaution zu erlegen verhalten werden kann. b) Justizrath v. Bayer, daß der Beschädigte im Falle die Entscheidung zu Gunsten desselben ausfällt, die Wahl habe die Anklage selbst zu betreiben oder der Staatsanwaltschaft zu überlassen. c) Justizrath Fischer, daß der Staatsanwalt in einem solchen Falle zur Mitwirkung berechtigt aber nicht verpflichtet sei. d) Hofgerichts-Prokurator Keller §. 7 zu streichen und den §. 4 dahin zu fassen, daß, wenn die Entscheidung zu Gunsten des Antragstellers ausfällt, die weitere Betreibung durch den Staatsanwalt zu erfolgen hat, wenn aber die Staatsanwaltschaft eine bestimmte Person außer gerichtliche Verfolgung zu setzen beantragt, der Beschädigte die Verweisung vor ein Strafgericht beantragen könne, worauf bei erfolgter Verweisung derselbe die Anklage einem anderen Mitgliede der Staatsanwaltschaft oder einem Rechtsanwalt überlassen könne, dessen Kosten nur im Falle der Antragsteller obsiegt, der Staat zu tragen habe. II. 2. 335—337. Professor Dr. Glaser, welcher von §. 4 an die Berichterstattung in der Abtheilung übernommen hatte, sprach sich für den Antrag Fischer's aus, bei der aber der Satz 4 und 7, welche verbunden zu behandeln beschlossen wurde, geführten Debatte, erklärte sich Advokatursanwalt Theßmar, Kreisgerichts-Assessor Dr. Vollert für die zweite Alternative des §. 4. Oberstaatsanwalt v. Tippelskirch, Staatsanwalt v. Grävenitz und Dalcke und der Antragsteller Lewald für die erste, Hofgerichts-Prok. Keller, Justizrath Fischer vertheidigten ihre Amendements, für das letztere trat Oberstaatsanwalt Kannegießer und Oberstaatsanwalt Dr. v. Groß ein, — worauf der Berichterstatter Professor Dr. Glaser die Annahme der zweiten Alternativen der §§. 4 und 7, im Falle	

Ursprünglicher Antrag	Anträge der Gutachter
	8. Die Staatsanwaltschaft hat keine Parteistellung, wohl die Vertheidigung; eine Gleichstellung ist unzuläſsig. 9. Dagegen ist der Vertheidigung jedes Befugniß einzuräumen, welches ohne Gefährdung der Zweckes der Untersuchung fördernd sein kann, es ist aber insbesonders: a) Ein verlangter Beirath in der Regel während der Voruntersuchung, und diesem Akteneinsicht sei nicht unbedingt und ausnahmslos zu versagen, sondern diese unter Aufsicht und sonstige Maßregel gegen Mißbrauch nach Ermessen des Gerichtes zu gestatten. Dieser kann Obduktionen beiwohnen; b) dem Vertheidiger das direkte Fragerecht einzuräumen; c) in der Regel die vom Angeschuldigten bezeichneten Zeugen zuzulassen, doch nur, wenn deren Vorladung auf Staatskosten bedenklich erscheint, wenn sie auf Kosten des Angeklagten geschehen kann und weder die Schlußverhandlung verzögert oder materielle Bedenken entgegenstehen; d) die Entwickelung der Anklage durch die Staatsanwaltschaft bei Eröffnung der Verhandlung nicht zu gestatten. Sämmtliche Anträge wurden einstimmig genehmigt bis auf die unter 4., 6. und 7., welche die verschiedenen Ansichten, die in der Deputation sich geltend gemacht haben, ausdrücken. II. 241—275.

Verhandlung in der Abtheilung	Verhandlung und Beschlußfassung in der Plenar-Versammlung
aber die zweite Alternative des §. 7 abgelehnt wurde, die erste Alternative des §. 4 anzunehmen empfohl. Bei der Abstimmung wurde die zweite Alternative des §. 7 angenommen, die zweite Alternative des §. 4 abgelehnt. Der Berichterstatter plaidirte hierauf für die Annahme des Fischer'schen Amendements, welches ebenso der Antrag von Tippelskirch, zum nahezu einstimmigen Beschlusse erhoben wurde. II. 2. 337—367. Bei der Fortsetzung der Verhandlung brachte Advokat Heydenreich einen Antrag auf eine Redigirung der Fassung des §. 2, welcher als verspätet erklärt wurde — weiters einen Antrag zu §§. 3, 4 und 7, welcher die Aufnahme der Bestimmung verlangte, daß das Recht der Privatanklage nicht an den Nachweis einer Beschädigung gebunden, sondern jederzeit zustehe, wenn ein Verbrechen in Frage. (II. 2. 373—374.) Der Berichterstatter, Privatdozent Dr. Reatz, Obertribunalrath Dr. Goltdammer, Oberstaatsanwalt Dr. Keller erklärten sich dagegen, Staatsanwalt Heinze stellte den Antrag, den Rechtsanwälten dieses Recht einzuräumen, worauf die vom Rechtsanwalt Sabarth dahin motivirte Tagesordnung, weil der Ausdruck des §. 3 „Beschädigte" nicht blos im Sinne eines Geldinteresses zu verstehen ist, angenommen wurde.	
Zum Satze 5 wurden folgende Anträge gestellt: Kammergerichts-Referendar Dr. Rubo: „Die Geltenmachung der Schadenersatz-Ansprüche muß in einem andern als dem Strafverfahren erfolgen." Derselbe so wie Oberstaatsanwalt v. Tippelskirch beantragte weiter „die Streichung der Bestimmungen, bezüglich der Wirkung des Strafurtheiles im Civilprozeß." Justizrath Conty beantragte „den Civilrichter nur bezüglich des Ausspruches der Schuld zu binden," während Advokat Gotthelf diesen, insoferne eine Thatsache in bestimmter Weise festgestellt ist, an das Strafurtheil gebunden wissen wollte." Hofgerichtsrath Brauer und Hofgerichts-Prof. Keller stellten Redaktionsanträge. Staatsanwalt v. Lauhn einen Antrag dahin, daß die Verweisung zum Zivilprozeß durch ein Dekret zu geschehen habe, gegen welches ein Rechtsmittel nicht zulässig ist."	Zu Satz 5 stellte Adv. Lauenstein den Antrag, den Beisatz: „überall freie Beweisprüfung vorausgesetzt", auszulassen. Derselbe wurde abgelehnt, und sodann die Abtheilungsbeschlüsse zu S. 5, 6 u. 7 genehmigt.

Ursprünglicher Antrag	Anträge der Gutachter

Verhandlung in der Abtheilung	Verhandlung und Beschlußfassung in der Plenar-Versammlung
Der Berichterstatter Dr. Glaser empfahl die Annahme des Satzes 5. — Oberstaatsanwalt v. Tippelskirch vertheidigte sein Amendement, für welches sich Staatsanwalt v. Grävenitz aussprach. Kammergerichts-Referent Dr. Rubo motivirte seine Anträge. Appellationsgerichtsrath v. Kraewel beantragte die Weglassung der Voraussetzung der freien Beweisprüfung. Advokat Heydenreich sprach gegen die Beschränkung des Zivilrichters durch das Strafurtheil. Nachdem sich der Berichterstatter für die Anträge der Deputation in das Amendement Lauhn erklärt hatte, wurden diese und der Lauhn's angenommen, alle andern Anträge abgelehnt. II. 2. 384—408. Dem §. 6 stimmte die Abtheilung nach Vorschlag des Referenten der ersten Alternative bei, und nahm dessen Schlußsatz an, ein Amendement des Oberstaatsanwaltes v. Tippelskirch in Betreff der Kosten, wurde abgelehnt. II. 2. 412—413.	
Zum Satze 8 wurden folgende Anträge gestellt: a) „Vom Oberstaatsanwalt v. Tippelskirch: Der Staatsanwalt habe das öffentliche Interesse wahrzunehmen, und in jedem Stadium, die Gründe für und wider den Beschuldigten zu berücksichtigen. b) Landesadvokat Dr. Weeber: Die Rechte des Vertheidigers sind mit jenen des Staatsanwaltes gleichzustellen, welche diesem in seiner Stellung als Ankläger zustehen. c) Kreisgerichts-Assessor Dr. Vollert beantragt die Gleichstellung vom Momente des Anklagebeschlusses an. d) Rechtsanwalt Dr. Schaffrath: Der Vertheidiger habe auch zur Erforschung der Wahrheit mitzuwirken und die Freisprechung nicht da anzustreben, wo er von der Zulänglichkeit des Entlastungsbeweises überzeugt ist — die Rechte der Vertheidigung und Staatsanwaltschaft sind gleich, insoferne nicht die Verschiedenheit der Verpflichtung und die Stellung des Staatsanwaltes als öffentliche Behörde entgegensteht. e) Rechtsanwalt Sabarth: Daß dem Angeklagten gegen einen Verweisungsbeschluß dieselben Rechtsmittel zu gestatten sind, welche dem Ankläger gegen die Zurückweisung der Anklage zu stehen." Bei der Abstimmung wurden ohne Diskussion sämmtliche Zusatzanträge abgelehnt und die Anträge der Deputation angenommen. II. 2. 413—420.	Zu Satz 8 stellte Oberstaatsanwalt-Substitut Dr. Mittelstädt den Zusatzantrag: „Die Befugnisse der Staatsanwaltschaft u. Vertheidigung im Strafverfahren können daher nicht dieselben sein, und das Verlangen nach einer Gleichstellung der Befugnisse der Vertheidigung mit denen der Staatsanwaltschaft ist unberechtigt" — es wurde dieser, sowie ein Antrag auf Streichung des ersten Satzes abgelehnt, und der Abtheilungsbeschluß angenommen.
Zu Satz 9 stellte Rechtsanwalt Dr. Schaffrath den Antrag zu a) „es sei in der Regel nicht die Bestellung eines Vertheidigers und diesem Akteneinsicht während der Voruntersuchung nicht zu versagen, vielmehr soll (nicht kann blos)	Zu Satz 9 stellte Kreisrichter Zenthöfer den Antrag auf Streichung der Worte, „Ebenso ist dem

Ursprünglicher Antrag	Anträge der Gutachter
7. Antrag des Geheimrathes Dr. Mittermaier in Heidelberg: „auf Ausarbeitung eines Gesetzentwurfes über die Regelung des Verhältnisses der Polizeibehörden, des Staatsanwaltes und Untersuchungsrichters in Bezug auf den Um-	Obertribunalrath Dr. v. Seckendorff hält die Aufstellung einer eigenen gerichtlichen Polizei für wünschenswerth und jedenfalls Unterordnung der Polizei (wenn sie auch die administrative) unter die Gerichte beziehungsweise Justizminister für noth-

Verhandlung in der Abtheilung	Verhandlung und Beschlußfassung in der Plenar-Versammlung
beides gestattet sein. Der Vertheidiger kann allen Untersuchungs-Handlungen, Verhandlungen, Sitzungen und Terminen, bei denen der Staatsanwalt zugezogen wird, beiwohnen." Es beantragten weiters: Hofgerichtsrath Brauer zu lit. a: „Daß die Bestellung des Vertheidigers und Gestattung der Akteneinsicht, sowie Abschriftnahme als Regel erfolge." Assessor Fischel zu lit. a: „Daß dem Vertheidiger das Recht zustehe, während der Voruntersuchung den Verhören des Beschuldigten und Zeugen und Obduktionen beizuwohnen und Fragen an die Zeugen zu stellen." Advokat Heydenreich zu lit. a: „1. Daß dem Vertheidiger das Recht, Akteneinsicht und Anwohnung bei den Voruntersuchungsakten, sowie der freien Rücksprache mit dem Beschuldigten während der Voruntersuchung als Regel zu gelten habe und nur durch Mißbrauch verloren gehe — wogegen Berufung frei stehe. Zu lit. d: 2. Daß die Zeugen, wenn nicht Gefährde offen liegt, vorzuladen seien und die Versagung der Zulassung einen Nullitätsgrund bilde." Rechtsanwalt Lewald zu lit. a: „Daß auch dem verhafteten Angeschuldigten der Beirath des Vertheidigers, sowie diesem Akteneinsicht ohne Ueberwachung zu gestatten sei." Advokat Dr. Weeber: „Daß der Vertheidiger in der Regel schon während der Voruntersuchung bestellt werde, und das Recht der Anwohnung bei Untersuchungs-Handlungen, und Gerichtssitzungen, und der Akteneinsicht habe, insoferne der Gerichtshof nicht aus besonderen Gründen letztere nicht zu verweigern findet." Bei der ohne Discussion erfolgten Abstimmung wurden angenommen: Die einleitenden Worte zu §. 9 nach den Anträgen der Deputation. lit. a nach den Anträgen der Deputation mit den Amendements Sabarth und Lewald. lit. b und c nach den Anträgen der Deputation, lit. d nach dem Amendement Heydenreichs, jedoch mit Ablehnung des Punktes, daß die Nichtzulassung der Zeugen einen Nullitätsgrund bilde. II./2. 420—427.	Vertheidiger" bis „zu gestatten"; von Dr. Berger auszulassen, daß die Bestellung des Vertheidigers blos „in der Regel" geschehe und daß der Vertheidiger nicht bezüglich der Benennung, sondern bezüglich der Vorladung gleiche Rechte mit der Anklage habe, und daß die Schlußworte, daß die Zeugen nur zuzulassen, wenn nicht Gefährde offen liegt, auszulassen. Von Referenten Dr. Hilse es habe „rechtsverständiger Vertheidiger" anstatt Beirath zu heißen; von Rechtsanwalt Sehlmacher die Worte „unter Aufsicht des Gerichtes" zu streichen. Dem Antrage Bergers, auf Streichen der Worte „in der Regel" schlossen sich Volkmar und Sabarth an. Bei der Abstimmung konnte trotz wiederholter Abstimmung nicht konstatirt werden, ob für oder gegen den Antrag Berger's auf Auslassung der Worte „in der Regel" die Majorität stimme; die übrigen Anträge wurden verworfen und die Sätze zu 9 nach der Fassung der Abtheilung beschlossen. II. 2. 657—681.
Ueber Berichterstattung des Privatdozenten v. Holtzendorff in Berlin wurde in der 3. Abtheilung des 1. d. J. T. beschlossen, diesen Antrag zu verwerfen und die Frage über das Verhältniß der bei der Voruntersuchung mitwirkenden Beamten für die Tagesordnung des nächsten Juristentags zu empfehlen. I. 260, 325.	Nebenstehender Beschluß der Abtheilung wurde in der 2. Plenarversammlung des 1. d. J. T. angenommen. I. 260.

Ursprünglicher Antrag	Anträge der Gutachter
fang der jedem dieser Beamten zustehenden Befugnisse in der strafrechtlichen Untersuchung." I. 27.	wendig. Die Stellung und der Wirkungskreis der Staatsanwaltschaft, welchen diese in Frankreich als öffentliches Ministerium hat, hält er für erspießlicher, als die Beschränkung derselben auf den Strafprozeß. II. 220—223.
3. Antrag des Privatdozenten Dr. von Holtzendorff aus Berlin: „Der d. J. T. wolle die deutschen Regierungen ersuchen in Verbindung oder im Zusammenhange mit den strafstatistischen Tabellen in regelmäßig wiederkehrenden Zeitschriften Berichte über den Zustand der Gefängnisse und die Resultate der Strafvollstreckung durch den Druck bekannt zu geben." I. 132.	
4. Kreisrichter Zenthofer zu Rybnick: „Der d. J. T. wolle die Unterscheidung der im Strafprozesse zu beantwortenden Fragen in That- und Rechtsfragen als eine innerlich berechtigte anerkennen." II. 236.	
5. Rechtsanwalt Lewald zu Berlin: „Der d. J. T. wolle seine Rechtsüberzeugung dahin aussprechen: a) daß politische und Preßverbrechen, sowie politische und Preßverbrechen in sachlicher Beziehung sich vorzugsweise zur Aburtheilung durch Geschworne eignen, b) daß sie sachgemäßer durch Geschworne als durch Richter entschieden werden." II. 236.	
6. Rechtsanwalt Dr. Schaffrath als Vordersatz zum Lewald'schen Antrage zu beschließen: „Der d. J. T. erklärt es für ein Bedürfniß deutscher Strafrechtspflege, daß Schwurgerichte auch in denjenigen deutschen	

Verhandlung in der Abtheilung	Verhandlung und Beschlußfassung in der Plenar-Versammlung
Wurde in der 3. Abtheilung angenommen. I. 261, 326.	In der 2. Plenarversammlung des 1. d. J. T. wurde dieser Antrag dahin erledigt, daß derselbe als dringender Wunsch ausgesprochen werde. I. 262.
—	
Referent Staatsanwalt Stegemann stellte in der 3. Abtheilung des 2. d. J. T. den Antrag den Schaffrath'schen Antrag anzunehmen, ebenso den Calm'schen, jedoch mit Ablehnung der Schlußworte „vorausgesetzt daß sie nach der Größe der einzelnen Staaten möglich ist" — was auch mit großer Majorität geschah, nachdem Calm dieses Amendement zurückgezogen hatte. Bezüglich des Lewald'schen Antrages schlug der Referent im Einverständniß mit dem Antragsteller an Stelle der lit. a. desselben den folgenden Satz zur Annahme vor: „Der d. J. T. erklärt aus Rechtsgründen für seine Ueberzeugung, daß Strafsachen, welche nach der bestehenden Gerichtsverfassung an sich der Aburtheilung durch Geschworne unterliegen, von der Kompetenz der Schwurgerichte deshalb nicht auszuschließen sind, weil die Strafthat politischer Natur ist oder durch das Mittel der Presse verübt wurde." Dieser Satz wurde mit Auslassung der Worte „aus Rechtsgründen" mit Majorität angenommen.. Bezüglich der lit. b formulirte der Referent mit Zustimmung des Antragstellers den Satz dahin: Die Geschwornen sind für die Entscheidung (dieser Fälle) mehr geeignet, erklärte	2. Plenarversammlung des 2. d. J. T. Nach Mittheilung des Referenten Stegemann wurden folgende Anträge gestellt: vom geheimen Justizrathe Krug auf Ablehnung wegen Incompetenz des Juristentages. Kreisrichter Wettke auf Tagesordnung ausgleichem Grunde eventuell weil kein Grund zu einem Mißtrauensvotum gegen die deutschen Richter-Collegia vorliege — weiters daß bei Beurtheilung von po-

Ursprünglicher Antrag	Anträge der Gutachter
Staaten, in welchen dies noch nicht geschehen, jedenfalls für schwere Strafsachen, eingeführt werden." II. 277.	
7. Rechtsanwalt Calm: „Der d. J. T. erklärt die Einführung der Schwurgerichte für diejenigen deutschen Staaten, in welchen sie noch nicht erfolgt ist, für ein dringendes Bedürfniß — vorausgesetzt, daß sie nach der Größe der einzelnen Staaten möglich ist." II./2. 285.	
8. Adv. Dr. Weeber: „Der d. J. T. wolle den vom Antragsteller verfaßten Entwurf einer Strafprozeß-Ordnung als geeignete Grundlage zur Anbahnung einer den sämmtlichen Staaten Deutschlands gemeinsamen Prozeßorduung anerkennen und den Regierungen der einzelnen Staaten Deutschlands zur Benützung empfehlen." II. 277.	

Verhandlung in der Abtheilung	Verhandlung und Beschlußfassung in der Plenar-Versammlung
sich aber dagegen. Bei der Abstimmung wurde jedoch der Satz mit Majorität angenommenn. II. 2. 430—435.	litischen und Preßvergehen die Geschwornen nicht minder geeignet seien, als Richterkollegien — Assessor Stiefel auf Zurückverweisung an die Deputation. — Geheimer Regierungsanwalt Lucius sprach gegen die Anträge der Abtheilung, Oberstaatsanwalt Tippelskirch gegen die Ueberweisung aller politischen und Preßreals an die Geschwornen. Kreisrichter Kühnas stellt einen Antrag, daß die Geschwornen nur die politischen und Preßvergehen abzuurtheilen haben sollen, — zog denselben aber zurück. Bei der Abstimmung wurden sämmtliche Anträge abgelehnt, und die Beschlüsse der Abtheilung zum Schaffrathschen und lit. a des Lewaldschen Antrages angenommen, dagegen der Beschluß zur lit. b des Lewaldschen Antrages abgelehnt. II. 2. 681 — 694.
3. Abth. des 2. d. J. T. Wurde über Antrag des Rechtsanwalts Sabarth wegen unzureichender Zeit zum Studium eines ganzen Gesetzentwurfes zur motivirten Tagesordnung übergegangen. II/2. 288.	

Ursprünglicher Antrag	Anträge der Gutachter
9. Oberstaatsanwalt Dr. Keller: „Der d. J. T. wolle sich für die Nothwendigkeit einer gründlichen Verbesserung der Voruntersuchung im Strafprozesse und hierbei für die (vom Antragsteller in 7 Paragrafen formulirten) Grundsätze aussprechen. Diese Grundsätze gehen dahin, das Uebergewicht der Thätigkeit in der Voruntersuchung der Staatsanwaltschaft zu geben, und dem Untersuchungsrichter nur einzelne Funktionen (Haussuchung, Augenschein, Verhaftung, Vernehmung des Beschuldigten, so wie der Zeugen, welche zur Schlußverhandlung nicht erscheinen können, und der Sachverständigen) zu übertragen — dagegen dem Beschuldigten, welchem ein Vertheidiger schon in der Voruntersuchung beizugeben ist, die Mitwirkung zu gestatten." II. 2. 6—8. Dieser Antrag wurde dahin abgeändert. §. 1. Die Erforschung der Verbrechen und die Erhebung aller die strafgerichtliche Verfolgung begründeten Umstände ist Aufgabe des Staatsanwalts. Die hierzu erforderlichen Amtshandlungen kann der Staatsanwalt entweder selbst vornehmen, oder sie durch seine Stellvertreter und durch andere Staats- oder Gemeinde-Behörden vornehmen lassen. §. 2. Nur folgende Amtshandlungen, als: die Verhaftung des Beschuldigten (§. 3), dessen Verhör, die Haussuchung oder die Durchsuchung von Briefen und andern Schriften, der zum Beweis dienende Augenschein, die Vernehmung von Sachverständigen und solchen Zeugen, welche voraussichtlich nicht bei der Hauptverhandlung erscheinen werden, können nur von dem zuständigen Richter über Antrag des Staatsanwalts, des Beschuldigten, seines Vertheidigers, des Privatklägers oder Beschädigten vorgenommen werden.	Obertribunalanwalt Dorn beantragte die Verwerfung des Antrages weil dieser der Staatsanwaltschaft die Erhebung des Thatbestandes übertragen will, während diese einem Richter übertragen werden muß, indem die sonst mögliche Einseitigkeit der Erhebung durch die Beiziehung des Beschuldigten und seines Vertheidigers nicht eher beseitigt wird. III. 1. 3—5. Prof. Dr. Geßler in Tübingen ist aus gleichen Gründen für Ablehnung der Vorschläge. III. 1. 6—12. Staatsanwalt Heinze erklärt sich ebenfalls gegen die vorgeschlagenen Grundsätze, welche die Ueberlassung der Entdeckungspolizei an den Staatsanwalt, und die allgemeine Aufhebung der gerichtlichen Voruntersuchung bezwecken. III. 1. 13—27.

Verhandlung in der Abtheilung	Verhandlung und Beschlußfassung in der Plenar-Versammlung
Wurde in der 3. Abth. des 2. d. J. T. beschlossen diese Anträge der ständigen Deputation zur Berathung, zur Begutachtung und zur Vorlage bei dem nächsten J. T. zu übergeben. II/2 287.	2. Plenar-Versammlung des 2. d. J. T. Ueber Vortrag des Gen.-St.-Anw. Dr. Schwarze der Antrag der Abtheilung angenommen. II. 2. 657.
Bei der Verhandlung der 3. Abth. des 3. d. J. T. beschränkte der Antragsteller sich auf 3 Punkte: „§. 1. Die Erforschung der Verbrechen und die Erhebung der die strafgerichtliche Verfolgung begründenden Umstände ist die Aufgabe des Staatsanwalts. Diese Erhebungen kann der Staatsanwalt entweder selbst vornehmen oder von der zuständigen Staats- oder Gemeindebehörde vornehmen lassen; ebenso kann auch der Beschuldigte oder sein Vertheidiger Vorerhebungen vornehmen oder veranlassen." „§. 2. Die Verhaftung eines Beschuldigten, dessen Vernehmung, die Hausdurchsuchung, die Eröffnung von Briefen und anderen Schriften, die Vernehmung von Sachverständigen und von solchen Zeugen, welche voraussichtlich bei der Hauptverhandlung nicht erscheinen werden, kann nur von dem zuständigen Richter vorgenommen oder veranlaßt werden." „§. 3. Der Staatsanwalt hat seinen begründeten, mit den Vorerhebungen belegten Antrag auf Schöpfung eines Anklagebeschlusses dem zuständigen Gerichte vorzulegen, welches hierüber den Beschuldigten zu vernehmen und die Anklage oder die Ablassung von der weiteren Untersuchung zu beschließen hat. Wenn der Beschuldigte es verlangt, kann auch ohne Anklagebeschluß die Hauptverhandlung angeordnet werden," rechtfertigte den Antrag, zog ihn aber sogleich zurück; es wurde derselbe jedoch von dem Kreisgerichts-Direktor v. Kunowsky wieder aufgenommen, und nachdem, eines von dem Staatsanwalts-Substituten Bündsdorf Vertagungs-Vorschlages ungeachtet, auf die Berathung des Gegenstandes einzugehen beschlossen war, wurde dem Antrage des Berichterstatters, Professor Dr. Glaser, welcher die Materie über den Anklagebeschluß fallen ließ, und sich nur über die Voruntersuchung und das Verhältniß des Staatsanwaltes und des Angeschuldigten zu derselben verbreitete, gemäß folgende Sätze angenommen:	In der Plenarsitzung des 3. d. J. T. wurde vom Referenten Prof. Dr. Glaser der Abtheilungsbeschluß zur Kenntniß gebracht. III. 2. 72.

Ursprünglicher Antrag	Antrag der Gutachter
Diesen richterlichen Amtshandlungen kann der Staatsanwalt, der Beschuldigte, sowie dessen Vertheidiger beiwohnen und hierbei Anträge stellen. §. 4. im letzten Absatze soll es heißen: In dem sub b) erwähnten Falle des Fluchtverdachts kann u. s. w.	
10. Antrag des Adv. Dr. Schaffrath aus Dresden: „Der d. J. T. wolle aussprechen, daß im Strafprozesse nur eine Art der Freisprechung — eine vollständige oder unbeschränkte —, nicht aber außer ihr auch noch eine andere, beschränkte „„aus Mangel an vollständigem Beweise““, stattfinden darf.“ III. 1, Vorl. Nr. 10.	

Verhandlung in der Abtheilung	Verhandlung und Beschlußfassung in der Plenar-Versammlung
I. „Die gerichtliche Voruntersuchung muß beibehalten werden, weil nicht dem Staatsanwalte, sondern nur einem unabhängigen richterlichen Beamten die Verfügung über die Person des Angeschuldigten, die Aufnahme jener Beweise, welche in der Hauptverhandlung nicht wieder vorgeführt werden können, endlich die Herbeischaffung des Vertheidigungsmateriales anvertraut werden kann.“ (Dieser Satz unter Abweisung eines Verbesserungs-Antrages des Staatsanwalts Lienbacher, die Voruntersuchung für bestimmte Fälle beizubehalten.) II. „Die gerichtliche Voruntersuchung muß aber beschränkt werden: 1. dadurch, daß der Staatsanwaltschaft die Erhebung der öffentlichen Anklage vorbehalten wird; 2. dadurch, daß die Staatsanwaltschaft angewiesen wird, der Erhebung der öffentlichen Anklage gerichtspolizeiliche Vorerhebungen vorausgehen zu lassen; 3. daß die Voruntersuchung wegfallen kann, wo es sich nicht um Verbrechen schwerster Art handelt und weder der Staatsanwalt noch der Angeschuldigte sie verlangt. III. Die Voruntersuchung soll verbessert werden: 1. dadurch, daß das Hinarbeiten auf ein Geständniß des Angeschuldigten aufgegeben wird; 2. dadurch, daß sowohl der Staatsanwaltschaft als der Vertheidigung eine fortwährende Einwirkung auf ihren Gang ermöglicht wird; 3. dadurch, daß die Oeffentlichkeit, mindestens die Parteien-Oeffentlichkeit auch für sie als Regel anerkannt wird,“ wodurch sich der von dem Advokatur-Kandidaten Dr. v. Vilas im Anschluß an die Anträge ꝛc. Keller's gestellte Gegenantrag rledigte. III. 22. 291—352.	
In der Dritten Abtheilung des d. J. T. wurde derselbe, tachdem der Referent Oberlandes-Gerichtsrath Dr. Keller hn zur Annahme empfohlen, unter Ablehnung eines von Dr. Alfred Stern vorgeschlagenen Zusatzes: „Es bleibt jedoch den Parteien unbenommen, durch den lusspruch des Gerichts und, falls das Geschwornengericht ungirte, durch ein Verdikt der Geschwornen feststellen zu assen, daß die Schuldlosigkeit des Angeklagten durch Behebung immtlicher wider ihn vorgekommener Verdachtsumstände oder	In der 2. Plenarsitzung des 3. d. J. T. wurde vom Referenten Oberlandesgerichtsr. Dr. Keller der Abtheilungsbeschluß zur Kenntniß gebracht, und da Abstimmung gewünscht wurde, einstimmig die Unzulässigkeit der Frei-

Ursprünglicher Antrag

11. Landes-Advokat Dr. Bardasch aus Stanislau:

„Der d. J. T. wolle als seine Rechtsüberzeugung aussprechen:

1. daß im Strafprozesse die Beeidigung der Zeugen in der Regel nicht schon in der Voruntersuchung, sondern erst bei der Schluß- oder Hauptverhandlung nach erfolgter Abhörung aller Belastungs- und Entlastungszeugen, und nach den hierüber vorangegangenen Anträgen der Anklage und Vertheidigung über Beschluß des Spruchgerichtes stattfinden darf,
2. daß ausnahmsweise bei jenen Zeugen, welche voraussichtlich nicht bei der Hauptverhandlung erscheinen werden, die Beeidigung derselben zwar auch in der Voruntersuchung nach deren Abhörung zulässig, daß jedoch eine Beeidigung der Zeugen in der Voruntersuchung der Beeidigung der übrigen in der Hauptverhandlung abzuhörenden Zeugen nicht hinderlich sei.“ IV. 2. 262.

Anträge der Gutachter

Staatsanwalt Gareis aus Pirna erklärt sich

a) für Beeidigung der Zeugen in der Hauptverhandlung als Regel —
b) und zwar nach deren Abhörung, will will jedoch den Zeitpunkt, in welchem dieses während der Verhandlung zweckmäßig zu geschehen hat, in das Ermessen des Vorsitzenden, welcher vorher den Staatsanwalt und Vertheidiger zu hören hat, legen, spricht sich aber gegen die Vornahme derselben erst nach den Schlußvorträgen der Anklage und Vertheidigung aus.

Bezüglich des Satzes 2. schlägt er folgende Fassung vor:

„daß ausnahmsweise die Vereidung jener Zeugen, welche voraussichtlich bei der Hauptverhandlung nicht erscheinen werden, auch in der Voruntersuchung, nach deren Abhörung zulässig, und der Beeidigung der übrigen, in der Hauptverhandlung abzuhörenden nur insoweit hinderlich sein dürfe, als jener Aussage und Vereidung, wären

Verhandlungen in der Abtheilung	Verhandlung und Beschlußfassung in der Plenar-Versammlung
durch Herstellung eines Gegenbeweises nachgewiesen wurde, worüber dem Angeschuldigten ein Amts-Zeugniß auszufertigen ist," gegen Eine Stimme angenommen III. 2. 356—363.	sprechung ab instantia ausgesprochen. III. 2. 74.
In der 3. Abtheilung des 4. d. J. T. sprach sich der Referent Generalstaatsanwalt Dr. Schwarze aus Dresden für die Anträge des Dr. Bardasch aus. Dr. Mühlfeld aus Wien war für Vertagung und Zurückweisung an die Deputation zur weiteren Vorbereitung — erklärt sich aber für die der Aussage vorhergehende Beeidigung in der Verhandlung als Regel aus. Dr. Schaffrath aus Dresden, Direktor v. Kunowsky sind gegen die Vertagung, für dieselbe Rechtsanwalt Dr. Calm aus Bernburg, Oberhofgerichtsrath Dr. Roßhirt aus Mannheim und Landesgerichtsrath Martius aus Elberfeld und wird schließlich die Vertagung beschlossen. IV. 2. 262—275. In der 3. Abtheilung des 5. d. J. T. wegen Mangel an Zeit nicht zur Verhandlung gebracht und vertagt. V. 2. 209.	In der 2. Plenarsitzung des 4. d. J. T. wurde vom Referenten General St.-Anw. Dr. Schwarze aus Dresden der Abtheilungsbeschluß zur Kenntniß gebracht. IV. 2. 111.
In der Abtheilung des 6. d. J. T. beantragte der Referent Geh. Justizrath Dr. Abegg aus Breslau: es habe die Vereidigung der Zeugen in der Regel in der Hauptverhandlung zu geschehen. — Ausnahmen sind zulässig. — Die Vereidigung habe vor der Vernehmung zu erfolgen. Dagegen stellte Staatsanwalt von Lauhn aus Naumburg folgenden Antrag: 1. Als Regel ist aufzustellen die Vereidigung der Zeugen in der Voruntersuchung; 2. diese Vereidigung muß erfolgen nach der Vernehmung der Zeugen; 3. ein Zeuge, der in der Voruntersuchung bereits eidlich vernommen ist, kann seine Aussage auf den bereits geleisteten Eid zu nehmen; ausnahmsweise kann das Richterkollegium beschließen, daß unter besonderen Umständen eine zweite Vereidigung des schon vereidigten Zeugen erfolgen soll. Rechtsanwalt Dr. Schaffrath aus Dresden sprach dafür, daß die Zeugen in der Hauptverhandlung vernommen, aber erst nach ihrer Vernehmung beeidet werden.	In der 2. Plenarsitzung des 6. d. J. T. wurden die Beschlüsse der Abtheilung durch den Ref. Dr. Abegg zur Kenntniß gebracht und den Antrag des St.-Anw. Lauha u. Dr. Völk auf Behandlung in Plenum abgelehnt. VI. 2. 351.

Ursprüngliches Statut	Antrag der Gutachter
	sie in der Hauptverhandlung erfolgt, solche Wirkung gehabt haben würden." Landesgerichtsrath Dr. E. Liszt aus Wien spricht sich aus: a) für die Beeidigung der Zeugen vor ihrer Vernehmung, und zwar in der Hauptverhandlung; b) daß Zeugen, die voraussichtlich bei der Hauptverhandlung nicht erscheinen können, früher in der Voruntersuchung nach ihrer Abhörung beeidet werden, im Falle ihres Erscheinens bei der Hauptversammlung nochmals zu beeiden wären; c) daß aber der Beisatz, daß diese auf Beeidigung der übrigen Zeugen bei der Hauptverhandlung keinen Einfluß mit Rücksicht auf deren Beeidigung vor der Vernehmung überflüssig sei. V. 1. 111—118.
Ständige Deputation: 12. „In welchem Umfange sind Maßregeln zur Erzwingung eines Zeugnisses in Strafsachen (Voruntersuchung, Hauptverfahren) zulässig?" V. 1. 54. Rechtsanwalt Calm aus Bernburg: „Niemand kann gezwungen werden, in einer Untersuchungssache zeugeneidlich Auskunft zu geben, so lange die Untersuchung nicht gegen eine bestimmte Person eröffnet ist." V. 2, 186.	Professor Dr. Geyer aus Innsbruck: „Das Gesetz soll den Richter ermächtigen, gegen Zeugen, welche das Zeugniß in Strafsachen oder die Ablegung des Zeugeneides verweigern (ohne daß ihnen gesetzliche Befreiungsgründe zu Statten kommen), Zwangsmaßregel in einer von dem Begutachter näher ausgeführten Weise zu ergreifen, wenn das Zeugniß in dem betreffenden Falle unentbehrlich erscheint, ohne daß der Richter jedoch das Verfahren gegen den

Verhandlung in der Abtheilung	Verhandlung und Beschlußfassung in der Plenar-Versammlung
Oberlandesgerichtsrath Dr. Keller aus Wien spricht für die Anträge des Referenten. Geh. Sekretär Dr. Staudinger aus München will, daß die Beeidigung der Vernehmung vorausgehen soll, jedoch erst nach Abhörung der persönlichen Verhältnisse des Zeugen. Rechtsanwalt Steinfeld aus Eschwege ist für den Antrag des Referenten, wogegen Oberstaatsanwalt v. Grävenitz aus Marienwerden und Apellationsgerichts-Präsident v. Schab aus Augsburg die Beeidigung in der Voruntersuchung bevorwortete. Oberlandesgerichtsrath Dr. Keller widerlegt die Bedenken des Letzteren. Landesgerichts-Assessor Dr. Kritzler aus Michelstadt ist für die Beeidigung in der Voruntersuchung am Schlusse derselben und wiederholte Beeidigung in der Hauptverhandlung. Nach einem Schußworte des Referenten wurden folgende Anträge desselben angenommen: 1. Der Juristentag spricht seine Ueberzeugung dahin aus, daß das Wesen und der Charakter des öffentlich-mündlichen Verfahren es erfordere, die Vereidigung der Zeugen in der Hauptverhandlung vorzunehmen; 2. daß von diesem als Regel geltenden Grundsatze nothwendige Ausnahmen anzuerkennen seien, denen gemäß die Vereidigung nach richterlichem Ermessen auch schon in der Voruntersuchung erfolgen kann; 3. daß ferner die Vereidigung, in welcher Periode des Verfahrens sie auch stattfinde, mit dem Vernehmungsakte der Zeugen verbunden werde, in der Regel vorausgehend demselben." Der Antrag Lauhn Z. 3 wurde abgelehnt. VI. 2. 153—192.	
In der dritten Abth. des 5. d. J. T. beantragte der Berichterstatter Professor Dr. John aus Königsberg, „Der deutsche Juristentag wolle als seine Rechtsüberzeugung aussprechen: 1. die Zwangsmittel, welche zur Erlangung eines Zeugnisses anzuwenden sind, müssen begrenzt sein; 2. es ist nicht erforderlich, über das in deutschen Strafprozeß-Ordnungen anerkannte Maß des Zwanges hinauszugehen; 3. Niemand darf gezwungen werden, ein Zeugniß abzu-	Ref. Prof. Dr. John theilte in der 2. Plenar-Versammlung des 5. d. J. T. die Beschlüsse der Abtheilung mit. Der erste und zweite Satz wurde ohne Debatte einstimmig angenommen. Anstatt des 3. Satzes, bezüglich dessen der Präs. bemerkte es sei hier gericht-

Ursprünglicher Antrag	Anträge der Gutachter
	Angeschuldigten zu dessen Ungunsten verzögern darf, um den Erfolg einer gegen einen Zeugen ergriffenen Zwangsmaßregel abzuwarten." V. 1. 54—61. Obertribunalrath v. Tippelskirch zu Berlin erklärt sich für den Zeugnißzwang sowohl in Straf- als Zivilverfahren, zu dessen Verwirklichung der Richter mit Geld- und Gefängnißstrafen und mit Haft bis zu einer zum Voraus bestimmten Dauer vorzugehen habe, vorausgesetzt, daß der Zeuge nicht bloß wegen eigener Verschuldung sich des Zeugnisses weigere oder ihm andere Befreiungsgründe zustehen. V. 1. 78—101.

Verhandlung in der Abtheilung	Verhandlung und Beschlußfassung in der Plenar-Versammlung
geben, so lange es nicht feststeht, daß ein Delikt begangen wurde. V. 2, 194, 204. Es stellt hierauf Assessor Dr. Rubo aus Berlin folgende Gegenanträge: 1. Ein jeder, der von einer Behörde, zu seiner Vernehmung als Zeuge vorgeladen ist, kann im Falle des Ausbleibens von eben dieser Behörde durch Geldbußen bis zu einem bestimmten Betrage, nöthigenfalls durch Vorführungsbefehle zum Erscheinen angehalten werden. 2. Ein jeder, von einer kompetenten Behörde als Zeuge Vorgeladene ist verpflichtet, der Vorladung Folge zu leisten, widrigenfalls er, bei Ermangelung von gesetzlichen Hinderungsgründen, nur einmal in die aufzuerlegende Geldbuße von 50 Thalern genommen, und bei wiederholter Weigerung durch Zwangsmaßregeln zu erscheinen angehalten werden kann. 3. Ein Jeder, welcher die Ablegung oder Beeidigung seines Zeugnisses rechtswidrig verweigert, ist Seitens des ordentlichen Strafrichters mit einer Geldbuße bis 500 Thaler oder 3 Monate Einschließung zu bestrafen. Eine Wiederholung der Strafe ist nicht zulässig, insoweit hinsichtlich derselben strafbaren Handlung das Zeugniß mehrmals verweigert wird. 4. Niemand ist verpflichtet, über eine strafbare Handlung sich als Zeuge vernehmen zu lassen, so lange nicht die Untersuchung gegen einen bestimmten persönlichen Thäter dieser Handlung gerichtet ist. Rechtsanwalt Dr. Calm tritt dem Satze 4, als einer andern Formulirung seines Antrages bei. Rechtsanwalt Dr. Schaffrath aus Dresden, Rechtsanwalt Gierse aus Münster sprechen für den Satz 3, des Referenten, dagegen Oberstaatsanwalt Dr. Groß aus Eisenach. Nach Bemerkungen des Geheimen Justizrath Dr. Abegg aus Breslau und Dr. Schaffrath schlug der Referent vor: anstatt der letzten Worte des Satzes 3, von „insolange" zu sagen, „bevor die gerichtliche Voruntersuchung eröffnet ist." Prof. Dr. Meyer aus Halle beantragte an Stelle des Satzes 1. zu setzen: „der Umfang der in jedem einzelnen Falle überhaupt zulässigen Maßregeln darf eine mäßige Geldbuße oder Freiheits-Entziehung nicht übersteigen," welchem der Referent zustimmte.	liche Untersuchung gemeint, beantragte Staatsanwalt v. Elmendorff zu sagen: „Niemand darf gezwungen werden, ein Zeugniß abzugeben, außer von dem mit der Untersuchung des Delikts befaßten Richter." Dagegen verlangte Dr. Bluntschli es möge die Versammlung den Satz akceptiren und die Redakzion der Deputation im Sinne der vom Präsidenten gegebenen Interpretation überlassen. Oberstaatsanwalt Dr. Groß aus Eisenach erklärt sich nicht einverstanden, indem er auch im Scrutinalverfahren von Seite der nicht richterlichen Behörden einen solchen Zwang zulässig findet, worauf Ref. Dr. John erwidert, daß dieses nicht die Ansicht der Majorität der Abtheilung sei. Bei der Abstimmung wurde der 3. Satz im Sinne des von Elmendorff gestellten, von demselben fallen gelassenen, aber vom Kammergerichtsrath Jakobi aus Berlin wieder aufgenommenen Antrages mit Majorität beschlossen. I. 2. 70.

Ursprünglicher Antrag	Anträge der Gutachter
13. „Entspricht es der Gerechtigkeit, daß die Strafvollstreckung gegen Alle, zu derselben Art von Freiheitsstrafen Verurtheilten, in gleicher Weise, also ohne jede Berücksichtigung der Individualität, insbesondere der Bildung der Verurtheilten, erfolgt? und wenn solche gleichmäßige Strafvollstreckung nicht der Gerechtigkeit entspricht, wie ist alsdann der Letzteren Rechnung zu tragen, ohne auf der einen Seite das Prinzip der Gleichheit vor dem Gesetze in Wahrheit zu verletzen, und auf der anderen Seite der bloßen Willkür bei der Strafvollstreckung weiten Spielraum zu gewähren?" VI. 1. 16	Strafanstaltsdirektor Schück in Breslau: „Die individuelle Behandlung der Strafgefangenen entspreche der Gerechtigkeit und sei Aufgabe der Strafvollstreckung, welche nur bei Berücksichtigung aller individuellen Momente durch hiefür eigens gebildete Gefängnißbeamte gelöst werden könne." VI. 1. 16—23. Prof. Dr. v. Holtzendorff in Berlin verneint unbedingt die erstere Frage und spricht sich aus, daß die Individualisirung beim Strafvollzuge sich speziell auf die Form der Haft, die Ernährung, Bekleidung, Beschäftigung und Art der Zwangsarbeit der Gefangenen beziehe. Es empfehle sich, daß die höheren Strafanstaltsbeamten nach dem Grundsatze der Kollegialität die Beschwerden der Gefangenen erledigen — eine centrale Aufsichtsbehörde der Strafanstaltsdirektionen übergeordnet werde, an welche periodische Berichte zu erstatten sind und lokale Aufsichtsräthe an der Aufgabe des Strafvollzuges mitwirken. VI. 1. 53—67. Zellengefängnißdirektor Eckert in Bruchsal stellt auf: 1. Es entspricht der Gerechtigkeit nicht, daß die Strafvollstreckung gegen alle zu derselben Art von Freiheitsstrafe Verurtheilten in völlig gleicher Weise, also ohne Berücksichtigung der Individualität erfolgt. 2. Die Arten der Freiheitsstrafen sind mit genauer Bezeichnung des Strafsystems und der Quantität der Beschränkung der Freiheit vorerst gesetzlich festzustellen, in dem Gesetze aber auch 3. die thunlichste Individualisirung bei der Behandlung aller Gefangenen vorzusehen. VI. 1. 177—208.

Verhandlung in der Abtheilung	Verhandlung und Beschlußfassung in der Plenar-Versammlung
Nach Schlußbemerkungen des Referenten und Dr. Rubo wurden der 1. Satz und 3. Satz nach den Anträgen des Referenten, der 2. nach der Fassung des Prof. Meyer angenommen. V. 2. 188—209.	
In der 3. Abth. des d. J. T. empfahl Referent Generalstaatsanwalt Dr. Schwarze aus Dresden die Annahme des ersten Satzes der Anträge Eckerts. Nachdem Staatsanwalt v. Stenglein aus München erklärt hat, er könne für keinen der Anträge stimmen, weil sie sich nicht in Gesetzartikel bringen lassen. — Assessor a. D. Ullrichs aus Burgsdorff bei Hannover, Thatsachen über die Behandlung der Strafgefangenen in Hannover mitgetheilt, Direktor Eckert seine Anträge weiter begründet hatte — stellte Oberappellationsrath Dr. v. Groß aus Jena den Antrag, daß über alle, über den Gegenstand gestellten Anträge zur Tagesordnung überzugehen sei. Nach einer Erwiedrung Schwarze's wurde der erste Satz Eckert's mit Majorität angenommen, über die beiden andern zur Tagesordnung übergegangen. VI. 2. 130—153.	In der 2. Abth. des 6. J. T. wurden die Beschlüsse der Abtheilung durch General-Statsanw. Schwarze aus Dresden referirt. VI. 2. 339.

Ursprünglicher Antrag	Anträge der Gutachter
14. Anwaltskonzip. Gotthelf in München: „Der d. J. T. wolle als seine Rechtsüberzeugung aussprechen: I. Das Institut einer Berufungsinstanz für die Thatfrage steht in Widerspruch mit den Prinzipien der Mündlichkeit und Unmittelbarkeit des Strafverfahrens und bietet keine Garantie für eine materiell richtige Rechtssprechung. Dieses Institut verdient daher auch für jene Fälle abgeschafft zu werden, in denen rechtsgelehrte Richter zur Entscheidung der Thatfrage berufen sind. II. Es sind auf anderem Wege Garantien für eine richtige Rechtsprechung anzubahnen und als solche sind insbesondere zu erachten: 1. Beigebung eines Vertheidigers schon im Verlaufe der Voruntersuchung auf Verlangen des Beschuldigten und Zuziehung desselben zu allen wesentlichen Erhebungen; 2. kollegiale Aburtheilung selbst bei geringfügigen Strafsachen, stärkere Besetzung der Senate mit tüchtig gebildeten, politisch und finanziell unabhängig gestellten Richtern bei wichtigeren Strafsachen (Vergehen; daß Verbrechen vor die Schwurgerichte gehören, wird als selbstverständlich vorausgesetzt); 3. möglichste Gleichstellung der Vertheidigung mit der Anklage in Bezug auf das Recht der Beschaffung von Beweismitteln; 4. Vorschrift, daß eine Verurtheilung nur bei erhöhter Stimmenmehrheit als erfolgt zu erachten sei (3/4, 2/3); 5. Statuirung eines Rechtes der Anklage und Vertheidigung, die Ver-	Staatsanwalt Dr. jur. Wirk zu Wolfenbüttel beantragt: a) Zum Satz I, dieser sei in folgender Fassung anzunehmen: „Den Wahrspruch — auch den von ständigen Richtern abgegebenen — in Bezug auf seinen Inhalt der Anfechtung durch Rechtsmittel zu unterwerfen, ist wider den Begriff und die Natur des Wahrspruchs und verletzt die Rechtspflege in ihrer innersten Wahrheit und Würde.“ b) Zur Z. 1 des Satzes II, daß diese Proposition keinem Bedürfnisse entspreche und große Belastung der Staatskasse nach sich ziehe. Zur Z. 2 dieses Satzes, daß die Ausführung der legislatorischen Disposition den einzelnen Staaten zu überlassen sei. Zur Z. 3, daß sie zur Annahme sich empfehle. Zur Z. 4, diese Proposition gebe keine Garantie, sondern sei bloß eine Variation des Mißverstandes, welcher nicht einstimmige Verurtheilungen zulässig findet. Zur Z. 5, die Vertagung sei dem umsichtigen und vernünftigen Ermessen des Gerichtes zu überlassen. Zur Z. 6, Wiederaufnahme sei nur zulässig, wenn a) der Verurtheilte seine Unschuld durch neue Beweismittel positiv darthun könne, b) wenn beim Hauptverfahren oder Urtheile Fälschungen vorkamen, welche die Zuverlässigkeit der Verurtheilung ausschließen. VI. 1. 272—317.

Verhandlungen in der Abtheilung	Verhandlung und Beschlußfassung in der Plenar-Versammlung
In der 3. Abth. des 6. d. J. T. beantragte vorerst der Referent Appellations Gerichts-Präsident von Schab aus Augsburg, nachdem er sich für die Berufung erklärt hat Uebergang zur Tagesordnung über Punkt I. General-Assessor Dr. Rubo aus Berlin schlug motivirte Tagesordnung vor, weil die wissenschaftlichen Forschungen über das Appellationsverfahren in Strafverfahren noch nicht zum Abschluß gelangt sind. Advokat Eller aus Mannheim ist gegen den Uebergang zur motivirten Tagesordnung und für die Berufung — General-Staatsanwalt Schwarze aus Dresden spricht gegen die Berufung — worauf Eller nochmals das Wort ergreift und sich für den Antrag des Referenten erklärt, und nachdem Rubo seinen Antrag weiter begründete, Schwarze sich für diesen ausspricht. Oberstaatsanwalt v. Grävenitz aus Marienwerder, Oberhofgerichtskanzler Haaß aus Mannheim und Dr. Steinfeld ans Eschwege, Advokat Dr. Völk von Augsburg sind für die Berufung — Kreisgerichtsrath Huffschmid und Oberhofgerichts-Rath Brauer aus Mannheim für den Antrag Rubo. Staatsanwalt Schmuder aus Braunschweig erklärt sich gegen die Berufung. Advokat Beckh aus Lindau will die Berufung gegen freisprechende Urtheile abgeschafft wissen, wie der besonders zu behandelnde (hier unter 15 folgende) Antrag Schwarze's vorschlägt und daher demselben durch Annahme des Rubo'schen Antrages nicht präjudiziren, — was aber nach Erklärung des Vice-Präsidenten von Groß und des Antragstellers Schwarze nicht der Fall wäre. Staatsanwalt v. Stenglein aus München, schlägt folgende motivirte Tagesordnung vor: „In Erwägung: 1. Daß zwar die Berufung, wie sie in den Prozeßgesetzen Deutschlands geordnet ist, den Anforderungen der Gerechtigkeit nicht vollständig entspricht, daß aber 2. in Theorie und Praxis ein genügender Ersatz dafür nicht vorgeschlagen wurde, geht die Versammlung zur Tagesordnung über.“ Landesgerichtsrath Martins aus Elberfeld, spricht für den Antrag Gotthelf's, welchen Staatsanwalt Schmuder als seinen aufnimmt.	Die 2. Plenar-Versammlung des 6. J. T. hat über Vortrag des Referenten den Uebergang zur Tagesordnung beschlossen. VI. 2. 352.

Ursprünglicher Antrag	Anträge der Gutachter
tagung der Hauptverhandlung zu verlangen, wenn unvorhersehbare Nova sich ergeben; 6. Statuirung des Rechtes, Revision (Wiederaufnahme des Verfahrens) zu Gunsten des Verurtheilten zu verlangen, wenn nach der Verhandlung vorher nicht bekannte Thatsachen oder Beweismittel auftauchen, welche als geeignet festgestellt werden, in wesentlichen Punkten die Sachlage zu Gunsten des Verurtheilten zu ändern, selbstverständlich unter entsprechenden prozessualen Kautelen gegen den Mißbrauch." VI. 1. 72.	
15. Generalstaatsanwalt Dr. Schwarze aus Dresden: „Der d. J. T. wolle aussprechen: a) dem Staatsanwalte ist die Berufung gegen die Endurkenntnisse der Kollegialstrafgerichte zum Nachtheile des Angeklagten nicht einzuräumen; b) dem Staatsanwalte ist die Befugniß einzuräumen, zu Gunsten des Angeklagten sowohl die Nichtigkeitsbeschwerde einzuwenden, als auch auf Wiederaufnahme der Untersuchung anzutragen und zwar unter den Voraussetzungen und in den Fällen, wo es dem Angeklagten gestattet sein würde. VI. 1. 362.	Staatsanwalt Dr. Wirk zu Wolfenbüttel: Zu a) des Antrages: 1. Der Wahrspruch soll ohne Unterschied zwischen schwurgerichtlichen und nicht schwurgerichtlichen Sachen, desgleichen ohne Unterschied zwischen Ankläger und Angeklagten inappellabel sein. 2. Bezüglich des Rechtsspruches (sowohl im Punkte der Subsumtion, als der Strafzumessung) soll dem Staatsanwalt keine Berufung zustehen. Zu b) des Antrages: α. Der Staatsanwalt hat kein Rechtsmittel, sei es Berufung, sei es Nichtigkeitsbeschwerde, zu Gunsten des Angeklagten einzuwenden, β. wohl aber steht ihm in den Fällen, daß die Annahme begründet ist, der Angeklagte sei unschuldig oder es mangle dem früheren Verfahren an fides (Zuverlässigkeit), um die Wiederaufnahme zu betreiben. VI. 1. 362—394.

Verhandlung in der Abtheilung	Verhandlung und Beschlußfassung in der Plenar-Versammlung
Nach einem Schlußworte des Referenten wurde dessen und Stenglein's Antrag abgelehnt und der Antrag Rubo's angenommen. VI. 2. 193—222.	
In der 3. Abth. dr. 6. d. J. T. erklärte sich der Referent Appellations-Gerichtspräsident v. Schab aus Augsburg gegen Antrag und beantragte motivirte Tagesordnung, weil über den Gotthelf'schen dasselbe geschah. — Staatsanwalt v. Lauhn aus Naumburg — Oberhofgerichtsrath v. Brauer aus Mannheim Dr. Stern aus Wien und Rechtsanwalt Beckh aus Lindau traten dem entgegen, da durch die Erledigung des Gotthelf'schen Antrages der Schwarze's nicht präjudizirt sei, welchem Schwarze beistimmte. Es wurde sohin in die Verhandlung des Antrages eingegangen und vom Referenten, welcher sich für die Berufung aussprach, der Antrag gestellt, bezüglich des Punktes a zur Tagesordnung überzugehen. Dr. Stern aus Wien, Dr. Rosenbacher aus Prag, sprachen für den Antrag Schwarzes, gegen denselben Staatsanwalt Lienbacher aus Wien und v. Stenglein aus München. Schwarze begründete weiter seinen Antrag, in dem durchaus nicht, wie von Seite Lienbacher's bemerkt worden sei, die Ausschließung eines Antrages der Staatsanwaltschaft, ob noviter reperta vorliegen, worauf Oberappellations-Gerichtsrath v. Groß aus Jena gegen denselben — Rechtsanwalt Steinfeld aus Eschwege, Assessor Dr. Rubo aus Berlin, welcher auf Aufhebung der absolutio ab instantia als präjudizirend hinwies, Dr. Hierl aus Passau, Dr. Otto	In der 2. Plenarversammlung des 6. d. J. T. erstattete Generalstaatsanwalt Schwarze den Bericht über die Verhandlung in der Abtheilung, die Versammlung beschloß hierauf in die Verhandlung einzutreten und es wurde, nachdem der Staatsanwalt v. Lauhn v. Naumburg, Oberlandesgerichtsrath Lienbacher aus Wien und zwar letzterer zur Motivirung des Antrages auf Uebergang zur Tagesordnung für das Berufungsrecht der Staatsanwaltschaft, — Bezirksgerichtsrath Dr. Hierl aus Passau, Hof- und Gerichtsadvokat Dr. Kißling aus Linz, Dr. Steinfeld von Eschwege, Ad-

Ursprünglicher Antrag	Anträge der Gutachter
16. Ist es für das mündliche Strafverfahren angemessen, auf Grund der schriftlichen Akten der Voruntersuchung ein Erkenntniß dar-	Obertribunal-Rath v. Tippelskirch zu Berlin sprach sich dahin aus, daß für das gegenwärtige (sich) wenigstens in akkusatorischen

Verhandlung in der Abtheilung	Verhandlung und Beschlußfassung in der Plenar-Versammlung
aus Heilbronn, Assessor a. D. Ulrichs aus Burgsdorf sich für denselben erklärten, und Letzterer zu a die Worte beigesetzt wissen wollte „wohl aber zu Gunsten derselben". Desgleichen sprachen für den Antrag Rechtsanwalt Beckh aus Lindau — Dr. Völk aus Augsburg und Dr. Stern aus Wien. Geh. Sekretär Dr. Staudinger aus München bemerkte gegen Rubo, daß aus der Aufhebung der absolutio ab instantia nichts für die vorliegende Frage gefolgert werden könne. Bei der Abstimmung wurde der Antrag a bezüglich der Thatfrage als des Strafmaßes getrennt und dann in beiden Theilen angenommen, der Beisatz Ulbrich's abgelehnt. Der Punkt b wurde für den nächsten Juristentag verschoben und der Deputation zur weiteren Vorbereitung überwiesen. VI. 2. 223—246.	vokat Bekh aus Lindau gegen dasselbe sich ausgesprochen und der Referent seine Anträge nochmals vertheidigt hatte, wurde der Antrag der Abtheilung mit entschiedener Majorität angenommen. VI. 2. 352—366.
In der 3. Abth. des 7. d. J. T. beantragte der Referent v. Stenglein aus München folgenden Satz anzunehmen: „Dem Staatsanwalt ist die Befugniß einzuräumen, zu Gunsten des Angeklagten sowohl die Nichtigkeitsbeschwerde einzuwenden, als auch auf Wiederaufnahme der Untersuchung anzutragen, und zwar unter den Voraussetzungen und in den Fällen, in welchem es dem Angeklagten gestattet sein würde." Obergerichtsrath v. Pestel aus Celle stellte den Zusatzantrag: „Es darf jedoch der Staatsanwalt gegen den Widerspruch des Angeklagten das Rechtsmittel u. s. w. nicht verfolgen." Gerichtsassessor Dr. Rubo aus Berlin empfahl dagegen folgende Fassung: „Dem Staatsanwalt ist die Befugniß einzuräumen, zu Gunsten des Angeklagten sowohl die dem Angeklagten zustehenden Rechtsmittel einzuwenden, als auch auf Wiederaufnahme der Untersuchung anzutragen u. s. w. Nachdem sich der Referent gegen den Zusatzantrag Pestel's und für den Antrag Rubo's erklärte, wurde dieser einstimmig angenommen, der Zusatzantrag aber beinahe einstimmig abgelehnt. VII. 2. 155—163.	Der Referent brachte den Abtheilungsbeschluß zur Kenntniß der 2. Plenarversammlung des 7. d. J. T. VII. 2. 238.
In der 3. Abth. des 7. d. J. T. stellte der Referent Oberhofgerichtsrath Brauer aus Mannheim folgende vom Präsidenten General-Staatsanwalt Dr. Schwarze mit seiner Zustimmung formulirte Sätze auf:	In der 2. Plenarversammlung des 7. d. J. T. wurde über Antrag des Generalstaatsanwaltes Dr.

Ursprünglicher Antrag	Anträge der Gutachter
über zu erlassen, ob Anklage zu erheben sei oder nicht? VII. 1. 54.	Formen bewegende) Strafverfahren die Anklagebeschlüsse nicht ganz zu beseitigen wären; daß diese aber nicht die Formen weitläufiger Erkenntnisse anzunehmen brauchen, sondern daß es genügt, wenn der Anklagesenat, falls er mit der ihm fertig vorzulegenden Anklageschrift des Oberstaatsanwaltes einverstanden ist, dieses mit wenigen auf die Schrift selbst zu setzenden Worten erkläre. VII. 1. 54—62. Prof. Dr. Geyer in Insbruck hält dafür, daß das Erkenntniß nur auf Grund mündlichen Verfahrens zulässig sei, solches mündliches Anklageverfahren aber in der Regel nicht Statt finden solle, und nur ausnahmsweise, wenn der Angeklagte einen Einspruch erhebt, man die Mündlichkeit so weit walten lassen solle, daß man den Einspruch Erhebenden eben so unmittelbar anhöre wie den Ankläger. VII. 1. 63—79.
17. Ist die Wiederaufnahme des Strafverfahrens zu Gunsten des Verurtheilten schon in dem Falle als zulässig zu erachten, wenn nach der Verhandlung neue Thatsachen oder Beweismittel auftauchen, welche als geeignet erscheinen, in wesentlichen Punkten die Sachlage zu Gunsten des Verurtheilten zu ändern? oder soll diese Zulässigkeit von dem Vorhandensein bestimmt bezeichneten Verhältnisse event. welcher, gemacht werden? VII. 1. 80.	Bezirksgerichtsdirektor Gareis zu Löbau bejaht die erste Frage dahin: „Es sei die Wiederaufnahme des Strafverfahrens zuzulassen, auf Grund jeder neuen Thatsache oder jedes neuen Beweismittels, geeignet, die Rechtsgemäßheit des ertheilten Erkenntnisses bezüglich der Existenz des Thatbestandes, der Wahrheit der Beweismittel oder der Integrität des Richters zu Gunsten des Verurtheilten zweifelhaft zu machen," verneint sohin die zweite Alternative. VII. 1. 80—85.

Verhandlung in der Abtheilung	Verhandlung und Beschlußfassung in der Plenar-Versammlung
I. Eine richterliche Vorprüfung des Anklageantrages des Staatsanwalts findet nicht statt, wenn entweder der Angeklagte auf eine solche Vorprüfung verzichtet, oder wenn er sich schuldig erklärt. 2. Eine doppelte richterliche Prüfung des Antrages, durch Rathskammern und Anklagekammern, findet in keinem Falle statt, sondern jedenfalls nur eine einmalige richterliche Prüfung. 3. Es findet behufs der Frage, ob der Anklageantrag des Staatsanwalts zulässig, beziehentlich ausreichend begründet sei, bereits in diesem Vorverfahren eine kontradiktorische Verhandlung zwischen Staatsanwalt und Vertheidiger vor dem Gerichte statt. Oberlandesgerichtsrath Dr. Keller aus Wien beantragt dagegen die Verneinung der Frage, welchen Antrag Staatsanwalt v. Stenglein aus München unterstützt. Oberstaatsanwalt v. Grävenitz aus Marienwerder hält in schweren Fällen, in Schwurgerichtsfällen, die Prüfung der Anklage durch ein Richterkollegium für nothwendig. Nach den Schlußworten des Referenten wurden der Antrag des Dr. Keller, sowie die Sätze 1 und 3 des Referenten abgelehnt und sohin erscheint mit Majorität angenommen: „Es findet eine richterliche Vorprüfung der Anklage der Staatsanwaltschaft statt, jedoch nur eine einmalige Vorprüfung." Es wurde weiters über Antrag des Obergerichtsrathes v. Pestel aus Celle, dem Dr. Keller zustimmte, beschlossen, die Frage zur Verhandlung im Plenum zu bringen." VII. 2. 122—155.	Schwarze bloße Mittheilung des Abtheilungsbeschlusses genehmigt, die durch Dr. Schwarze erfolgte. VII. 2. 271.
Wurde in der 3. Abtheilung des 7. d. J. T. wegen Mangel an Zeit auf den nächsten J. T. vertagt. VII. 2. 163. In der 3. Abtheilung des 8. d. J. T. beantragte der Referent Rechtsanwalt Gotthelf aus Aschaffenburg den ersten Theil der Frage zu bejahen, den zweiten Theil zu verneinen. Hiefür sprach Rechtsanwalt Steinfeld aus Kassel und nachdem General-Staatsanwalt Schwarze aus Dresden bezüglich der sächsischen Gesetzgebung Bemerkungen gemacht hatte, wurde der Antrag des Referenten mit großer Majorität angenommen. VIII. 2. 179—192.	Wurde der Abtheilungsbeschluß vom Referenten der 2. Plenarversammlung des 8. d. J. T. mitgetheilt. VIII. 2. 324.

Ursprünglicher Antrag	Anträge der Gutachter
18. Soll in der Hauptverhandlung des Strafprozesses von dem Angeklagten, welcher sich nicht schuldig erklärt, noch eine spezielle Einlassung oder Rechtfertigung vor der Anklage verlangt werden? VII. 1. 86.	Sektionschef Dr. Glaser in Wien stellt folgenden Antrag: „Wenn in der Hauptverhandlung der Angeklagte den Vortrag der Anklage mit der Erklärung beantwortet, er sei nicht schuldig, eröffnet ihm der Vorsitzende, daß er zu einer weiteren Erklärung oder zu einer Beantwortung an ihn gerichteter Fragen nicht verpflichtet, daß er aber berechtigt sei, der Anklage eine zusammenhängende Erzählung des Sachverhaltes sofort entgegenzustellen, und nach Vorführung jedes einzelnen Beweismittels seine Bemerkungen darüber vorzubringen. Steht dem Angeklagten kein Vertheidiger zur Seite, so kann der Vorsitzende denselben nach Vorführung einzelner Beweismittel oder am Schlusse des Beweisverfahrens auf einzelne Umstände aufmerksam machen, welche aufzuklären im Interesse seiner Vertheidigung gelegen ist. VII. 1. 86—91.
19. Gerichtsrath Leonhardi zu Glauchau: „Im Verfahren ohne Geschworne (Schöffen) steht dem Angeschuldigten das Rechtsmittel der Berufung (des Einspruches, Rekurses) gegen die Feststellung der Thatfrage in erster Instanz auch dann zum Zwecke seiner Klagfreisprechung zu, wenn er auf Grund jener Feststellung lediglich straffrei gesprochen, d. i. für schuldig, aber nicht für strafbar erklärt worden ist, und zwar, wenn das Gericht erklärt hat, er habe sich einer Hand-	Appellationsgerichtsrath v. Stenglein zu München stellte den Antrag: „Im Verfahren ohne Geschworne sind dem Angeklagten die ihm für den Fall seiner Verurtheilung gegen die Feststellung der Thatfrage eingeräumten Rechtsmittel auch dann freizugeben, wenn Thatsachen gegen ihn festgestellt wurden, welche eine Schuld des Angeschuldigten enthalten, wenngleich aus rechtlichen Gründen, wie z. B. wegen eingetretener Verjährung der Strafbarkeit

Verhandlungen in der Abtheilung	Verhandlung und Beschlußfassung in der Plenar-Versammlung
In der 3. Abtheilung des 7. d. J. T. beantragte der Referent Staatsanwalt v. Stenglein aus München folgenden Satz auszusprechen: „Es soll in der Hauptverhandlung von dem Angeklagten, welcher sich nicht schuldig erklärt, eine spezielle Einlassung oder Rechtfertigung auf die Anklage nicht verlangt werden", welchen Oberstaatsanwalt v. Grävenitz aus Marienwerder in folgender Weise modificirt: „Wenn in der Hauptverhandlung der Angeklagte den Vortrag der Anklage mit der Erklärung beantwortet, er sei nicht schuldig, eröffnet ihm der Vorsitzende, daß es von ihm abhänge, ob er eine weitere Erklärung abgeben und die ihm vorgelegten Fragen beantworten wolle." Justizministerialrath Dr. Kalb aus München will dagegen die Vernehmung des Angeklagten in keiner Beziehung unbedingt ausschließen, sondern würde blos sagen, daß nach Anhörung des Angeklagten der Präsident verpflichtet ist, den Angeklagten zu einer Erklärung zu veranlassen. Der Referent erklärt sich gegen den Grävenitz'schen Antrag. Kreisrath Matthiae aus Holzminden, Staatsanwalt Dr. Mittelstädt aus Altona erklärt sich für den Satz des Ref. — Obergerichtsrath v. Pestel aus Celle dagegen für Graevenitz. Nach einigen Bemerkungen des Letzteren und des Referenten lassen beide ihre Anträge fallen und einigen sich zu dem Satze: „In der Haupt-Verhandlung soll dem Angeklagten, welcher sich nicht schuldig erklärt, eine spezielle Einlassung oder Rechtfertigung auf die Anklage nicht zur Pflicht gemacht werden," welcher mit überwiegender Majorität angenommen wird, nachdem vorher der des Referenten, welchen Matthiae aufgenommen hatte, abgelehnt worden war. VII. 2. 109—122.	Wurde der 2. Plenarversammlung des 7. d. J. T. von dem Referenten der Abtheilungsbeschluß zur Kenntniß gebracht. VII. 2. 238.
In der 3. Abth. des 9. d. J. T. stellte der Referent, Advokat Dr. Gotthelf aus München, folgenden Antrag: „Der Juristentag wolle seine Rechtsansicht dahin aussprechen: Gegen einen Schuldausspruch unter Freisprechung von der Strafe — gleichviel ob der erste im dispositiven Theile des Urtheiles oder in den Entscheidungsgründen enthalten ist — sind auch dem Angeklagten jene Rechtsmittel einzuräumen, die abgesehen von der Straffreisprechung ihm offen stehen werden," IX. 3. 135/136, welchem sich Appellationsrath v. Stenglein anschließt. Ministerialrath Bingner aus	Der Abtheilungsbeschluß wurde vom Referenten der 2. Plenarversammlung des 9. d. J. T. mitgetheilt. IX. 3. 350.

Ursprünglicher Antrag	Anträge der Gutachter
lung schuldig gemacht, deren Bestrafung nur aus formellen Gründen (aus Mangel an dem dazu gesetzlich erforderlichen Strafantrage oder in Folge eingetretener Verjährung der Strafbarkeit) unterbleiben müsse. VIII. 1. 3.	der That oder wegen Mangels des gesetzlich erforderlichen Strafantrags, eine Bestrafung desselben nicht erfolgte." VIII. 1. 10.
22. Ist es angemessen, die Einzelnhaft in das Strafsystem aufzunehmen und unter welchen Modalitäten? VIII. 1. 194.	Professor Dr. Wahlberg in Wien stellt Folgendes auf: „Die Zellenhaft sei als die relativ angemessenste Form der Strafe, daher als Regel anzuerkennen und in das Strafsystem aufzunehmen. Sie ist eine von der gemeinsamen Strafhaft wesentlich verschiedene Freiheitsstrafe und keine bloße Vollzugsmodification derselben, und bedürfe daher gesetzliche Regelung." „Es sei vor allen Dingen eine doppelte Art von Isolirhaft zu unterscheiden, eine mildere und eine strengere. Die Frage, welche anzuwenden sei, ist vollbehaltlich der Zuständigkeit des Strafvollzugsrechtes bei später sich ergebenden Anlässen zunächst dem Ausspruche des Richters im Strafurtheile anheimzugeben. Er hält sie nicht anwendbar auf Sträflinge, welche nach ihrer individuellen Beschaffenheit die Isolirhaft ohne Nachtheil für ihre physische oder moralische Erhaltung nicht ertragen können, oder welche lebenslängliche Freiheitsstrafe zu erdulden haben. Für diese Kategorie ist ihm die gemeinschaftliche Haft im Geiste eines progressiven Strafvollzuges

Verhandlung in der Abtheilung	Verhandlung und Beschlußfassung in der Plenar-Versammlung
Karlsruhe ist wegen der Spezialität der Fälle, die damit berührt würden für Uebergang zur Tagesordnung, welchem sich Staatsrath Dr. Zachariae aus Göttingen und Prof. v. Friedberg aus Berlin anschließt. Dagegen spricht für den Antrag des Referenten Advokat Dr. Stern aus Wien und Staatsanwalt Oppert aus Berlin, stellt folgendes Amendement: „Der deutsche Juristentag spreche die Ansicht aus, daß falls im Verfahren ohne Geschworene der Angeschuldigte aus formellen Gründen für straffrei erklärt worden ist, die Würdigung der Thatfrage unzulässig ist.“ Nach dem Schlußworte des Referenten wird mit Majorität der Uebergang zur Tagesordnung angenommen. IX. 3. 128—144.	
In der 3. Abth. des 8. d. J. T. stellte der Referent Oberappellationsrath Dr. Fäustle aus München folgende Anträge: 1. Es ist nicht angemessen, die Einzelhaft in das eigentliche Strafsystem aufzunehmen. 2. Da jedoch durch die Einzelhaft alle Strafzwecke vollständiger und bei einer größeren Anzahl Verurtheilter erreicht werden, als bei jedem anderen Haftsysteme, so empfiehlt es sich, dieselbe als regelmäßige Art des Vollzuges der Freiheitsstrafe gesetzlich zu bestimmen, die Voraussetzungen ihrer Anwendbarkeit, sowie die Grundzüge ihres zweckentsprechenden Vollzuges aber auf dem Wege der Gesetzgebung festzustellen. 3. Die Einführung einer gesetzlichen Reduktionsskala für den Fall des Vollzuges der Freiheitsstrafe in Einzelhaft ist nicht rathsam. VIII. 2. 135. Oberstaatsanwalt Dr. Mittelstädt aus Hamburg will, daß sich der J. T. beschränke, bloß den ersten Satz auszusprechen. — Dagegen stellte Apellationsrat Dr. Vollert aus Eisenach den Antrag: „Es ist angemessen, die Einzelhaft in das Strafsystem aufzunehmen, jedoch soll der Richter im Strafurtheil nur aussprechen, daß die Einzelhaft eintreten kann, nicht daß sie eintreten muß.“ VIII. 2. 140. und Kreisgerichtsdirektors Dr. Puchelt aus Heidelberg den: Die Einzelhaft ist allgemein als System der Freiheitsstrafe	In der 2. Plenarversammlung des 8. d. J. T. brachte der Referent die Verhandlung und Beschlüsse der Abtheilung zur Kenntniß. Oberg.-Anwalt Noltemeier aus Hannover sprach gegen den Antrag 2 und will den Strafanstaltsvorstand entscheiden lassen, ob ausnahmsweise gemeinsame Haft stattfindet. Generalstaatsanwalt Dr. Schwarze aus Dresden bemerkte, daß Satz 3 sich nur auf die Länder beziehen könne, wo nicht schon Einzelnhaft und Kollektivhaft neben einander bestehen. Kreisgerichtsdirektor Dr. Puchelt aus Heidelberg spricht gegen Noltemeier, und nachdem auch Referent sich gegen ihn erklärt hatte,

Ursprünglicher Antrag	Anträge der Gutachter
	in kleinen Klassenabtheilungen der richtige Vollzugsmodus; er hält daher dualistische Formen in Normalstrafanstalten in Einzelnhaft und in besonderen Strafanstalten mit progressiver Klassifikation für nothwendig. VIII. 1. 194—205. Strafanstaltsdirektor v. Valentini zu Wartenburg. Nach dessen Gutachten darf die Einzelnhaft sowohl zur Durchführung des Gerechtigkeits- wie des Besserungs-Prinzipes in der Strafe als ein unentbehrliches, außerordentlich wichtiges, keineswegs aber als das allein ausreichende Mittel angesehen werden. VIII. 1. 206—225. Direktor der Strafanstalt d'Alinge zu Zwickau spricht sich dahin aus: „Die Einzelnhaft in das Strafsystem aufzunehmen, sei nicht angemessen, weil das Erkenntniß auf Einzelnhaft 1. eine Kenntniß der Individualität voraussetzt, die der Richter nicht haben kann; 2. der Strafe einen Zweck unterschiebt, den der Richter nicht verfolgen darf; 3. dem Richter eine Verantwortung aufbürdet, die er nicht übernehmen mag." VIII. 1. 231—232.

Verhandlung in der Abtheilung	Verhandlung und Beschlußfassung in der Plenar-Versammlung
in das Strafgesetzbuch aufzunehmen. Die Vollzugsgesetzgebung hat die Ausnahmen zu bestimmen, in welchen die Vollzugsbehörde statt der erkannten Einzelhaft die gemeinsame Haft in gleicher Dauer eintreten lassen darf. VIII. 2. 143. Geheim-Rath Dr. Hermann aus Heidelberg ist für die Einzelhaft als Regel, will aber die Ausnahmen durch ein aus Strafanstaltsbeamten und den urtheilenden Richtern zusammengesetztes Organ bestimmt wissen. Obergerichtsanwalt Dr. Götting aus Hildesheim schlägt vor: 1. Die Einzelhaft ist als Regelstrafe in das Strafgesetzbuch aufzunehmen. 2. Die Ausnahmen bestimmt das Gesetz. VIII. 2. 148. Wirth, Vorstand des Zellengefängnisses zu Nürnberg spricht seine Ansicht dahin aus, daß es gemeinsame Haft nicht giebt, und daß jede Strafe per se eine Einzelhaft ist, daß die Modalität, unter welcher diese Einzelhaft vollzogen werden soll, nothwendiger Weise der Verwaltung vorläufig überlassen wird, oder daß man vielleicht nur einzelne allgemeine Ausnahmen im Gesetze feststellt. VIII. 2. 152. Direktor Eckert aus Bruchsal theilt seine Erfahrungen über die Wirkungen der Einzelhaft mit. Geheimrath Dr. von Wächter äußert sich, daß das Gesetz die Einzelnhaft und ihre Bedingungen festzustellen habe, und dieses nicht den Strafanstalten überlassen werden dürfe. Obergerichtsrath v. Postel aus Celle beantragt, daß die Einzelhaft für eine bestimmte Zahl Jahre als Regel nicht übersteigen dürfe, insoferne der Gefangene nicht damit einverstanden ist — Ausnahmen (unter dem Maximum) können sowohl den erkennenden Richter als die Strafvollziehungsbehörde eintreten lassen. Der Referent schlug nun anstatt dem Punkte 1. und 2. seines Antrages Folgendes vor: „Da durch die Einzelhaft alle Strafzwecke vollständiger und bei einer größeren Anzahl Verurtheilter erreicht werden, als bei jedem andern Haftsysteme, so empfiehlt es sich, dieselbe als regelmäßige Art des Vollzuges der Freiheitsstrafe gesetzlich zu bestimmen, die Voraussetzungen ihrer Anwendbarkeit, sowie die Grundzüge ihres zweckentsprechenden Vollzuges aber auf dem Wege der Gesetzgebung festzustellen," VIII. 2. 160., und wurde dieser Antrag beinahe einstimmig angenommen — der Postel's, insoferne er nicht zurückgezogen wurde, mit Majo-	wurde Satz 1 und 3 beinahe einstimmig, Satz 2 mit sehr großer Majorität angenommen. VIII. 2. 351.

Ursprünglicher Antrag	Anträge der Gutachter

Verhandlung in der Abtheilung	Verhandlung und Beschlußfassung in der Plenar-Versammlung
rität abgelehnt, die Anträge Voller, Puchelt und Göttings zurückgezogen. VIII. 2. 125—163. In der 2. Sitzung der 1. und 2. Abtheilung des 8. d. J. T. wurde die Verhandlung bezüglich der Frage, ob der Richter, die Strafanstaltsdirektion oder eine andere Kommission die Entscheidung darüber haben solle, ob die erkannte Einzelhaft in gemeinsame Haft umgewandelt werden solle, gepflogen. Rechtsanwalt Steinfeld aus Kassel will den Richtern diese Befugniß wahren. Eckert aus Bruchsal ist für eine besondere, mit dem Strafvollzuge betraute Behörde. Dr. Puchelt schlägt vor: „Das Erkenntniß über ausnahmsweise Zulassung der gemeinsamen Haft steht dem urtheilenden Gerichte zu, vorbehaltlich provisorischer Maßregeln der Strafanstaltsdirektion in dringenden Fällen." Justizministerialrath Dr. Bingner aus Karlsruhe will zur Tagesordnung übergehen. Oberstaatsanwalt v. Lauhn aus Halberstadt stellt dagegen den Antrag: „Ausnahmen kann der Richter feststellen, sowohl bei seiner ersten Entscheidung als auch nachdem das Erkenntniß bereits rechtskräftig geworden ist," als Zusatz zum früheren Beschlusse. Der Referent stellte folgenden Antrag: „Darüber, ob die gesetzlichen Voraussetzungen für ausnahmsweise Anwendung der Kollektivhaft gegeben sind, entscheidet der Aufsichtsrath der Strafanstalt." Dieser wurde abgelehnt und der v. Lauhn's mit Majorität angenommen. VIII. 2. 164—175. Weiters wurde der Satz des Referenten: „Die Einführung einer gesetzlichen Reduktions-Skala für den Fall des Vollzugs der Freiheitsstrafe in Einzelhaft ist nicht rathsam," in Verhandlung genommen. Nach Begründung desselben durch den Referenten, gegen welchen Oberstaatsanwalt v. Lauhn und Dr. Puchelt sprechen, weil sie den Antrag durch die früheren Beschlüsse, daß Ausnahmen das Gesetz zu bestimmen habe, erledigt halten. Gleicher Meinung ist Geheim-Rath Dr. v. Wächter. Nach Bemerkungen des Obergerichtsraths v. Postel stellt Dr. Bingner den Antrag: „Die Einführung einer besonderen Reduktions-Skala ist für den Fall des Vollzuges der Freiheitsstrafe in gemeinschaftlicher Haft nicht zu empfehlen," den er später dahin formulirt: „Eine Abänderung der erkannten Strafdauer im Falle der Vollstreckung in der gemeinsamen Haft findet nicht statt," welcher Antrag, nachdem v. Wächter dafür gesprochen und der Referent seinen Antrag zurückgezogen hatte, mit Einstimmigkeit angenommen wurde. VIII. 175—179.	

Ursprünglicher Antrag	Anträge der Gutachter
21. Welche Stellung und Kompetenz ist den Einzelnrichtern in der deutschen Gerichtsverfassung zu geben in Kriminalsachen? IX. 2, a. 359.	Kreisgerichtsrath Roos zu Lörrach. Derselbe erachtet dieselben berufen, zur Entscheidung unbedeutender Strafsachen (Polizeistrafsachen, Zoll- und Steuervergehen, Forstfrevel), Vergehen einfacher und geringer Bedeutung u. s. w. und Mitwirkung bei der Voruntersuchung in den anderen Straffällen. Im letzteren Falle habe er die Stellung des Untersuchungsrichters — insoferne er aber entscheidet, seien ihm zwei Schöffen an die Seite zu geben. IX. 2. a 377—387. Was die allgemeine Stellung der Einzelrichter anbelangt, schlägt er vor: 1. Die Einzelrichter sind ständig als solche zu bestellen; 2. Sie sind in Besoldung, Rang und Gewähr ihrer Stellung den beisitzenden Mitgliedern der Kollegialgerichte ersten Rechtszugs gleichzustellen; 3. Wo immer eine entsprechende Eintheilung der Bezirke möglich ist, sollen für jeden Bezirk zwei Einzelrichter mit getrenntem Geschäftskreis und mit der Befugniß gegenseitiger Stellvertretung ernannt werden. IX. 2. a 389.
22. 1. Läßt sich eine Verbesserung der Strafrechtspflege von der Einführung von Schöffengerichten, d. i. von der Zuziehung von Laien zu den Strafgerichten mittlerer und unterster Ordnung erwarten? 2. Empfiehlt sich die Einführung von Schöffengerichten namentlich auch dann, wenn die Berufung gegen die Urtheile der genannten Strafgerichte beseitigt wird? 3. Ist den Schöffen das Richteramt in seinem vollen Umfange zu übertragen, oder ist denselben ein beschränkter Wir-	Oberappellationsgerichtsrath Becker aus Oldenburg bejaht die gestellten drei Fragen. IX. 2. b. 1—17. Obertribunalrath Binder in Stuttgart beantwortet bejahend die beiden ersten Fragen, die dritte aber dahin, daß der Wirkungskreis der Schöffen auf die Entscheidung der Schuldfrage und etwa über die Strafbemessung — mit Ausschluß der Mitwirkung bei der Frage von der Anwendung des Strafgesetzes und bei prozessualischen Entscheidungen zu beschränken sei. IX. 2. b. 18—32. Prof. Dr. Merckel in Prag stellt folgende Sätze auf:

Verhandlung in der Abtheilung	Verhandlung und Beschlußfassung in der Plenar-Versammlung
Wurde in der 3. Abtheilung d. 9. d. J. T. für den nächsten Juristentag aufgeschoben. IX. 3. 245.	
In der 3. Abtheilung des 9. d. J. T. stellte Generalstaatsanwalt Dr. Schwarze folgende Anträge: „Der Juristentag spricht seine Ueberzeugung dahin aus: 1. Eine Verbesserung der Strafrechtspflege ist von der Einführung von Schöffengerichten zu erwarten, dieselben jedoch nicht auf die Gerichte unterster Ordnung zu beschränken. 2. Die Beibehaltung der Berufung gegen das Urtheil eines Schöffengerichtes ist unzuläſsig. 3. den Schöffen ist das Richteramt in Bezug auf die gesammte Schuldfrage zu übertragen, dagegen eine Mitwirkung bei der Entscheidung prozessualer Fragen während der Beweisaufnahme, und ein decisives Votum bei der Strafabmessung selbst nicht einzuräumen," IX. 3. 174,	In der 2. Plenarversammlung des 9. d. J. T. wurde der Abtheilungsbeschluß vom Referenten zur Kenntniß gebracht. IX. 3. 356.

Ursprünglicher Antrag	Anträge der Gutachter
kungskreis (etwa die bloße Entscheidnng der That- oder Beweisfrage) zuzuweisen? IX. 2. b. 1.	1. Es ist eine Betheiligung von Laien bei der Aburtheilung von mittleren und leichteren Straffällen eine Verbesserung der Strafrechtspflege, wenn nicht über die Rücksicht auf die Individualität des Falles die auf das fixirte Recht und die Objektivität und Gleichmäßigkeit seiner Handhabung bei Seite gesetzt wird. 2. Dem Schöffengerichte kömmt nur dort eine Berechtigung zu, wo sich das Schwurgericht unter keinerlei Modalitäten ausführbar zeigt. 3. Die Ausdehnung der Jury auf mittlere Straffälle ist möglich. 4. An Stelle der Einzelngerichte empfehlen sich die Schöffen. 5. Dieselben sind auch dann einzuführen, wenn die Berufung in Bezug auf die Beweisfrage beseitigt wird. 6. Denselben ist die Entscheidung der gesammten Schuldfrage zu übertragen. 7. Ebenso die Straffrage. IX. 2. b. 33—51.

Verhandlung in der Abtheilung	Verhandlung und Beschlußfassung in der Plenar-Versammlung

von welcher er am Schlusse seines Vortrages den 1. Satz selbst dahin erweitert, daß er ihn so formulirt:

„Eine Verbesserung der Strafrechtspflege ist von einer möglichst ausgedehnten Mitwirkung des Laienelements bei der Aburtheilung aller Strafrechtsfälle zu erwarten, und ist für diese Mitwirkung wenigstens bei den Strafgerichten mittlerer und und unterster Ordnung die Form des Schöffengerichtes zu empfehlen."

Obertribunalrath v. Binder aus Stuttgart spricht gegen die Beantwortung der Frage, wie sie jetzt gestellt ist, welche entscheiden soll, ob der Jury oder dem Schöffengerichte der Vorzug einzuräumen sei.

Prof. Dr. Wahlberg aus Wien stellt hierauf den Antrag:

„Der Juristentag spricht aus, die Verbesserung der Strafrechtspflege ist bei unverrückbarer Festhaltung der Geschwornengerichte mindestens in der bisherigen Competenz von der Einführung der Schöffengerichte in den unteren Gerichten zu erwarten," IX. 3. 203,

welchem Advokat Dr. Schaffrath aus Dresden und Justizrath Dr. Meyer aus Thorn zustimmt.

Oberstaatsanwalt von Lauhn aus Halberstadt will ausgesprochen wissen, daß durch die Einführung der Schöffengerichte kein Gewinn für die Strafrechtspflege zu erwarten sei."

Obertribunalrath v. Beyerle aus Stuttgart spricht für den Antrag des Referenten, sowie Oberappellationsrath Becker aus Oldenburg aber unter der Bedingung der Streichung des Wortes „wenigstens".

Desgleichen Ministerialrath Bingner aus Karlsruhe und Apellationsrath von Stenglein aus München.

Rechtsanwalt Lebrecht aus Ulm sprach gegen die Schöffengerichte und Schwurgerichte — welchem Prof. Thudichum aus Tübingen bezüglich der Schöffengerichte, und Anwalt Becher aus Stuttgart bezüglich der Jury entgegentritt.

Hof- und Gerichtsadvokat Dr. Stern aus Wien spricht für den Antrag Wahlbergs und will eventuell im Antrage des Referenten anstatt „wenigstens" die Worte: „jedoch nur" aufgenommen haben.

Es wurde hierauf nach den Schlußworten des Referenten, dessen Antrag mit Auslassung des Wortes „wenigstens" mit Majorität angenommen.

Die von Dr. Schaffrath und Dr. Wahlberg hierauf

Ursprünglicher Antrag	Anträge der Gutachter
23. Soll die Zuständigkeit des Strafgerichtes im einzelnen Falle nicht von der in thesi angedrohten Strafhöhe, sondern von der Höhe der präsumtiv in hypothesi verwirkten Strafe abhängig gemacht werden?	

Verhandlung in der Abtheilung	Verhandlung und Beschlußfassung in der Plenar-Versammlung
beantragte Abstimmung über des Letzteren nach Ansicht des Präsidenten in Folge der Annahme des Antrag des Referenten erledigten Antrages wurde durch die Versammlung mit Stimmenmehrheit abgelehnt. Dem Satz 2 des Referenten entgegen will Staatsrath Dr. Zachariae aus Göttingen, daß die Frage so beantwortet werde, wie sie gestellt ist, worauf Ministeralrath Bingner den Antrag des Referenten vertheidigt, dieser aber selbst motivirte Tagesordnung, weil die Frage mit dem Rechtsmittelsystem zusammenhängt, beantragt. Diesem Antrage widersetzt sich Appellationsrath v. Stenglein und nimmt den Antrag des Referenten Satz 2 selbst auf, während Anwalt Feuerbach aus Stuttgart, und Dr. Schaffrath den Uebergang zur Tagesordnung zur Annahme empfehlen. Die motivirte Tagesordnung wird mit 34 gegen 33 Stimmen angenommen. Zu Satz 3 stellte, nachdem der Referent ihn begründet hatte, Oberappellationsrath Becker den Antrag: „Den Schöffen ist die Mitwirkung zum Endurtheil über Schuld und Strafe im vollen Umfang zu übertragen," welchem Rechtsanwalt Becker zustimmt, während Justizrath Meyer von Thorn das Amendement stellt: „Das Richteramt ist den Schöffen in seinem vollen Umfange zu übertragen," welches Staatsrath Dr. Zachariae unterstützt. Obertribunalrath Binder spricht für Annahme des ersten Theiles des Antrages des Referenten. Es wurde schließlich der Meyer'sche Antrag mit geringer Majorität angenommen. IX. 3. 173—245.	
In der 3. Abtheilung des 9. d. J. T. stellte der Referent Appellationsgerichtsrath v. Stenglein aus München den Antrag: „Der Juristentag wolle seine Ueberzeugung dahin aussprechen, daß die Zuständigkeit des Strafgerichts im einzelnen Fall von der in thesi angedrohten, nicht von der in hypothesi zu erkennenden Strafe abhängig gemacht werden möge." IX. 3. 147. Advokat Dr. Schaffrath aus Dresden erklärt, daß in Sachsen die Kompetenz der Schwurgerichte von der präsumtiv verwirkten Strafe abhängig gemacht wird, er aber mit dem Referenten stimme — was auch Staatsrath Dr. Zachariae aus Göttingen erklärt. Dagegen beantragt Gerichtsassessor Gordan aus Frankfurt a. M. den Satz zu bejahen und beizusetzen: „Es soll eine zur Kompetenz des Schwurgerichtshofes gehörige Sache nicht wegen der geringen Höhe der zu erwar-	Wurde der Abtheilungsbeschluß vom Referenten der 2. Plenarversammlung des 9. d. J. T. mitgetheilt. IX. 3. 351.

Ursprünglicher Antrag	Anträge der Gutachter
25. Soll in den Strafgerichten höchster Ordnung an die Stelle des Gerichtshofes und der Jury ein einheitliches Kollegium von Juristen und Laien treten und in welchem Zahlenverhältnisse sollen beide Elemente vertreten sein? X. 1. 18.	Bezirksgerichtsdirektor Stöckel zu Freiberg i. S. beantwortet die Frage dahin: „In den Strafgerichten höchster Ordnung soll an die Stelle des Gerichtshofes und der Jury ein einheitliches Kollegium von Juristen und Laien unter den Voraussetzungen treten, wenn es aus drei Rechtsgelehrten Richtern und neun Laienrichtern gebildet wird und alle dem Angeschuldigten ungünstigen Fragen mit Dreiviertel-, min-

Verhandlungen in der Abtheilung	Verhandlung und Beschlußfassung in der Plenar-Versammlung
tenden Strafe einem niedern Gerichte überwiesen werden." IX. 3. 149. Justizministerialrath Bingner aus Karlsruhe ist gegen den Antrag des Referenten, welchem Stadtrichter Dr. Rubo aus Berlin entgegentritt. Professor Dr. Wahlberg aus Berlin tritt hierauf für die Ansicht des Referenten ein — welche Staatsanwalt Hempfing aus Hanau bekämpft. Der Referent beantragt hierauf folgende Fassung seines Antrages: „Die Zuständigkeit der Strafgerichte soll in der Regel von der in thesi angedrohten Strafhöhe abhängig gemacht werden. Abweichungen hievon sollen nur bei der Zuweisung gering strafbarer Fälle, welche an sich an die Mittelgerichte gehören würden, an die Strafgerichte niederster Ordnung gemacht werden," worauf Justizministerialrath Bingner das Amendement: „Bei Regelung der Gerichtsbarkeit der Strafgerichte der verschiedenen Ordnungen kann hinsichtlich einzelner strafgesetzwidriger Handlungen mit besonders weitem Strafrahmen die Zuständigkeit von der in concreto zu erkennenden Strafe abhängig gemacht werden," stellt. Diesem tritt Generalstaatsanwalt Dr. Schwarze aus Dresden und Staatsanwalt Hempfing aus Hanau bei. Justizrath Meyer aus Thorn, Professor Dr. Wahlberg aus Wien schließen sich dem modifizirten Antrag des Referenten an. Assessor Gordan hält sein Amendement aufrecht. Professor Seeger aus Tübingen ist für den Satz des Referenten mit dem Zusatze Bingner's. Nach den Schlußworten des Referenten wurden die Amendements Bingner und Gordan abgelehnt und der modifizirte Antrag des Referenten mit Majorität angenommen. IX. 3. 144—173.	
In der 3. Abtheilung des 10. d. J. T. stellte der Referent Appellationsrath v. Stenglein aus München den Antrag: „Der d. J. T. spricht seine Ueberzeugung aus, daß es zur Zeit nicht angemessen sei, in den Strafgerichten höchster Ordnung an die Stelle des Gerichtshofes und der Jury ein einheitliches Kollegium von Richtern und Laien treten zu lassen." Prof. Dr. Gneist aus Berlin schlug dagegen vor, auszusprechen: „In den Strafgerichten höchster Ordnung ist die selbst-	In der 2. Plenarversammlung des 10. d. J. T. zur Kenntniß durch den Referenten gebracht. X. 2. 311.

Ursprünglicher Antrag	Anträge der Gutachter
	destens mit Zweidrittel-Majorität entscheidet." X. 1. 18—34. Prof. Dr. Ullmann in Innsbruck stellt folgende Sätze auf: 1. Die Jury ist die einzig rationelle Form der Mitwirkung des Laienelements in der Strafrechtspflege. 2. Die anerkannte Reformbedürftigkeit der Jury ist kein Grund, das Prinzip derselben durch Einführung des Schöffeninstituts aufzugeben. 3. Eine Reform der Jury ist möglich. 4. Das Schöffengericht ist irrationell innerhalb des Gebietes der Beweis- und Schuldfrage, und geradezu unbrauchbar innerhalb der Rechtsfrage, denn ein anderes ist die Rechtsbelehrung zum Behufe der Subsumtion der bewiesenen Handlung unter das Gesetz und ein Anderes die Rechtsbelehrung, betreffend den Inbegriff von Fragen des materiellen und formellen Strafrechts, die in der sogenannten Rechtsfrage zur Entscheidung zu bringen sind. X. 1. 122—135.
	Kreisgerichtsdirektor Wetzki aus Marienwerder spricht sich dahin aus, daß das Schwurgericht verbesserungsbedürftig sei, für dasselbe aber nicht das Schöffengericht einzuführen sei. X. 1, 90—97.
26. Soll die Zeugnißpflicht in Kriminalsachen so lange nicht anerkannt werden, bis die Untersuchung die Richtung gegen eine bestimmte Person genommen hat? X. 1. 144.	Rechtsanwalt Lewald aus Berlin spricht sich dahin aus: 1. Die Zeugnißpflicht in Kriminalsachen hat in vollem Umfang stattzufinden, daß mithin Jeder dem untersuchenden Richter auf Erfordern mitzutheilen hat, was ihm in Beziehung auf ein zu untersuchendes Verbrechen oder den Thäter

Verhandlung in der Abtheilung	Verhandlung und Beschlußfassung in der Plenar-Versammlung
ständige Stellung der Jury die richtige; jedoch unter Voraussetzung einer vereinfachten Fragestellung auf die ganze Schuldfrage." Oberstaatsanwalt v. Lauhn, Oberappellationsrath Becker aus Oldenburg, Adv. Beckh aus Lindau stimmen für den Antrag des Referenten. Ersterer stellt aber den Antrag: „Der d. J. T. spricht seine Ueberzeugung aus, daß kein Bedürfniß vorhanden ist, die Schwurgerichte aufzuheben und an ihre Stelle Schöffengerichte einzuführen." Stadtrath Dr. Rubo aus Berlin schlägt folgende motivirte Tagesordnung vor: „In Erwägung, daß die Frage: Soll in den Strafgerichten höchster Ordnung an die Stelle des Gerichtshofes und der Jury ein einheitliches Kollegium von Juristen und Laien treten? und in welchem Zahlenverhältniß sollen beide Elemente dieselben vertreten sein? in ihrer Fassung eine zu allgemeine ist, um ohne Weiteres beantwortet zu werden; in Erwägung, daß Wissenschaft und Praxis zur Entscheidung der Frage hinreichende Ergebnisse noch nicht geliefert haben, geht der d. J. T. über die Frage zur Tagesordnung über." Generalstaatsanwalt Dr. Schwarze aus Dresden ist gegen den Antrag des Referenten. Nach dem Schlußworte desselben wird der Antrag Lauhn's mit überwiegender Majorität angenommen und der Vertagungsantrag Rubo's abgelehnt. X. 2. 143—176.	

Ursprünglicher Antrag	Anträge der Gutachter
	bekannt ist; und zwar einerlei, ob die Untersuchung die Richtung gegen eine bestimmte Person schon genommen hat oder nicht. 2. Dagegen ist Niemand zu einem Zeugniß zu zwingen, so lange es sich nicht um ein in dem Reichsstrafgesetzbuch mit Strafe bedrohtes Verbrechen oder Vergehen gegen eine bestimmte Person handelt. 3. Es liegt auch ein volles praktisches Bedürfniß vor — und nur in solchem Falle darf ja überhaupt der Gesetzgeber einschreiten — diese bedingte Befreiung von der Zeugnißpflicht und vom Zeugnißzwange durch das Gesetz auszusprechen. 4. Wenn es sich nicht um ein strafgerichtliches Vergehen handelt, wie bei Disziplinar-Untersuchungen kann von einer Zeugnißpflicht keine Rede sein. X. 1. 144—149.
27. Entwurf des Strafgesetzes für den norddeutschen Bund. IX. 1. 1—96.	Appellationsgerichtsrath Stenglein aus München. IX. 1—16. Prof. Dr. Merkel aus Prag. IX. 1. 17—60. Prof. Dr. v. Geßler aus Tübingen. IX. 1. 61—73. Prof. Dr. Seeger aus Tübingen. IX. 1. 74—97.

VII. Gerichtsverfassung und gerichtliches Verfahren überhaupt.

1. Gerichte.

Ursprünglicher Antrag	Anträge der Gutachter
1. Präsident des Obertribunales in Berlin Dr. Bornemann spricht in einer Zuschrift aus, daß nur ein höchster Gerichtshof in Deutschland zur Einheit der Rechtsanwendung führen könne. I. 69.	

Verhandlung in der Abtheilung	Verhandlung und Beschlußfassung in der Plenar-Versammlung
Die 4. Abtheilung hat über Referat des Obertribunalraths Waldeck und der Zusatzantrag des Obertribunalraths von Sternenfels und Obergerichtsrath v. Griesebach beschlossen: „Der d. J. T. möge es als seine Ueberzeugung aussprechen,	In der 2. Plenarversammlung des 1. d. J. T. angenommen. I. 280.

Ursprünglicher Antrag	Anträge der Gutachter
2. Antrag des Notar Dr. Uchazy aus Reichenberg auf Verfassung eines Gesetzentwurfes, durch welchen Friedensgerichte eingeführt, und prinzipiell deren Einfluß im summarischen Prozeßverfahren und im Gebiete der freiwilligen Gerichtsbarkeit, sowie deren Vereinigung mit dem Notariatsinstitut zur Geltung gebracht wird. I. 133.	
3. Antrag des Prof. Dr. Aegidi aus Hamburg: „Der d. J. T. wolle sich für die Erhaltung des reichskammergerichtlichen Archives zu Wetzlar in seiner gegenwärtigen Einheit erklären, und dieselbe der Fürsorge der Staatsregierung dringend empfehlen. I. 146.	
4. Kreisgerichtsrath v. Piper zu Wriezen: „Der d. J. T. wolle es für zweckmäßig erachten, daß die Entscheidung in Prozessen bis zu 5 Thlr. (einschließlich) den Ortsgerichten mit Vorbehalt des Rekurses an den Richter überwiesen werde. Nr. 20 der Vorl. für den 3. d. J. T.	Hofrath v. Weixelbaum aus Wien modifizirt den Antrag dahin: „Es soll die Entscheidung von Bagatellsachen, deren Ziffer den einzelnen Regierungen festzusetzen verbleibt, den Gemeinden zur schiedsgerichtlichen Entscheidung zugewiesen werden; es soll in jeder Gemeinde zu diesem Zwecke aus der Gemeindevertretung ein Ortsgericht von 3 Personen mit den nöthigen Ersatzmännern bestellt werden; es sollen diese Ortsgerichte nur mit Stimmeneinhelligkeit entscheiden und bei nicht einhelligen Stimmen die Streitparteien

Verhandlung in der Abtheilung	Verhandlung und Beschlußfassung in der Plenar-Versammlung
zu einer Einheit in der Rechtsanwendung kann nur ein höchster Gerichtshof führen, dessen sofortige Einführung bezüglich des bereits bestehenden gemeinschaftlichen deutschen Rechtes, sowie des noch zu schaffenden wünschenswerth erscheint." Ein Antrag, daß bis zur Bildung des höchsten Gerichtshofes alljährlich kollegialische Konferenzen von Deputirten sämmtlicher deutschen höchsten Gerichtshöfe zusammentreten sollen, wurde abgelehnt. I. 279—331.	
Die 4. Abtheilung des 1. d. J. T. hat laut Berichterstattung des Obertribunalraths Dr. Waldeck beschlossen, zur Tagesordnung überzugehen, weil der Antrag zu tief in die Justizorganisation eingreife und nicht den Wirkungskreis näher bezeichne. I. 292—343.	In der 2. Plenarversammlung des 1. d. J. T. hat der Dr. Uchazy seinen Antrag zurückgezogen. I. 292.
Von der 4. Abtheilung laut Berichterstattung des Obertribunalrathes Dr. Waldeck abgelehnt. I. 293—335.	In der 2. Plenarversammlung hat Dr. Aegidi den Antrag zurückgezogen. I. 294.
Ueber Referat des Advokaten Kohlschütter wurde der Antrag in der 4. Abtheilung des 4. d. J. T. abgelehnt. IV. 2. 325.	In der 2. Plenarversammlung des 4. d. J. T. wurde von Dr. Berger der Abtheilungsbeschluß mitgetheilt. IV. 2. 116.

Ursprünglicher Antrag	Anträge der Gutachter
	an die ordentlichen Gerichte verweisen; die Urtheile der Ortsgerichte sind sogleich rechtskräftig und exekutionsfähig; die Gerichtsbarkeit der Ortsgerichte hat sich auf solche Bagatellklagen zu beschränken, welche gegen Einwohner der Gemeinde angebracht werden, oder gegen in der Gemeinde anwesende Fremde aus einem Rechtsgrunde, der innerhalb dieser Gemeinde entstanden ist. und welche Klagen, sei es den Einheimischen oder den Fremden, noch innerhalb der Gemeinde zugestellt wurden. Die nähere Instruktion an die Ortsgerichte ist von den einzelnen Regierungen nach Maß der hier aufgestellten Grundsätze zu erlassen IV. 1. 147—150. Obergerichtsadvokat Dr. Ladenburg aus Mannheim beantragt die Ablehnung des Antrages, indem er die Bestellung von Einzelnrichtern für kleinere Bezirke zur Entscheidung von Bagatellsachen in einem einfachen Verfahren für nothwendig erachtet. IV. 1. 151—153. Gerichtsrath Wengler aus Dresden ist ebenfalls gegen den Antrag, weil die Persönlichkeiten, welchen die Entscheidung anvertraut werden muß, dazu nicht befähigt seien. IV. 1. 363—368.
5. Stadtgerichtsrath Dr. Eberty: 1. die erste Aufgabe nationaler Zivilgesetzgebung ist Einheit in der Gerichtsorganisation. 2. Die Gerichte sind gleichförmig in Deutschland zu organisiren. 3. Die Gerichtsorganisation muß auf a) Inamovibilität der Richter; b) deren Befreiung von allen Geschäften außer dem Rechtssprechen; c) Ausschließlichkeit der richterlichen	Rechtsanwalt Ruhwandl aus München erklärte sich für die Annahme der Sätze 1. 2. Eberty, und gegen die Inamovibilität der Richter (3 a Eberty). Das in den Sätzen 3 b Eberty und Hauschteck 1. (sowie dessen besonderer Antrag wegen der Staatsanwaltschaft) liegende Bestreben billigte er mit Beschränkung. Die Kollegialverfassung sei bereits als nothwendig vom d. J. T. beschlossen (II. 2. 614), dagegen der Satz 2. Hauschteck

Verhandlungen in der Abtheilung	Verhandlung und Beschlußfassung in der Plenar-Versammlung
In der 4. Abtheilung des 4. d. J. T. wurde zunächst auf den Antrag des Berichterstatters, Obertribunalrath Faber aus Stuttgart, unter Ablehnung eines von dem Advokatanwalt Lingmann aus Koblenz dahin gestellten Verbesserungs-Antrages: „Die erste Aufgabe einer nationalen Zivilgesetzgebung ist die Herstellung einer den Bedürfnissen der Zeit entsprechenden Prozeßordnung und Gerichtsorganisation," nach welchem dann Nr. 3 des Eberty'schen Antrages stehen geblieben, nur am Anfang statt „Gerichtsorganisation" zu sagen gewesen wäre: „Prozeßordnung und Gerichtsverfassung,"	In der 2. Plenarversammlung des 4. d. J. T. wurde vom Referenten Obertribunalrath Faber der Beschluß der Abtheilung zur Kenntniß gebracht. IV. 2. 123.

Ursprünglicher Antrag	Anträge der Gutachter
Befugniß auf dem Gebiete des Rechtsstreites; d) Kollegialverfassung gegründet werden. II. 2. 5—6.	zu verwerfen, im Gegentheile die Zuständigkeit der Einzelnrichter festzustellen. Den Satz 3 c hält er durch den Beschluß II. 2. 598 theilweise erledigt, und beantragt, insofern er den Begriff der Ausschließlichkeit dahin versteht, daß kein zu einem Rechtsstreit geeignetes Verhältniß dem gewöhnlichen Richteramte entzogen werden dürfe, deren Beantwortung abzulehnen. IV. 1. 12—18. Staatsanw. Lienbacher aus Wien spricht sich für Einheit und Gleichförmigkeit der Gerichtsverfassung in Deutschland, für Unabsetzbarkeit der Richter, für die Befreiung der (Kollegial-) Gerichte von der verwaltenden Thätigkeit mit der durch die Rücksicht auf die Selbstständigkeit der Rechtspflege gegenüber Verwaltungs-Einflüssen und auf Geschäftsförderung gebotenen Beschränkung, für (Kollegial-) Gerichtshöfe und für Einzelrichter (je nach ihren Zuständigkeiten) aus. IV. 1. 273--275.
6. Staatsanwalt Hauschteck: 1. die für die erste Instanz zu errichtenden Kollegialgerichte sind von jeder verwaltenden Thätigkeit — auch der Justizverwaltung zu befreien. 2. Eine Jurisdiktion von Einzelnrichtern im bürgerlichen und Strafprozesse ist für unwichtigere Sachen, jedoch nur unter der Voraussetzung zulässig, daß dem Kollegialgerichte das Recht gesichert bleibt, jeden den gewöhnlichen Kompetenzbestimmungen vor dem Einzelnrichter gehörigen Prozeß vor sein eigenes Forum zu ziehen, so ferne dieses von einer Partei oder der Staatsbehörde beantragt wird. Nr. 18 a) der Vorl. für den 3. d. J. T.	Derselbe hält den 1. Satz für zu weitgehend, da gewisse Geschäfte ohne Schaden und zur Förderung der Rechtspflege wohl verbunden werden könnten, — den zweiten Satz verwirft er, weil er gegen den Grundsatz, daß Niemand seinem Richter entzogen werden solle, verstoßt und der Einzelnrichter auch nicht bloßer Schiedsrichter sein solle. IV. 1. 269—270.

Verhandlung in der Abtheilung	Verhandlung und Beschlußfassung in der Plenar-Versammlung
und gegen den sich Advokat Judeich aus Dresden erklärte, beschlossen, zu erklären: I. „Die Vorbedingung einer einheitlichen deutschen Prozeßgesetzgebung ist Einheit in den Grundzügen der Gerichtsverfassung," sodann nach dem von dem Berichterstatter beantragten Eingangssatze: II. „Die Gerichtsverfassung sämmtlicher deutschen Staaten soll auf folgenden Grundsätzen beruhen," in der Hauptsache dem Antrage des Berichterstatters gemäß: a) „in allen wichtigeren bürgerlichen und Strafsachen entscheiden schon in erster Instanz kollegialisch gebildete Gerichte. Den Einzelrichtern sind nur die leichteren Gesetzesübertretungen, ferner die Streitsachen von geringerem Belange, sowie Sachen von dringlicher Natur zuzuweisen," wobei nur die weiter von demselben (nach „dringlicher") beantragten (aber als nicht besonders wichtig bezeichneten) Worte: „oder sonst eigenthümlicher" (Natur) gestrichen wurden, dagegen ein von dem Advokatanwalt Lingmann aus Koblenz gestellter Antrag auf Weglassung der Worte „dringlicher oder sonst" entfiel. b) „Die Richter sind inamovibel. — Hierbei sind folgende nähere Bestimmungen maßgebend: 1. Entlassung oder Zurücksetzung kann gegen die Richter nur durch Urtheil des Strafgerichts verfügt werden; 2. unfreiwillige Versetzung auf eine andere Richterstelle von gleichem Rang und Gehalt kann nur im Interesse der Rechtspflege aus dringenden Gründen verfügt werden. Diese Verfügung soll, wofern sie nicht durch Aenderungen in der Organisation der Gerichte oder Gerichtsbezirke veranlaßt ist, oder ein sonstiger im Gesetze bestimmter Ausnahmsfall vorliegt, von der Justizaufsichtsbehörde nur nach vorgängigem Ausspruche des höheren Gerichts, wodurch das Vorhandensein der gesetzlichen Erfordernisse anerkannt wird, getroffen werden; 3. die unfreiwillige Zuruhesetzung eines Richters vor dem Eintritt einer bestimmten Altersgrenze soll gleichfalls nur nach vorgängigem Ausspruche des höheren	

Ursprünglicher Antrag	Anträge der Gutachter
7. Stadtrichter **Primker** zu Breslau: „Der d. J. T. wolle aussprechen, daß die Unabhängigkeit der Rechtspflege nur dann gewahrt sei, wenn der alte deutsch-rechtliche Grundsatz, daß die Gerichte in allen Fällen	

Verhandlung in der Abtheilung	Verhandlung und Beschlußfassung in der Plenar-Versammlung
Gerichtes, wodurch das Vorhandensein der gesetzlichen Erfordernisse anerkannt wird, erfolgen," und zwar wiederum in der Hauptsache nach den Vorschlägen des Berichterstatters, mit Ausnahme der von demselben weiter beantragten Worte, — in Ziffer 1. (nach „des Straf-") „oder Disziplinar-" (Gerichtes), in Ziffer 2. (nach „höhern Gerichtes") „oder einer Richterkommission," welche Obergerichtsrath Ubbelohde aus Limburg zu streichen beantragte. Zum Satze 4: „Die vorübergehende Verwendung eines Richters auf einer anderen Stelle ist bis zu einer gesetzlich bestimmten Dauer ohne Vernehmung des höheren Gerichtes zulässig," bemerkte Rechtsanwalt Thilefeld, daß derselbe nicht unter den Gesichtspunkt der Amobilität fälle, während Justizrath Volkmar vor Annahme desselben warnte. Dieser sowie in Ziffer 3. die Worte (nach „Richters"): „vor dem Eintritt einer gesetzlich bestimmten Altersgrenze" nach Antrag Ellers von Mannheim und (nach „Gerichts-"): „oder einer Richterkommission," wurden abgelehnt. Endlich wurde dem Antrage des Berichterstatters gemäß, unter Ablehnung eines Verbesserungs-Antrages des Advokaten Dr. Dumont aus Mainz: „Es soll stets eine Trennung der Rechtsprechung von der Verwaltung, der freiwilligen von der unfreiwilligen Gerichtsbarkeit stattfinden," als Schlußsatz über Bevorwortung des Privatdozenten Dr. Seufert aus München: c) „Das Richteramt ist von allen seiner Natur fremden Geschäften namentlich aus dem Gebiete der Verwaltung, rein zu halten, soweit nicht durch dringende Gründe der Zweckmäßigkeit Ausnahmen geboten sind," angenommen. Weiter wurde noch, dem Antrage des Berichterstatters gemäß, zu Ziffer 3 c) der Eberty'schen Anträge beschlossen: „In Erwägung, daß der Juristentag bereits früher für den Grundsatz sich erklärt hat, es haben die Gerichte in allen Fällen über ihre Kompetenz selbst und ausschließlich zu entscheiden, in Erwägung sodann, daß die weitere Frage, ob, und bejahenden Falles in welchem Umfange Streitsachen des öffentlichen Rechtes den Zivilgerichten zugewiesen werden sollen, keinesfalls für den gegenwärtigen Juristentag vorbereitet ist, über Vorschlag unter Nr. 3. lit. c) zur Tagesordnung überzugehen, und sodann den Hauschteck'schen Antrag (dessen Ziffer 1. sich schon durch die bisher angeführten Beschlüsse erledigt hatte) unter Ziffer 2. abzulehnen. IV. 2. 330—348.	
4. Abtheilung des 2. d. J. T.: Adv. Dr. Mayrsohn sprach für den Antrag — der Antragsteller selbst präzisirte ihn dahin: daß Kompetenzkonflikte „durch den höchsten Gerichtshof" zu entscheiden sind. Adv. Dr. Berger bemerkte, daß in Oesterreich dieses ohnehin der Fall sei.	2. Plenarversammlung des 2. d. J. T. Nach Vortrag des Referenten Assessor Planck stellte Kreisgerichtsanwalt Vollert den Antrag auf

Ursprünglicher Antrag	Anträge der Gutachter
über ihre Kompetenz selbst und ausschließlich zu entscheiden haben, ungeschmälert Geltung erhält. II. 229.	
8. Assessor Hierl aus München: „Es sei wünschenswerth, daß in allen deutschen Ländern Gerichtsferien eingeführt werden und daß die Gerichtsferien möglichst gleichzeitig stattfinden." IV. 2. 78.	
9. Stadtgerichtsrath Borchardt aus Berlin: 1. Die Einführung des deutschen Handelsgesetzbuches läßt die Errichtung besonderer Gerichte zur Entscheidung der Handelsstreitigkeiten als ein Bedürfniß erscheinen. 2. Was die Organisation solcher Handels-	Oberjustizrath Freiherr v. Holzschuher aus Stuttgart: „Daß die Handelsgerichte aus Rechtsgelehrten und aus Kaufleuten, so daß letztere in der Minderzahl sind, und zwar in beiden Instanzen in ähnlicher Weise, zusammengesetzt werden sollen." V. 1. 37—42.

Verhandlungen in der Abtheilung	Verhandlung und Beschlußfassung in der Plenar-Versammlung
Oberappellationsgerichts-Vizepräsident Pape erklärte sich gegen den Antrag. Geheimer Justizrath Sydow stimmte dem Antrage zu, formulirte ihn aber dahin, daß über die Grenzen der Kompetenz zwischen Justiz und Verwaltung schließlich ein, keiner andern Autorität als der des Gesetzes unterworfener Gerichtshof in den allgemein geordneten Formen des Verfahrens zu erkennen habe. Kreisrichter Dr. Elvers hielt die Frage außer der Kompetenz des d. J. T. gelegen. Rechtsanwalt Bromme, Rechtsanwalt Herzfeld erklärten sich für den ursprünglichen Antrag, welchen der Antragsteller als den weitesten aufrecht hielt und den späteren nur als eventuellen bezeichnete. Obergerichtsassessor Plank fand die Kompetenz des d. J. T. begründet, da hier eine Frage des Zivilprozesses und der Gerichtsverfassung vorliege, und stellte den Verbesserungsantrag, daß die „ordentlichen Gerichte" zu entscheiden haben. Obertribunalrath Dr. Waldeck und Adv. Judeich sprachen für den ursprünglichen Primker'schen Antrag. Obertribunalrath v. Sternenfels stellte den Zusatzantrag: „die Mitglieder des Kompetenzgerichtshofes müssen ständige und unentlaßbare sein." Nach Zurückziehung des Plank'schen Amendements wurde der ursprüngliche Antrag Primker's fast einstimmig angenommen, die übrigen abgelehnt. II. 2. 577—598.	motivirte Tagesordnung, weil die Frage staatsrechtlicher Natur sei. — Apellations-Gerichtspräsident Dr. Schneider und Regierungsrath Hornbostel auf Zurückverweisung an die Deputation, Stadt- und Kreisrath Kurlbaum nahm den in der Abtheilung gestellten Antrag Sydows mit dem Amendement Sternenfels auf. Nach Ablehnung der Anträge auf Tagesordnung und auf Zurückverweisung sprach Dr. Schneider gegen den Primcker'schen Antrag, Advokat Kuntsch für den Sydow'schen, und wird der Antrag wie in der Abtheilung mit Majorität angenommen. II. 2. 641—655.
	In der 1. Plenarversammlung des 4. d. J. T. über Vortrag des Oberlandesgerichtsrathes Dr. v. Keller aus Wien angenommen. IV. 2. 80.
In der 2. Abtheilung des 5. d. J. T. stellte der Berichterstatter Senator Dr. Pfeiffer aus Bremen folgende Anträge: 1. Die Einführung besonderer, aus rechtsgelehrten und kaufmännischen Richtern gebildeter Handelsgerichte erscheint als ein Bedürfniß im Interesse der Erhaltung eines lebendigen Zusammenhanges der Anwendung und Fortbildung	In der 2. Plenarversammlung des 5 d. J. T. wurde vom Referenten Dr. Versmann der Abtheilungsbeschluß zur Kenntniß gebracht. V 2. 53—61.

Ursprüngliches Statut	Antrag der Gutachter
gerichte betrifft, so ist es erforderlich, daß die Zusammensetzung des Richter-Kollegiums in allen Instanzen nach gleichem Grundsatze erfolge und nur Rechtsgelehrte zu Richtern bestellt werden. Gerichtsakzessist Dr. Reinach aus Mainz stellte hiezu folgenden Verbesserungsantrag: 1. „Die Einführung des deutschen Handelsgesetzbuches erfordert die Errichtung besonderer Handelsgerichte. 2. Im Interesse der einheitlichen Fortbildung des Handelsrechts ist eine möglichst gleichmäßige Organisation der Handelsgerichte in allen deutschen Staaten wünschenswerth. 3. Die Handelsgerichte sollen weder ausschließlich aus rechtsgelehrten Richtern, noch lediglich aus Kaufleuten bestehen, vielmehr empfiehlt sich eine entsprechende Vereinigung des juristischen und des kaufmännischen Elements bei Besetzung der Handelsgerichte. 4. Dieses kaufmännische Element soll auch bei der Zusammensetzung der Gerichte der Appellinstanzen, insoweit es sich um handelsgerichtliche Rechtsstreite handelt, berücksichtigt werden. V. 2. 135.	Prof. Dr. Anschütz aus Halle: „Daß zu denselben überall nur ausnahmsweise, namentlich nur da, wo der Kaufmannsstand die geeigneten Persönlichkeiten bietet, kaufmännische Mitglieder zugezogen werden. V. 2. 3—9. Handelsgerichtspräsident, Kaufmann Karl Röder aus Mainz: „Daß, dem Französischen Rechte entsprechend, in erster Instanz Kaufleute, im zweiten Rechtszuge rechtsgelehrte Richter in den Handelsgerichten urtheilen sollen." V. 2. 10—18.

Verhandlung in der Abtheilung	Verhandlung und Beschlußfassung in der Plenar-Versammlung
des geschriebenen Handelsrechtes mit dem allgemeinen Rechtsbewußtsein des Handelsstandes; 2. die Mitwirkung des kaufmännischen Elementes ist auch in den Gerichten zweiter Instanz bei der Entscheidung von Handelssachen nicht zu entbehren; 3. die Gerichtsbarkeit in Handelssachen ist nur in solchen Bezirken, in welchen eine größere Zahl von Handelsstreitigkeiten nicht vorkommt oder die Zusammensetzung des Handelsstandes eine Auswahl tüchtiger Handelsrichter nicht bietet, den gewöhnlichen Gerichten zu übertragen und zwar, wo es thunlich ist, besonderen Abtheilungen derselben: 4. die ständige Deputation wird aufgefordert, die Frage: auf welche Weise dem Bedürfnisse eines gemeinschaftlichen Organs behufs Erhaltung der Einheit des Handelsrechtes in Deutschland am zweckmäßigsten zu genügen sei, auf die Tagesordnung des nächsten d. J. T. zu setzen und für eine geeignete Vorbereitung dieser Frage zu sorgen." Gerichtsrath Dr. Malß aus Frankfurt a. M. stellte hierauf den Antrag: „Die Handelsgerichte sind besondere ständige Abtheilungen der gewöhnlichen Zivilgerichte, welchen Kaufleute mit Stimmrecht beigegeben werden," welchen er aber später zurückzog. Rechtsanwalt Dockhorn aus Posen sprach für die Ansicht Borchardt's, worauf Rechtsanwalt Wilke aus Berlin folgende Anträge einbrachte und motivirte: 1. „In Handelsgerichten sollen prinzipiell ausschließlich Richter des Handelsstandes Sitz und Stimme haben. Sie werden überall, und zwar für alle Streitigkeiten aus Handelsgeschäften, errichtet, wo es die Kaufmannschaft beschließt. Sie bestehen aus fünf von der Kaufmannschaft gewählten Richtern und dem Vorsitzenden des nächsten ordentlichen Gerichtes, welcher nur berathende, nicht entscheidende Stimme hat. 2. Zur Erzielung einer Rechtseinheit im deutschen Handelsrechte ist ein oberster Gerichtshof für ganz Deutschland eine absolute Nothwendigkeit. 3. Die Urtheile der Handelsgerichte sind sofort in ganz Deutschland exekutorisch.	

Ursprünglicher Antrag	Anträge der Gutachter
10. Promemoria, betreffend die Verwendung der Stenografie im gerichtlichen Dienste. VI. 36—42.	
11. Empfiehlt sich die Beibehaltung einer besonderen Gerichtsbarkeit in Zivil- und Strafsachen (bei letzteren abgesehen von Disziplinar-Angelegenheiten) für Studirende auf höheren Schulen (Universitäten, Polytechniken)? VI. 1. 3.	Universitäts-Amtmann Courtin aus Heidelberg stellt folgende Sätze auf: 1. In strafrechtlicher Beziehung besteht, abgesehen von Duellen und Injurien und mit Ausnahme weniger Universitäten, schon jetzt keine eigene akademische Gerichtsbarkeit mehr.

Verhandlung in der Abtheilung	Verhandlung und Beschlußfassung in der Plenar-Versammlung
4. Es findet von ihnen keine Appellation, sondern nur das Rechtsmittel der Kassation statt. Acc. Dr. Reinach sprach hierauf gegen Dockhorn. Es wurden weiters folgende Anträge eingebracht: I. Vom Rechtsanwalt v. Wilmowski aus Schlawe: Zusatz zu dem Antrage des Stadtgerichtsraths Borchardt: 3. „daß die Entscheidung über thatsächliche und sachverständige Fragen und über Handelsusancen nur von zuzuziehenden Kaufleuten zu treffen ist." II. Vom Senator Dr. Versmann aus Hamburg: „Die Handelsgerichte sind aus kaufmännischen Richtern unter einem Juristen als Präsidenten zusammenzusetzen. III. Vom Rechtsanwalt Geck aus Hagen: Amendement zu dem Antrage des Referenten: „Die Handelsgerichte bestehen aus Kaufleuten unter einem rechtsgelehrten Vorsitzenden." Kreisrichter Lesse aus Thorn erklärte sich für aus rechtsgelehrten Richtern und Kaufleuten, Rechtsanwalt Block aus Magdeburg für mit blos rechtsgelehrten Richtern, Senator Dr. Versmann aus Hamburg für mit Kaufleuten unter einem rechtsgelehrten Vorsitzenden besetzte Handelsgerichte, Adv. Schöneseiffen von Gladbach für die Röder'schen Vorschläge, und nach einigen Bemerkungen des Dr. Borchardt und des Referenten entschied sich die Abtheilung für die s. g. gemischten Handelsgerichte. Hierauf wurde der Satz 1 des Referenten mit Weglassung der Motivirung, dann eventuell für den Fall, als ein Ausspruch über die Organisation beliebt würde, der Versmann-Geck'sche Antrag und die Sätze 2, 3 und 4 des Referenten mit Majorität zum Beschlusse erhoben. V. 2. 134—185.	
In der 4. Abtheilung des 6. d. J. T. stellte der Prof. Dr. Gneist aus Berlin folgende Anträge: I. Die akademische Gerichtsbarkeit in Zivilsachen ebenso wie die Ausnahmsgesetze für die Schuldverhältnisse der Studenten sind aufzuheben. Statt derselben genügt es zu allen Zwecken, wenn die Gesetze über das Schiedsverfahren die akademische Be-	Wurde vom Referenten in der 2. Plenarversammlung des 6. d. J. T. die Beschlüsse der Abtheilung zur Kenntniß gebracht. VI. 2. 373.

Ursprünglicher Antrag	Antrag der Gutachter
	2. Die bürgerliche Gerichtsbarkeit der Universitäten ist ein Vortheil, der nicht allein den Studenten, sondern auch den Gläubigern zu Gute kommt. Grundsätzlich steht deren Aufhebung nichts im Wege. 3. Die Trennung der Disziplinarstrafgewalt von der Polizeistrafgewalt ist nicht zu empfehlen, weil sie die Geltendmachung disziplinärer Rücksichten erschwert oder aufhebt. Die Aufstellung einer gemischten Behörde zum Vollzug jener Gewalten ist zweckmäßig, und das Verfahren derselben ist dem ordentlichen Strafprozesse thunlichst anzupassen. 4. Werden zu diesem Zwecke eigene Beamte oder Universitätsrichter beliebt, so fordert die gute Handhabung der exekutiven Polizei, daß keine besondere Polizeibeamte, mit Ausnahme solcher zur Aufrechterhaltung der akademischen Disziplin im engeren Sinne, aufgestellt werden, und die Universitätsgerichte nur richterliche aber keine polizeilichen Befugnisse haben. 5. Für manche Vergehen und Verhältnisse der Studirenden sind besondere Gesetze nothwendig. Diese haben aber nur für Universitäten, nicht für Polytechniker zu gelten. VI. 1. 3—15. Prof. Dr. Geyer aus Innsbruck verneint die Frage unbedingt in ihrem vollen Umfange. VI. 1. 413—417.

Verhandlung in der Abtheilung	Verhandlung und Beschlußfassung in der Plenar-Versammlung
hörden als obligatorische Vermittlungsinstanz (für Schuldklagen gegen Studirende) anerkennen. II. Die akademische Gerichtsbarkeit über Vergehen und Uebertretungen der Studirenden, ebenso wie die Ausnahmsgesetze für solche sind aufzuheben. Es bedarf solcher auch für die Duelle und für die Verbindungen der Studirenden nicht. III. Gesondert von der ordentlichen Strafgerichtsbarkeit des Staates und damit konkurrirend, bedürfen die Universitäten einer eigenen Ordnungsstrafgewalt zur Aufrechterhaltung der Ehre, Ordnung und Sitte des Studentenlebens. Diese Ordnungsstrafgewalt ist durch das Gesetz zu begrenzen, durch die Universitätsstatuten zu regeln, durch Rektor und Senat zu handhaben. Zur Vermeidung einer grundlos doppelten Bestrafung wird sich eine gesetzliche Anweisung an die Strafverfolgungsorgane rechtfertigen des Inhalts, daß nach erfolgter Disziplinarbestrafung ein Streitantrag bei den Gerichten nur zu stellen ist, wenn ein öffentliches oder Privatinteresse eine schärfere Ahndung darüber hinaus entschieden fordert. VI. 2. 272, 282. Advokat Dr. Dauner aus Kaufbeuren stimmt diesen Sätzen zu, empfiehlt aber eine Ausnahme bezüglich der Duelle. Rechtsanwalt Makower aus Berlin ebenfalls mit Ausnahme der Zusätze zu 1 und 3 das Vermittlungsamt der Universität und die Beseitigung doppelter Bestrafung betreffend, welche er abzulehnen beantragt. Advokat Schrey aus Leipzig ist blos für den erwähnten Zusatz zu 3. Nach dem Schlußworte des Referenten wird Satz 1 einstimmig, der Zusatz, ebenso die Sätze II. und III. 1 und 2 mit Majorität angenommen, den Zusatz 3 III und ein Antrag Drewcke zu Köln: „Zur Vermeidung grundlos doppelter Bestrafung wird es sich empfehlen, eine gesetzliche Bestimmung in dem Sinne zu erlassen, daß die Gerichte, in so fern eine Disziplinarbestrafung vorausgegangen ist, ermächtigt werden, eine der Art oder dem Maße nach geringere oder auch gar keine Strafe eintreten zu lassen," abgelehnt. VI. 2. 267—288.	

Ursprünglicher Antrag	Anträge der Gutachter
12. Soll die Entscheidung über die richtige Anwendung der Landesgesetze den obersten Landesgerichten überlassen und nur die Entscheidung über die richtige Anwendung der Reichsgesetze dem höchsten Reichsgerichte zugewiesen werden, oder in welcher Weise soll die Kompetenz des höchsten Reichsgerichtes sonst begrenzt werden? IX. 3. 336.	Staatsrath Dr. Zachariae aus Göttingen spricht sich dahin aus, daß ein oberstes Reichsgericht bestehen solle, welchem aber nicht die Entscheidung über die richtige Anwendung der Landesgesetze, auch nicht aller Reichsgesetze, sondern nur solche zugewiesen werden soll, welche das Reich selbst, seine Verfassung, seine Organe, Institute, Beamte, oder Einrichtungen und Verhältnisse betreffen, welche eine gleichförmige, selbstständige und von dem guten Willen der Einzelstaaten unabhängige Handhabung der darauf bezüglichen Gesetze ihrer Natur nach erheischen. X. 1. 3—12. Justizrath v. Grodbeck zu Bromberg will das Reichsgericht auf die Kognition ausdrücklicher Reichsgesetze beschränkt und von derselben Beschwerden, welche sich auf geringe oder unbedeutende Sachen beziehen, ausgeschlossen wissen. X. 1. 13—17. Oberappellationsgerichtsrath Becker von Oldenburg stellt folgende Sätze auf: Die Kompetenz des höchsten Reichsgerichtes kann sich nur auf die Entscheidung von Rechtsfragen, nicht auf die Entscheidung von Thatfragen beziehen — demselben ist in Strafsachen nur die Entscheidung über die richtige Anwendung der Reichsstrafgesetze — in Zivilsachen mit Ausschluß des einzelrichterlichen auf die der Reichsgesetze und desjenigen einzeln anzugebenden einheimischen Landesrechtes, welches sich nicht bloß über den Bezirk eines Gerichtes zweiter Instanz hinaus erstreckt, sondern auch die Größe seines Geltungsbezirkes und die Erheblichkeit der Rechtsmaterie, welche es befaßt, ein Interesse des Reichs an seiner einheitlichen Anwendung rechtfertigt. X. 1. 18—58. Oberappellationsrath Dr. Bähr zu Berlin stellt Folgendes auf:

Verhandlung in der Abtheilung	Verhandlung und Beschlußfassung in der Plenar-Versammlung
In der 4. Abtheilung des 9. d. J. T. stellt der Referent Dr. Gneist seine Ansicht auf, daß ein Reichsgericht für Fragen des gemeinen Rechts, des preußischen Landesrechts und das französische-reinische Recht, und zwar als Revisionshof durch den Bundesrath zu besetzen nothwendig sei. Hierauf wurde die Frage für den nächsten Juristentag vertagt. IX. 3. 336—338.	Wurde dem nächsten Juristentage über Vortrag des Referenten in der 2. Plenarversammlung des 9. d. J. T. überwiesen. IX. 3. 368.
In der 4. Abtheilung des 9. d. J. T. stellt der Referent Kreisgerichts-Direktor v. Stößer aus Karlsruhe folgende Sätze auf: Die 4. Abtheilung des d. J. T. erklärt wiederholt: 1. Es soll ein höchstes Reichsgericht (in Deutschland) bestehen; 2. das Rechtsmittel, welches die Thätigkeit des höchsten Reichsgerichts eröffnet, bezweckt dessen Entscheidung über die richtige Anwendung des Gesetzes; und spricht ferner als ihre Ueberzeugung aus: 3. Ueber die richtige Anwendung von Reichsgesetzen, soweit solche auf den Gebieten des Privat-, Prozeß- und Strafrechts erfolgen, entscheidet in letzter Instanz das höchste Reichsgericht. 4. Das höchste Reichsgericht entscheidet über die richtige Anwendung solcher das Privatrecht betreffenden Landesgesetze, welche vermöge ihres Geltungsbereichs und wegen der Wichtigkeit ihres Inhalts durch ein Reichsgesetz demselben zugewiesen sind. X. 2. 189. Prof. Dr. Gneist spricht für diese Sätze, ohne deren Formulirung zu billigen. Reichsoberhandelsgerichtsrath Dr. Puchelt aus Leipzig ist gegen die Beibehaltung des Reichsoberhandelsgerichtes als Spezialgerichtshof und stellt den Antrag: „Es soll die Kompetenz des obersten Reichsgerichtshofes ohne Unterschied zwischen Landes- und Reichsgesetzen auf den allgemeinen Voraussetzungen einer Revisionsinstanz gebaut werden." X. 2. 194. Regierungsrath Hornbostel aus Gotha bringt dagegen folgendes Amendement: „Der Juristentag erklärt: Die Bestimmung der Alinea 2 des §. 498 des Entwurfes der deutschen Zivilprozeßordnung ist nicht annehmbar, weil dieselbe	Wurde der 2. Plenarversammlung des 10. d. J. T. zur Kenntniß durch den Referenten gebracht. X. 2. 314.

Ursprünglicher Antrag	Anträge der Gutachter
	1. Das oberste Reichsgericht könne sich nur mit der Entscheidung von Rechtsverletzungen in abstracto befassen. 2. Dasselbe habe zu bestehen zur Wahrung der Rechtseinheit a) für das Gebiet der Reichsgesetzgebung unbedingt, b) für das Gebiet des gemeinen — französischen und preußischen Rechtes unter der Bedingung, daß für letzteres nicht eine besondere dritte Instanz beibehalten wird. X. 1. 98—111.
13. Dr. Hilse aus Wongorowicz: „Es wolle der d. J. T. seine Ueberzeugung dahin aussprechen: bei dem gegenwärtigen Zustande der	

Verhandlung in der Abtheilung	Verhandlung und Beschlußfassung in der Plenar-Versammlung
1. zu einer Rechtsungleichheit innerhalb des Gebietes des deutschen Reiches führt, 2. den beabsichtigten Erfolg — Verhütung einer Ueberbürdung des höchsten Gerichtshofes — nicht erreicht." Dr. Mayrsohn aus Aschaffenburg schlägt vor, auszusprechen: „Die Entscheidung über die richtige Anwendung der Gesetze des gesammten deutschen Privat-, Handels-, Wechsel- und Strafrechts, sowie der Zivil- und Strafprozeßgesetze steht dem höchsten Reichsgerichte zu, während Oberappellationsrath Dr. Bähr, Rechtsanwalt Dr. Reuling aus Leipzig, Oberappellationsrath Dr. Becker für die Anträge des Referenten sich erklärten. Dr. Gneist stellt zu den Sätzen 3 und 4 folgendes Amendement: „Dem deutschen Reichsgericht ist die Entscheidung letzter Instanz zu überweisen nicht nur über die Reichsgesetze, sondern auch über die Landesrechte, jedoch mit Ausschluß bloßer Orts- und Provinzialrechte," und willigt in Theilung derselben. Justizrath v. Grodbeck aus Bromberg aber: Die Zuständigkeit des Reichsgerichts ist auf die Beseitigung der Verletzung von Reichsgesetzen zu beschränken. Vizepräsident Dr. Drechsler aus Leipzig, Stadtgerichtsrath Dr. Silberschlag aus Magdeburg, Rechtsanwalt Herz aus Wiesbaden, Prof. Thudichum aus Tübingen, Advokat Dr. Heinsen aus Hamburg sprechen dafür, daß das Reichsgericht ohne Rücksicht darauf, ob Reichs- oder Partikularrecht verletzt sei, zu entscheiden habe. Nach dem Schlußworte des Referenten werden sodann die Sätze 1 und 2 desselben und von dem Amendement Gneist der Satz angenommen: „Dem deutschen Reichsgerichte ist die Entscheidung letzter Instanz zu übertragen nicht nur über die Reichsgesetze, sondern auch über die Landesrechte." X. 2. 178—219. In der 1. und 2. Abth. d. 9. d. J. T. wurde über Antrag des Dr. Hilse aus Berlin dahin gehend: „In Erwägung, daß es zweckmäßiger erscheine, den Antrag des Dr. Hilse durch eine Uebersicht des Standes der Rechtspflege-	

Ursprünglicher Antrag	Anträge der Gutachter
Rechtspflegestatistik in Deutschland ist wegen der Unvollständigkeit und mangelnden Vergleichbarkeit der gegebenen Nachrichten eine durchgreifende Reform umsomehr geboten, als die Bearbeitung der zu veröffentlichenden Ergebnisse überall nach denselben Grundsätzen erfolgen muß; und seine ständige Deputation ermächtigen: durch eine aus ihrer Mitte zu wählende Kommission das Schema für eine wünschenswerthe einheitliche Bearbeitung entwerfen zu lassen und dasselbe dem Kanzler des Deutschen Reiches sowie der Kaiserlich Oesterreichischen Staatsregierung vorzulegen." IX. 3. 64.	
14. Welche Stellung und Kompetenz den Einzelrichtern in der deutschen Gerichtsverfassung zu geben in Zivilsachen? IX. 2. a. 359.	Kreisgerichtsrath Roos zu Lörrach zeigt, daß es nur nothwendig sei, geringfügige Streitsachen, dann die Verfügung und Vornahme einstweiliger Anordnungen und vorläufiger Beweisaufnahmen dem Einzelnrichter zuzuweisen. Zuweisungen wegen Dringlichkeit oder Einfachheit seien theils überflüssig theils unzweckmäßig. Denselben sei die gleiche Stellung wie den Kollegialrichtern anzuweisen. An der Hand dieser Aufstellungen prüft er die Zweckmäßigkeit der dießfälligen Bestimmungen der Zivil- Strafprozeßordnung für den norddeutschen Bund. IX. 2. a. 359—377.
15. Welches Verfahren erscheint für die den Einzelnrichtern zugewiesenen Bagatellstreitigkeiten das Zweckmäßigste? X. 2. 247.	
2. Staatsanwaltschaft.	
1. Ständige Deputation: Soll die Thätigkeit der Staatsanwaltschaft auch auf bürgerliche Rechtsstreitigkeiten ausgedehnt werden? II. 98.	Hofgerichtsrath Ed. Brauer in Bruchsal hält diese Verwendung der Staatsanwaltschaft in angemessener Beschränkung auf solche Fälle, wo ein öffentliches Interesse im eigentlichen Sinne zu wahren ist, und be-
2. Staatsanwalt Hauschteck aus Stralsund:	

Verhandlung in der Abtheilung	Verhandlung und Beschlußfassung in der Plenar-Versammlung
Statistik in den verschiedenen Staaten Deutschlands vorzubereiten, daß ferner die für die Berathung des Antrages vorliegende Zeit nicht ausreichen werde, wolle die Abtheilung beschließen: 1. Den Hilse'schen Antrag von der Tagesordnung abzusetzen und 2. die ständige Deputation zur besseren Vorbereitung desselben aufzufordern." (Nach einigen Bemerkungen der Herren Privatdozent Dr. Hilse, Rechtsanwalt Makower, Staatsrath v. Rümelin, Rechtsanwalt Meyer und Advokat Dr. Lewi, und nachdem der Antragsteller seine Motivirung fallen ließ, wird der einfache Vertagungsantrag dahin angenommen: den Hilseschen Antrag von der Tagesordnung abzusetzen). IX. 3. 64.	
In der 4. Abth. des 10. J. T. stellte der Referent Oberhofgerichtsrath Wielandt von Mannheim die auf Seite 265—268 X. 2 abgedruckten Anträge, über welche sich die Abtheilung wegen Mangel an Zeit nicht schlüßig machen konnte, und sie daher auf den nächsten Juristentag übertrug. X. 2. 249—272.	Wurde vom Referenten der 2. Plenarversammlung des 10. d. J. T. zur Kenntniß gebracht. X. 2. 315.
In der 4. Abth. des 2. J. T. stellte Obergerichtsassessor Struckmann und Justizrath Volkmar den Antrag, diese Frage der ständigen Deputation zur weiteren Vorbereitung zuzuweisen, welcher Antrag auch angenommen wurde. II. 2. 599.	2. Plenarversammlung des 2. d. J. T. Ueber Vortrag des Referenten Dr. Berger einstimmig der Antrag der Abtheilung angenommen. II. 2. 655—656.

Ursprünglicher Antrag	Anträge der Gutachter
1. „Die Staatsanwaltschaft wird als eine Justizbehörde organisirt, bestimmt, Namens der Staatsregierung dafür zu sorgen, daß die richterliche Gewalt den Gesetzen gemäß frei geübt werden könne. 2. Der Beruf der Staatsanwaltschaft umfaßt die gesammte Leitung aller für die Rechtspflege nothwendigen, nicht-richterlichen Geschäfte neben den Gerichten, insbesondere: die Leitung der Justiz-Verwaltung, einschließlich der gerichtlichen (Kriminal-) Polizei; die Anrufung der richterlichen Strafgewalt bei Verletzung von Strafgesetzen, — soweit nicht durch besondere Gesetze Privatpersonen Rechte gewährt sind, welche die Staatsbehörde ausschließen; die Vertretung der Interessen der Staatsregierung vor den Gerichten im bürgerlichen Prozesse." Nr. 18 a der Vorl. für den 3. d. J. T. Rechtsanwalt Sabarth 1. Das Institut der Staatsanwaltschaft, wie sich dasselbe seither in Deutschland ausgebildet hat, ist kein Bedürfniß oder Förderungsmittel einer unparteiischen Rechtspflege. 2. Zum Wesen des Anklageprozesses sind ständige öffentliche Anklagebehörden nicht erforderlich. Für die einzelnen Fälle sind Mitglieder des Richteramtes mit den Funktionen des öffentlichen Anklägers zu beauftragen und für diese Angelegenheiten der Funktion als Richter zu entbinden. Nr. 186 der Vorl. für den 3. d. J. T.	hufs der Mitbeaufsichtigung der Gesetzmäßigkeit des bürgerl. Rechtsganges, insbesonders Vollstreckungswesen für zweckmäßig; ob derselben das Recht der Nichtigkeitsbeschwerde zur Wahrung des Gesetzes einzuräumen sei, hänge von dem angenommenen Systeme der Rechtsmittel ab. II. 97—99. Kammergerichtsrath Plathner aus Berlin stellt folgende Sätze auf: I. Die Staatsanwaltschaft ist nur als Partei zuzulassen. II. Die Staatsanwaltschaft hat ein Recht zur Klage: 1. auf Nichtigkeitserklärung von Ehen, 2. auf Interdiktion; sie ist als Mitverklagte zu ziehen bei Klagen auf Nichtigkeitserklärung und Scheidung von Ehen. III. Wie weit sie in anderen Fällen in Vertretung eines öffentlichen Interesses als Partei zuzulassen ist, ist nach dem bezüglichen Landesrecht zu beurtheilen. II. 109—116. Obergerichts-Vizedirektor Franke beantragt: „Der Staatsanwaltschaft, als einem Organe der Oberaufsicht, wird zweckmäßig auch für die bürgerliche Justizpflege eine überwachende und vermittelnde Thätigkeit — jedoch ohne die Befugniß zum Eingreifen in den einzelnen Prozeßfall — angewiesen. Damit sie die Ueberwachung ausüben kann, ist ihr das Recht zu gewähren, allen Gerichtssitzungen, auch wenn die Oeffentlichkeit ausgeschlossen ist, jedoch nicht den Berathungen der Richter beizuwohnen, und jederzeit die Mittheilung der Akten zu verlangen. Die näheren Bestimmungen aber darüber, in welcher Weise sie als Organ der Ober-

Verhandlung in der Abtheilung	Verhandlung und Beschlußfassung in der Plenar-Versammlung
In der 4. Abth. des 3. J. T. wurde vorerst der Antrag gestellt, die Verhandlung zugleich auf die Hauschtek-Sabart'schen Anträge auszudehnen, es wurde jedoch beschlossen, zuerst den Referenten zu hören, sohin referirte Obergerichtsassessor Plack aus Göttingen über die vorerstatteten Gutachten und stellte folgende 3 Anträge: 1. Es ist nicht zweckmäßig, der Staatsanwaltschaft das Recht oder gar die Pflicht zu geben, in Zivilprozessen, sei es in allen oder einzelnen, oder bei Inzidenzverhandlungen, ihre Ansicht über die verhandelte Sache und die abzugebende Entscheidung zu entwickeln. 2. Ebenso ist eine Nichtigkeitsbeschwerde im Interesse des Gesetzes nicht zu empfehlen. 3. Dagegen ist es zweckmäßig, die Staatsanwaltschaft als Prozeßpartie in solchen Fällen zuzulassen, wo es sich um eine im öffentlichen Interesse und auf Grund von Prohibitiv-Gesetzen erfolgende Einwirkung auf privatrechtliche Verhältnisse handelt. Wenn diese Voraussetzungen vorliegen, ist nach der Zivil-Gesetzgebung der einzelnen Staaten zu beurtheilen. Staatsanwalt Hauschteck, welchem sich Bezirksgerichts-Assessor Dr. Hierl aus München und Kreisgerichtsrath Dr. Vollert aus Arnstadt, Kreisgerichtsrath Schmidt aus Weimar anschloß, verwahrte sich dagegen, daß über die Stellung der Staatsanwaltschaft im Zivilprozesse verhandelt werde, ehe ihre Stellung im Allgemeinen erörtert ist. Assessor Makower aus Berlin tritt dem entgegen und wünscht, daß über die Anträge Planck's sich geäußert werde, gleicher Meinung ist Staatsanwalt Lauhn aus Naumburg, worauf mit Majorität beschlossen wurde, über die Betheiligung der Staatsanwaltschaft in Zivilsachen zu verhandeln. Kreisrichter Zenthofer aus Rybnik und Adv. Mayerssohn aus Aschaffenburg, Kreisrichter Dr. Vollert aus Arnstadt, Prof. Dr. Endemann aus Jena und Rechtsanwalt Sabarth aus Ratibor sprachen sich gegen die Beiziehung der Staatsanwaltschaft in Zivilsachen aus. Justizrath Dorn aus Berlin, Rechtsanwalt Gierse aus Münster dafür, während letzterer unter Ausdruck des Wunsches, daß ein definitiver Beschluß erst gefaßt werde, wenn über die Gerichtsorganisation beschlossen wird), während Adv. Dr. Bernays aus Mainz die Staatsanwaltschaft zur Wahrung des Gesetzes beigezogen wünscht,	In der 2. Plenarversammlung des 3. d. J. T. wurde nach Vortrag des Referenten Obergerichtsassessor Planck aus Göttingen, dem Antrage Dr. Berger aus Wien, dem Kreisgerichtsrath Dr. Vollert aus Arnstadt und Advokat Dr. Bernayr aus Mainz zustimmte, beschlossen, diese Frage abermal der ständigen Deputation zur weiteren Vorbereitung zurückzugeben. III. 2. 95—100.

Ursprünglicher Antrag	Anträge der Gutachter
	aufsicht thätig zu werden hat, können nicht allgemein, sondern nur mit Rücksicht auf die Dienstorganisation in den einzelnen Staaten getroffen werden. Eine Thätigkeit derselben als Organ des Gesetzes ist nicht zuzulassen, sondern nur eine solche in der Eigenschaft als Prozeßpartei, und die Entscheidung über Ertheilung des Armenrechts, nicht aber die Vermittelung der Geschäftsverbindung der Gerichte unter sich oder mit anderen Behörden ihr zuzugestehen." III. 1. 28—49. Justizrath Advokat-Anwalt König: „Unter der Voraussetzung der Thätigkeit der Staatsanwaltschaft im Strafverfahren und der von dem Juristentage hinsichtlich der Grundlagen des Zivilverfahrens gefaßten Beschlüsse sei auch in bürgerlichen Rechtsstreitigkeiten dem Staatsanwalte eine Stelle anzuweisen und das Minimum seiner Thätigkeit müsse darin bestehen: 1. daß in den öffentlichen Sitzungen der kollegialischen Gerichte stets ein Staatsanwalt zugegen sein und 2. daß es demselben gestattet sei, nach den Vorträgen der Rechtsanwälte und vor dem Urtheile seine Ansicht über die in seiner Gegenwart verhandelte Sache zu äußern." III. 1. 50—56. Staatsanwalt Schloß: 1. „Die Staatsanwaltschaft hat bei sonstiger Nichtigkeit, versehen mit allen Parteirechten, sowohl im streitigen als nicht streitigen Verfahren zu interveniren: a) bei Verhandlung über Trennung und Ungiltigkeitserklärung der Ehe, sowie über Scheidung von Tisch und Bett; b) wo es sich um Ehelichkeit der Geburt handelt; c) bei Adoptionen und Legitimationen;

Verhandlung in der Abtheilung	Verhandlung und Beschlußfassung in der Plenar-Versammlung
aber als partie jointe (1. Satz Planck's) überflüssig hält, Staatsanwalt Hauschteck erklärt, daß das besondere Interesse des Zivilprozesses deren Beiziehung nicht erfordert. Bei der Abstimmung werden die beiden ersten Sätze Plancks angenommen. Für den 3. Satz des Referenten erklärte sich Adv. Eller aus Mannheim, gegen denselben Rechtsanwalt Spiegelthal aus Kolbe und Adv. Lauenstein aus Lüneburg, Adv. Kand. Dr. Wien aus Prag, Rechtsanwalt Volkmar aus Berlin beantragte motivirte Tagesordnung, weil in der 3. Abtheilung über die Existenz der Staatsanwaltschaft beschlossen worden — worauf der Referent bemerkte, daß er mißverstanden worden sei, und nur Lauenstein seine Tendenz richtig aufgefaßt habe — während Adv. Judeich aus Dresden gegen den Antrag Planck's spricht, Rechtsanwalt Sabarth, Adv. Eller den Antrag auf Tagesordnung unterstützen, Rechtsanwalt Leonhard aus Grüneberg ihn bekämpft, Präs. Weixelbaum aus Wien einen Antrag stellt die Frage, ob und in welchen Fällen die Staatsanwaltschaft als partie principale einzuschreiten habe, der Gesetzgebung der einzelnen Staaten vorzubehalten, welchen Rechtsanwalt Volkmar bekämpft. Nachdem der Referent sich mit dem Antrage Weixelbaums einverstanden erklärt und seinen Antrag zurückgezogen hatte, diesen aber Prokurator Rast aus Weilburg wieder aufnahm, wurde der Antrag auf Tagesordnung und der Weixelbaum'sche Antrag abgelehnt, die Abstimmung über den ersten Theil des Planck'schen dritten Satzes blieb zweifelhaft. III. 2. 447—511.	
Wurde in der 4. Abth. des 3. d. J. T. vorerst beantragt, sie mit dem Antrage der ständigen Deputation wegen Einbeziehung der Staatsanwaltschaft für Zivilstreitigkeiten zugleich zu verhandeln, am Schlusse der Verhandlung über den Antrag aber beschlossen, sie nochmals an die ständige Deputation zurückzugeben. III. 2. 512.	In der 2. Plenarsitzung des 3. d. J. T. wurde vom Referenten Hof- und Gerichtsadvokaten Dr. Berger aus Wien der Abtheilungsbeschluß zur Kenntniß gebracht. III. 2. 125.
In der 3. Abth. des 4. d. J. T. änderte der Antragsteller Sabarth den letzten Satz dahin ab: „3. dem jener Prozeßform zu Grunde liegenden Gerechtigkeitsprinzipe wird vielmehr entsprochen, wenn für jeden speziellen Fall einer Gesetzverletzung die Funktionen des öffentlichen Anklägers	In der 2. Plenarsitzung des 4. d. J. T. wurde vom Referenten Oberlandesgerichtsrath Dr. Keller aus Wien der Beschluß der 3. und 4. Ab-

Ursprünglicher Antrag	Anträge der Gutachter
	d) bei Todeserklärungen; e) bei Verfahren wider Abwesende; f) bei Interdiktion wegen Geisteskrankheit oder Verschwendung. 2. Die Staatsanwaltschaft ist berechtigt, allen übrigen Verhandlungen beizuwohnen und hierbei das Wort zu ergreifen. 3. Die Staatsanwaltschaft hat bei wahrgenommener Inkompetenz Anträge zu stellen und ist bei Kompetenz-Konflikten der Gerichte mit anderen Behörden jederzeit zu hören." III. 1. 57—70. Für den 4. d. J. T. beantragte Finanzrath Dr. Fierlinger aus Wien: „Die Staatsanwaltschaft sei als Prinzipalpartei in bürgerlichen Rechtsstreitigkeiten nicht zuzulassen." IV. 1. 23—33. Rechtsanwalt Ruhwandl aus München sprach sich für die Anträge Hauschteck mit Beschränkung aus, und gegen die Sabarth, jedoch mit dem Bemerken, daß dafür gesorgt werden müsse, daß aus dem Richteramte heraus für den Fall, als weder die Staatsanwaltschaft noch ein Beschädigter eine Anklage erhebe, ein Ankläger erstehe. IV. 1. 14. 18. 19. Staatsanwalt Lienbacher aus Wien erklärt sich gegen die Anträge Sabarth's und für die Hauschteck's, welche er jedoch insoweit zu weitgehend bezeichnet, als er die Sorge für die Freiheit der richterlichen Gewalt, nicht dem Staatsanwalte allein übertragen will. IV. 1. 268—271.

Verhandlung in der Abtheilung	Verhandlung und Beschlußfassung in der Plenar-Versammlung
a) in Bezug auf die Voruntersuchung einem einzelnen Mitgliede des Richteramtes, welcher demnächst am Spruche nicht Theil zu nehmen hat; b) für die kontradiktorische Verhandlung aber einem Advokaten übertragen werden" und vertheidigte seine Anträge. Der Referent Oberlandesgerichtsrath Dr. Keller aus Wien beantragte Uebergang zur Tagesordnung — dagegen Justizrath Volkmar aus Berlin Ueberweisung auf die Tagesordnung des nächsten Juristentages wegen nicht genügender Vorbereitung — welch letzterer Antrag, nachdem sich Adv. Dr. Otto aus Heilbronn und Oberhofgerichtsrath Dr. Roßhirt aus Mannheim gegen denselben ausgesprochen, abgelehnt wurde. Staatsanwalt v. Lauhn aus Naumburg und Oberhofgerichtsrath Dr. Roßhirt erklärten sich hierauf gegen die Sabarth'schen Anträge. — Adv. Dr. Schaffrath aus Dresden wollte motivirte Tagesordnung, dahin gehend: In Erwägung, daß das Institut der Staatsanwaltschaft im Strafverfahren wohl dringend einer Reform bedürftig ist, nicht aber eine ständige Behörde für die Anklage entbehrt werden kann, geht der Juristentag zur Tagesordnung über. Oberhofgerichtsrath Dr. Roßhirt wollte den Beisatz in einzelnen deutschen Ländern — zog den Antrag nach den Bemerkungen des geheimen Justizrathes Abegg zurück. Kreisgerichtsdirektor v. Kunowsky aus Leuthen beantragte den weiteren Zusatz: daß die ständige Deputation dem nächsten Juristentage Vorschläge über die Reformen der Staatsanwaltschaft vorzulegen habe. Nach den Schlußworten des Antragstellers und des Referenten, welcher den Antrag auf Uebergang zur Tagesordnung aufrecht erhielt mit dem Beisatze, daß die ständige Deputation Gutachten zu veranlassen habe, wurde, nachdem v. Kunowsky den vom Antragsteller zurückgezogenen Schaffrath'schen Antrag mit seinem Zusatze aufgenommen hatte, dieser mit Majorität angenommen. IV. 2. 236—262.	theilung zur Kenntniß gebracht, und wurde die Ueberweisung an die Deputation zur weiteren Vorbereitung beschlossen. IV. 2. 110. In Folge dessen hat auch die 4. Abtheilung des 4. d. J. T., welcher diese Anträge bezüglich der Verwendung der Staatsanwälte in Zivilsachen vorlag, über Antrag des Referenten Obertribunalraths Faber aus Stuttgart und Empfehlung desselben durch Eller von Manheim, die Berathung über diese Anträge vertagt und dieselben der Deputation zur weiteren Vorbereitung zugewiesen. IV. 2. 352.

Ursprünglicher Antrag	Anträge der Gutachter
	Obergerichts-Anwalt Bauermeister aus Hannover: 1. „daß die Staatsanwaltschaft nur unter Voraussetzung der Entziehung jedes Oberaufsichtsrechtes über die Gerichte als Prozeßpartei zuzulassen und 2. daß die Bestimmung der einzelnen Fälle, in welchen sie als solche zuzulassen, der Zivilgesetzgebung vorzubehalten sei;" IV. 1. 34—37. Geh. Oberjustizrath, Senatspräsident Dr. Heimsoeth aus Köln stellte folgende Sätze auf: „Der Staatsanwaltschaft sei der Beruf zu überweisen: 1. in den Fällen, wo nach dem bisherigen Verfahren ohne Antrag einer Privatpartei von Amtswegen durch ein Zivilprozeßverfahren (zur Feststellung, Aenderung oder Aufhebung eines den Gegenstand des Verfahrens bildenden Privat-Rechtsverhältnisses) einzuschreiten ist, als Prinzipalpartei das Verfahren bei den Gerichten anhängig zu machen und unter Beibringung der Thatsachen mit den Prozeßmitteln einer Partei durchzuführen; 2. in den Fällen, in welchen im Zivilprozeßverfahren (über die Feststellung, Aenderung oder Aufhebung eines den Gegenstand des Verfahrens bildenden Privat-Rechtsverhältnisses) zwar auf die Anträge einer oder mehrerer Parteien zu entscheiden, dabei jedoch die Thatsachen (welche die Voraussetzung der Entscheidung bilden) nicht lediglich nach Lage der Behauptungen, Beweise und Zugeständnisse der Parteien sich bestimmen, sondern von Amtswegen darauf zu halten ist, daß der wirkliche Thatbestand der Entscheidung zu Grunde

Verhandlung in der Abtheilung	Verhandlung und Beschlußfassung in der Plenar-Versammlung
In der 4. Abtheilung des 5. d. J. T. wurden auf den Antrag des Berichterstatters, Obergerichtsraths Planck aus Meppen, auch Gegenbemerkungen des Bezirksgerichtspräsidenten Werny aus Landau und des Rechtsanwalts Steinfeld aus Eschwege für die angeführten Sätze des Heimsoeth'schen Gutachtens zum Beschlusse erhoben. V. 2. 228.	Wurde in der 2. Abtheilung des 5. d. J. T. zur Kenntniß durch den Referenten Planck gebracht und ein Antrag des Oberstaatsanwaltes Dr. v. Groß aus Eisenach auf Behandlung im Plenum verworfen. V. 2. 78.

Ursprünglicher Antrag	Anträge der Gutachter
	gelegt werde, als Prinzipalpartei an dem Verfahren betheiligt zu sein und selbstständig im geeigneten Falle unter Beibringung des Thatbestandes mit den Prozeßmitteln und Rechtsmitteln einer Partei einzuwirken;" IV. 1. 279—310, und diesem letzteren schloß sich auch Ministerialrath v. Freydorf aus Karlsruhe an. V. 1. 165. Ministerialrath v. Freydorf zu Karlsruhe: 1. „Die Amtsverrichtungen der Staatsanwaltschaft sind fortan durch ständige, eigens hiezu ernannte Beamte zu versehen. 2. Diese Staatsanwälte sollen nicht unbedingt, und nur unter denselben Voraussetzungen entlaßbar sein, wie die nicht-richterlichen Beamten des Landes. Die Staatsanwälte bei den Kollegialgerichten sind dem Richterstande zu entnehmen oder mit Richtereigenschaft anzustellen, so zwar, daß sie mit der Entlassung oder dem Rücktritte aus der Staatsanwaltschaft mit denselben Rechten und in demselben Range in den Richterstand eintreten, als hätten sie in der Zwischenzeit diesem Stande angehört. 3. Die Staatsanwälte bleiben den Justizministern dienstlich untergeben. Sie sind jedoch befugt und verpflichtet, in den gerichtlichen Verhandlungen einer anhängig gemachten Sache ihrer eigenen rechtlichen Ueberzeugung zu folgen. 4. Das Personal der Entdeckungs- und Verfolgungspolizei ist den Staatsanwälten unmittelbar zu untergeben.

Verhandlung in der Abtheilung	Verhandlung und Beschlußfassung in der Plenar-Versammlung
In der 4. Abtheilung des 5. d. J. T. wurden den Anträgen des Berichterstatters, Obergerichtsraths Planck aus Meppen gemäß, nachdem Adv. Kuhn aus Landau für ein Aufsichtsrecht über die Gerichte, Adv. Dr. S. Mayer aus Frankfurt a. M. und Obergerichtsassessor Struckmann aus Hannover gegen dasselbe gesprochen hatten, folgende, die Verwerfung des Sabarth'schen Antrages in sich begreifende Beschlüsse gefaßt: 1. Die Amtsverrichtungen der Staatsanwaltschaft sind durch ständige, eigens damit betraute Beamte zu versehen. 2. Das Personal der Entdeckungs- und Verfolgungspolizei ist der Staatsanwaltschaft unmittelbar zu untergeben. 3. Die Staatsanwaltschaft eignet sich nicht zu einem Organe der staatlichen Oberaufsicht über die Gerichte. 4. Es ist nicht nothwendig, der Staatsanwaltschaft die sämmtlichen Justizverwaltungsgeschäfte zu übertragen. Ob ihr einzelne derselben zu überweisen seien, ist Sache der Landesgesetzgebung. 5. a) Die Staatsanwaltschaften haben die ihnen im Straf- und Zivilprozesse zustehenden Funktionen (Nr. 2) selbstständig auszuüben, und können ihnen dabei Anweisungen von Seiten des Justizministeriums nicht ertheilt werden; b) als oberste Beschwerde- und Aufsichtsinstanz für alle Staatsanwälte treten an die Stelle des Justizministers — vorbehaltlich natürlich der demselben in Betreff der Staatsanwälte in demselben Umfange wie in Betreff der Gerichte verbleibenden allgemeinen Oberaufsicht — die Anklagesenate der höheren Gerichtshöfe oder eine Abtheilung des höchsten Gerichtshofes.	Der Beschluß der Abtheilung wurde in der 2. Plenarversammlung des 5. d. J. T. zur Kenntniß durch den Referenten Obergerichtsrath Planck gebracht, und wurde der Antrag des Oberstaatsanwaltes Dr. v. Groß aus Eisenach auf Verhandlung der Sache im Plenum abgelehnt. V. 2. 78.

Ursprünglicher Antrag	Anträge der Gutachter
	5. Es ist kein Bedürfniß vorhanden, der Staatsanwaltschaft die Leitung der bisher von den Gerichten besorgten Justiz-Verwaltungsgeschäfte, insbesondere der mit der Zivilrechtspflege verbundenen Nebengeschäfte zu übertragen. 6. Die Staatsanwaltschaft eignet sich nicht zu einem Organe der staatlichen Oberaufsicht über die Gerichte." V. 1. 164 f.
3. Anwaltschaft. 1. Antrag des Rechtsanwaltes Dr. Straß aus Berlin auf Ausarbeitung eines Entwurfes einer allgemeinen deutschen Advokatenordnung. I. 138.	
2. Des Stadtsgerichtsrathes Dr. Eberty aus Berlin: 1. Die Anwaltschaft ist freizugeben. 2. Die Trennung der Advokatur von der Anwaltschaft ist wünschenswerth. II. 2, 6.	a) des Obertribunalrathes Faber aus Stuttgart: „Es empfehle sich im Interesse der Rechtspflege freie Advokatur, aber geschlossene Advokatanwaltschaft, letztere mit der Einrichtung, daß die freieste Konkurrenz auch unter den Advokatanwälten in Beziehung auf ihre ganze Berufsthätigkeit eröffnet, und daß sowohl die Bestimmung der Zahl der Advokatanwälte, als die Besetzung erledigter Anwaltstellen in die Hand der höheren Gerichte, sei es der Appellationsgerichte, oder des obersten Gerichtshofes, gelegt werde;" IV. 1. 49. b) des Hof- und Gerichtsadvokaten Dr. Kopp aus Wien auf Annahme des ersten und Ablehnung des zweiten Theiles des Antrages. IV. 1. 54. ff. 61 ff. c) des Obergerichts-Advokaten Vissering aus Aurich auf Freigebung der

Verhandlung in der Abtheilung	Verhandlung und Beschlußfassung in der Plenar-Versammlung
6. Die Staatsanwälte können nur unter denselben Voraussetzungen, wie Richter, entlassen, versetzt oder pensionirt werden." V. 2. 210—222.	
Wurde in der 1. Abtheilung des 1. d. J. T. vom Antragsteller zurückgezogen. I. 292. 334.	
In der 4. Abtheilung des 4. d. J. T. stellte der Berichterstatter Obertribunalrath Freiherr v. Sternenfels aus Stuttgart nachstehenden Antrag: „Der Juristentag spricht seine Ueberzeugung dahin aus: 1. Die Ausübung der Advokatur ohne Unterscheidung zwischen den Gerichten und ohne Unterschied der Rechtssachen soll jedem geprüften Rechtsverständigen freigestellt werden. 2. Die Prozeßvertretung (Anwaltschaft) soll von der Rechtsvertheidigung (Advokatur) nicht getrennt werden. 3. Zur Ausübung der Advokatur vor Kollegial-Gerichten sollen nur Diejenigen zugelassen werden, welche binnen einer gesetzlich festzustellenden Frist untadelhaft als Advokat praktizirt haben," und für den Fall der Ablehnung des ersten dieser Anträge 4. „Die Ausübung der Anwaltschaft vor den Kollegialgerichten in Zivilsachen soll an die Ermächtigung durch die höheren Gerichte geknüpft werden." Dem entgegen stellte Dr. Kißling aus Schärding den Antrag: „Die Advokatur sei nicht freizugeben, jedoch bei Besetzung offener Anwaltstellen nach dem Alter der Praxis vorzugehen." Advokat Lingmann aus Koblenz sprach dafür, daß die Advokatur — nicht aber die Anwaltschaft freigegeben werden	In der 2. Plenarsitzung des 4. d. J. T. wurde vom Referenten Obertribunalrath von Sternenfels der Abtheilungsbeschluß zur Kenntniß gebracht. IV. 2. 114.

Ursprünglicher Antrag	Anträge der Gutachter
	Advokatur im Sinne nicht einer Aufhebung des Standes, sondern freier Bewegung der gesetzlich geprüften Personen innerhalb des Standes und daneben für Freimachen desselben von der Ueberwachung und Feststellung der Gebühren von Seite des Richterstandes, indem er die Frage von der Trennung der Anwaltschaft von der Advokatur als von der Gerichtsverfassung und dem Verfahren abhängig bezeichnete. IV. 1. 66—76. d) des Notars Jos. Euler aus Düsseldorf dahin, daß eine Trennung der Advokatur und Anwaltschaft unzweckmäßig und dem Rechtsuchenden nachtheilig, und daher die Zahl der Anwälte (in weiterer Bedeutung, eventuell die Zahl der Advokaten und Anwälte in engerer Bedeutung) nach den wahren Bedürfnissen zu beschränken sei. IV. 1. 313—342.
3. Dr. Jaques aus Wien. Der d. J. T. beschließt: Das Interesse der Gesammtheit an einer möglichst kräftigen und möglichst wohlfeilen Rechtspflege erheischt: freie Konkurrenz unter allen zur Parteivertretung Befähigten, Unabhängigkeit der Advokatur von den Verwaltungsbehörden und den Gerichten in dem	

Verhandlung in der Abtheilung	Verhandlung und Beschlußfassung in der Plenar-Versammlung
könne, daß jedoch die Verbindung beider Stellen zu empfehsei. Advokat Dr. Willner aus Wien, Kreisrichter Lesse aus Thorn, Advokat v. Gutschmidt aus Zwickau, Conc. Dr. Brix aus Wien, Obergerichtsanwalt Eller aus Mannheim, und Accessist Reuling aus Darmstadt erklärten sich für das Prinzip der Freigebung der Advokatur. — Advokat Lebrecht aus Ulm polemisirte gegen den 3. Satz der Anträge des Referenten. Nachdem ein von dem Justizrath Fischer aus Breslau und dem Rechtsanwalt Block aus Magdeburg gestellter, von Letzterem aber zurückgezogener Antrag, die Sache bis zum nächsten Juristentage zu vertagen, da die Entscheidung der Frage, ob die Anwaltschaft freizugeben, wesentlich von der Prozeßordnung abhänge, hier aber eine ganz Deutschland umfassende Aenderung zu erwarten sei, abgelehnt, und ein Antrag des Rechtsanwaltes Dr. Malß aus Frankfurt a. M.: „Die Frage der Organisation der Advokatur ist keine Frage des Gewerberechts, sondern der Justizverfassung," IV. 2. 302, genehmigt war, wurden zuerst Punkt 2 (beinahe einstimmig), dann Punkt 1 unter Ablehnung eines von dem Advokatanwalt Frenkel aus Kaiserslautern beantragten Zusatzes: „daß die Freigebung unter Voraussetzung einer allgemeinen deutschen Gesetzgebung, namentlich einer einheitlichen Gerichtsorganisation erfolgen soll," und des Antrages des Dr. Kißling — nach dem Antrage des Berichterstatters angenommen, dagegen Punkt 3., in welchem von demselben nach einem Antrage des Hofgerichtsraths von Stößer aus Bruchsal die Worte (nach „untadelhaft") „als Richter oder" aufgenommen waren, abgelehnt. IV. 2. 320.	
In der 4. Abtheilung des 7. d. J. T. referirte Justizrath Dorn aus Berlin über die Anträge Dr. Jacques, und schlug folgende Sätze zur Annahme vor: 1. Zur Ausübung der Advokatur ist jeder geprüfte Rechtsverständige berechtigt. 2. Alle Unterscheidungen verschiedener Erfordernisse, rücksichtlich der Befugniß zur Parteivertretung vor Einzel-, Kollegial- oder vor Obergerichten, sowie alle Beschränkungen der Freizügigkeit entbehren der Begründung.	In der 2. Plenarversammlung des 7. d. J. T. wurde über Antrag des Dr. Wex und Genossen beschlossen, diesen Gegenstand im Plenum zu berathen, nachdem der Referent die Verhandlung und Beschlüsse der Abtheilung mitgetheilt hatte. Es wurden sohin die

Ursprünglicher Antrag	Anträge der Gutachter
Sinne, daß jedes Ernennungsrecht der ersteren, sowie jedes Ueberwachungs- und Expensen-Bestimmungsrecht der letzteren (die ihnen zustehende Sitzungspolizei bei Seite gelassen) entfalle, Ueberwachung der Advokatur ausschließlich durch die Oeffentlichkeit und durch die von der Standesgenossenschaft in den Advokatenkammern autonom zu übende Disziplinargewalt, Gleichheit der Vorbedingungen für das Richteramt und den Advokatenstand. Hieraus gehen folgende Grundzüge der legislativen Organisation der Advokatur hervor: 1. Zur Ausübung der Advokatur ist jeder bürgerlich unbescholtene, theoretisch und praktisch geprüfte Rechtsverständige berechtigt. Die Dauer der Vorbereitungspraxis ist nur nach dem unabweislichen Erfordernisse mit Ausschluß jeder anderen Rücksicht zu bemessen. 2. Alle Unterscheidungen verschiedener Erfordernisse rücksichtlich der Befugniß zur Parteivertretung vor Einzeln-, Kollegial- oder vor Obergerichten, sowie alle Beschränkungen der Freizügigkeit in den unter gleicher Zivil- und Strafgesetzgebung stehenden Ländern entbehren der Begründung. 3. Die Ueberwachung der Advokaten und Advokaturs-Kandidaten wird von den Advokatenkammern geübt. Gegen Erkenntnisse, welche auf Verweigerung der Zulassung zur Praxis, der Eintragung in die Liste der Advokaten oder auf Streichung aus der Liste lauten, steht die Berufung an den obersten Gerichtshof offen. In allen wichtigen, dem Plenum der Kammer vorbehaltenen Disziplinarfällen findet öffentliches und akkusatorisches Verfahren statt.	

Verhandlungen in der Abtheilung	Verhandlung und Beschlußfassung in der Plenar-Versammlung
3. Die Ueberwachung der Advokatur wird durch die Advokatenkammern geübt, vorbehaltlich näherer Bestimmungen. In allen wichtigen, dem Plenum der Kammer vorbehaltenen Disziplinarfällen, findet öffentliches und akkusatorisches Verfahren statt. 4. Bezüglich des Advokatenhonorars steht es den Parteien und Advokaten zu, eine Vereinbarung zu treffen. 5. Ist keine Vereinbarung getroffen, so hat eine Taxordnung zu gelten, deren Feststellung und periodische Revision im Gesetzgebungswege zu erfolgen hat. VII. 2. 208, 209. Advokat Wachenhusen aus Boitzenburg sprach für Freigebung der Advokatur und Wegfall aller Prüfungen. Advokat Bekh aus Lindau stellte dagegen das Amendement: Zur Ausübung der Advokatur ist jeder geprüfte Rechtsverständige berechtigt, sobald derselbe die gesetzlich bestimmte Vorbereitungspraxis zurückgelegt hat — welchem der Referent beistimmte. Professor Dr. Gneist aus Berlin zeigt die Nothwendigkeit der Vorbedingungen, bezüglich der Qualifikation; Obergerichtsanwalt Dr. Freudentheil aus Stade, spricht für die Anträge des Referenten. Rechtsanwalt Meyer aus Berlin wünscht, daß als Vorbedingung die bürgerliche Unbescholtenheit aufgenommen werde, gegen welchen sich der Referent wegen der Elastizität des Ausdruckes erklärt, und denselben zur Zurücknahme des Antrages veranlaßt. Es werden hierauf Punkt 1 und 2 des Referenten fast einstimmig angenommen. Zu Punkt 3 stellt Advokat Dr. Antoine-Feill aus Hamburg das Amendement: „Die Advokaten sind nur den allgemeinen Strafgesetzen, und einer gerichtlichen Disziplin nur in denjenigen Grenzen zu unterwerfen, in welcher solche Disziplin zur Aufrechthaltung der Ordnung und des Anstandes in dem Gericht erforderlich ist," VII. 2. 223, wogegen Advokat Dr. Levy aus Hamburg, Dr. Freudentheil aus Stade, Professor Dr. Gneist und Rechtsanwalt Dr. Steinfeld aus Kassel für die Anwaltskammer sprechen. Der Referent Dorn beantragt hierauf das Wort „wichtig", Obergerichtsanwalt Linckelmann aus Hannover, den ganzen	Punkte 1 und 2 der Abtheilungsbeschlüsse ohne weitere Debatte angenommen. Zum Punkte 3 stellte Hof- und Gerichtsadvokat Dr. v. Kißling folgendes Amendement: „Die Ueberwachung der Advokaten wird nur durch die Advokatenkammer und den obersten Gerichtshof, unter Zuziehung von Advokaten, geübt, vorbehaltlich näherer Bestimmungen" gegen welches R.-Anw. Dr. Steinfeld aus Kassel spricht. Advokat Dr. Wolffsohn aus Hamburg erklärt sich für den von Dr. Antoine-Feill in der Abtheilung gestellten Antrag, welcher von Obergerichtsanwalt Noltemeier und Dr. Freudentheil bekämpft wird. Nach dem Schlußvortrage des Referenten wird Punkt 3 des Abtheilungsbeschlusses angenommen, und der Antrag Dr. Kißling's abgelehnt. VII. 2. 246—259.

Ursprünglicher Antrag	Anträge der Gutachter
4. Bezüglich des Advokatenhonorars steht es den Parteien und Advokaten zu, wann immer Vereinbarung zu treffen. Ist keine Vereinbarung getroffen, so hat eine Taxordnung zu gelten, deren Feststellung, rücksichtlich periodische Revision im Gesetzgebungswege zu erfolgen hat. 5. Es liegen keine entscheidenden Gründe vor, das Inslebentreten einer auf den vorentwickelnden Prinzipien beruhenden Advokatenordnung von der Einführung neuer Kodifikationen des Zivilprozeßverfahrens abhängig zu machen; vielmehr ist es im Gesammtinteresse gelegen, solche sofort ins Leben treten zu lassen."	
4. Notariat. 1. Antrag des Rechtsanwaltes und Notars Krieger in Goldap. „Es sei zweckmäßig und nothwendig: 1. daß sämmtliche Urkunden, sowohl die zur Beglaubigung als zur Begründung der Rechtsgeschäfte dienenden, von dazu bestellten Notaren ausgefertigt, 2. daß Notarienkammern errichtet, 3. daß das Notariat von der Advokatur getrennt, 4. daß den Gerichten die freiwillige Gerichtsbarkeit abgenommen und 5. daß für ganz Deutschland eine allgemeine deutsche Notariatsordnung erlassen werde." I. 140.	
2. Des Stadtgerichtsrathes Dr. Eberty aus Berlin. Das Notariat ist von der Anwaltschaft zu trennen. II. 2. 6.	Obertribunalrath Faber aus Stuttgart: Es sei wünschenswerth, daß das Notariat von der Advokatur mit Einschluß der Advokatanwaltschaft überall getrennt werde, wo der Geschäftsumfang beider Berufsarten

Verhandlung in der Abtheilung	Verhandlung und Beschlußfassung in der Plenar-Versammlung
Schlußsatz — Noltemeier aus Hannover, das Wort „öffentlich" zu streichen, — worauf der Referent seinen Antrag so formulirte: „Die Ueberwachung der Advokaten, wird durch die Advokatenkammer geübt, vorbehältlich näherer Bestimmungen, namentlich auch hinsichtlich der Beschwerdeführung," VII. 2. 227, welcher auch mit Majorität angenommen wurde. Ueber den Punkt 4 wollte Dr. Levy zur Tagesordnung gehen, Noltemeier sprach für denselben, es wurde aber beschlossen, die Verhandlung über die Punkte 4 und 5 zum nächsten Juristentage zu vertagen. VII. 2. 208—229. In der 1. und 2. Abtheilung des 8. d. J. T. wurden diese Punkte fallen gelassen. VIII. 2. 123.	
In der 4. Abtheilung des 4. d. J. T. stellte der Referent Obertribunalrath v. Sternenfels folgende Anträge: a) „Das Notariat soll von der Advokatur getrennt werden. b) Für diejenigen Orte soll eine Ausnahme hievon gemacht werden, wo jede dieser Funktionen für sich ein genügendes Auskommen nicht gewährt." IV. 2. 297.	In der 2. Plenarversammlung des 4. d. J. T. wurde vom Referenten Obertribunalrath v. Sternenfels der Abtheilungs-

Ursprünglicher Antrag	Anträge der Gutachter
	ein selbstständiges Bestehen derselben ermöglicht. IV. 1. 53. Hof- und Gerichtsadvokat Dr. Kopp aus Wien stimmt dem Satze zu unter der Bemerkung, daß ihm die Zweckmäßigkeit des ganzen Notariatsinstitutes eine offene Frage sei. IV. 1. 60. Obergerichtsadvokat Vissering von Aurich hält dafür, daß der Juristentag über diese Frage zur Tagesordnung übergehen solle, weil sie untergeordneter Natur sei, und nur festzuhalten sei, daß die jurisdictio voluntaria rechtsverständiger Leitung anvertraut werde und Niemand in den Fällen als Notar fungiren dürfte, in denen er als Advokat thätig war. IV. 1. 76. Notar Euler von Düsseldorf ist für die unbedingte Trennung des Notariats von der Anwaltschaft und dem Richteramte. IV. 341—350.
I. Welche Kompetenz sollen die Notare in materieller Beziehung haben? II. Welche Kompetenz soll den Notaren in räumlicher Beziehung gegeben werden? III. Welche Formen und Kautelen der Beurkundung soll es geben? IV. Welche Organisation ist den Notariats-Kollegien zu geben und welche Disziplinarbefugnisse sind ihnen einzuräumen? V. Soll das Notariat von der Advokatur getrennt werden? (Tagesordnung des 9. d. J. T.)	

Verhandlung in der Abtheilung	Verhandlung und Beschlußfassung in der Plenar-Versammlung
Der erste Satz wurde angenommen — der zweite abgelehnt. IV. 2. 321.	beschluß mitgetheilt. IV. 2. 115.
In der 1. und 2. Abtheilung des 9. d. J. T. stellte der Referent Justizrath Bohlmann aus Berlin vorerst folgende Thesis auf: „Die sogenannte freiwillige Gerichtsbarkeit ist, als ihrem inneren Wesen und der praktischen Behandlung nach, von der streitigen Gerichtsbarkeit grundverschieden, von dieser unbedingt und vollständig zu trennen." Adv. Wertheim aus Posen, welchem deshalb Notar Metz aus Kirchheimbolanden entgegentritt, beantragt anstatt „unbedingt" „möglichst" zu setzen. Mit Majorität wird die Thesis des Referenten angenommen; derselbe stellt hierauf Folgendes auf: „Es ist wünschenswerth, daß die deutschen Regierungen die Kompetenz des Reichstages hinsichtlich des Reichsnotariats-Gesetzes auch insoweit anerkennen, als das letztere bei Abgrenzung des materiellen Geschäftskreises der Notare in die dem Reichstag nicht unterworfenen Gebiete des Zivilrechtes eingreift." Dr. Hilse aus Berlin ist aus Kompetenzgründen für die Verwerfung, worauf der Antrag des Referenten mit Majorität angenommen wurde.	Wurde der Abtheilungsbeschluß vom Referenten der 2. Plenarversammlung des 9. d. J. T. mitgetheilt. IX. 3. 361.

Ursprünglicher Antrag	Anträge der Gutachter

Verhandlung in der Abtheilung	Verhandlung und Beschlußfassung in der Plenar-Versammlung
Zur ersten Frage beantragt er folgende Beantwortung: „Die Kompetenz der Notare muß im ganzen Reiche eine gleiche und hinsichtlich der Gegenstände der jurisdictio voluntaria eine uneingeschränkte sein," gegen welche, insofern die jurisdictio voluntaria gänzlich dem Notariate zugewiesen werden soll, Hof- und Gerichtsadvokat Dr. v. Kißling aus Linz spricht, welchem Notar Euler von Düsseldorf opponirt, Adv. Schrey aus Leipzig beistimmt und schließlich vereinbart wird zu setzen: jurisdictio voluntaria im engeren Sinne — mit welcher Abänderung der Antrag des Referenten mit Majorität genehmigt wurde. Die Frage 2 beantragt der Referent mit nachstehender Resolution zu erledigen: „Die räumliche Kompetenz der Notare soll über den unmittelbaren Gerichtsbezirk, resp. Kreis, zwar hinausgehen, jedoch andererseits die Grenzen der Provinz, resp. des Appellationsgerichtes oder des Regierungsbezirkes nicht überschreiten, und es ist zweckmäßig, sie nach dem Umfang des betreffenden Disziplinarsprengels zu bemessen," welche mit Majorität angenommen wurde. Frage 3 soll nach Antrag des Referenten beantwortet werden dahin: „In Betreff der Formen der Notariatsakte, welche möglichst zu vereinfachen sind, sind im Allgemeinen die Bestimmungen der jurisdictio voluntaria der Reichs-Konsule zu Grunde zu legen." Ueber Einwendungen Euler's und Adv. Bertheim wird der Satz: a) „Die Form der Notariatsakte und die Kautelen bei denselben sind möglichst zu vereinfachen," formulirt und einstimmig angenommen. Zu Frage 4 schlägt der Referent vor Vertagung, dagegen Euler: b) „Dem Notariatsstande ist eine organische Gliederung zu geben und sind zur Ueberwachung der Standesehre desselben Notariats- und Disziplinarkammern einzurichten," welchem der Referent beistimmt, worauf die einstimmige Annahme des Antrages erfolgt. Zur Frage 5 schlägt vor der Referent zu sagen: „Das Notariat soll von der Advokatur getrennt werden." Bertheim verlangt statt „soll" „kann" getrennt werden, welchem Euler entgegentritt, worauf Bertheim beantragt zu sagen: „soll in der Regel getrennt werden." Schließlich wurde der Antrag des Referenten mit Majorität angenommen. IX. 3. 109—127.	

Ursprünglicher Antrag	Anträge der Gutachter
VIII. Verfahren in bürgerlichen Rechtsstreitigkeiten.	
1. Prozeßverfahren.	
1. Entwurf einer Prozeßordnung in bürgerlichen Rechtsstreitigkeiten für den norddeutschen Bund. IX. 2. 3—316.	a) Prof. Dr. v. Bar aus Breslau. IX. 2. 3—50. b) Obertribunalrath Plathner zu Berlin. IX. 2. 51—117. c) Justizrath v. Grodbeck zu Bromberg. IX. 2. 118—219. d) Kreisrichter Gaupp in Tübingen. IX. 2. 220—294. e) Prof. Dr. Osterloh in Leipzig. IX. 2. 295—298. f) Obergerichtsanwalt Dr. André zu Osnabrück. IX. 2. 299—311. g) Aeußerungen zu letzterem Gutachten vom Oberappellationsanwalt Meyersburg in Celle. IX. 2. 312—316.
2. Obertribunalrath Dr. Waldeck zu Berlin stellte unter Voraussetzung mündlicher Prozedur vor Kollegien folgende Anträge: „Mit der Angabe der thatsächlichen Behauptungen in Klage, Einrede, Replik 2c. ist regelmäßig nicht die Angabe der Beweismittel zu verbinden, es bleibt den Parteien überlassen, dies zu thun, und sie sind nur verpflichtet, die Beweisurkunden sogleich vorzulegen.“ I./18—19.	Obertribunalrath v. Sternenfels aus Stuttgart stimmt diesem Satze mit der Beschränkung zu, daß nicht die Urkunden ausnahmslos beizulegen sind, von dem Gerichte aber die Produktion derselben verlangt und der Produzent auch zur Erklärung über die Echtheit angehalten werden kann. II. 3 bis 9. Obergerichtsanwalt Dr. André aus Osnabrück weist im Eingange seines Gutachtens (II. 36—52) nach, daß nur eine allgemeine deutsche Zivilprozeßordnung, nicht Verbesserungen der Partikulargesetze anzustreben seien und sein Gutachten über die 4 Waldeck'schen Sätze vom Standpunkte der Hannover'schen Prozeßordnung erstattet werde. Bezüglich des ersten Satzes stimmt derselbe

Verhandlungen in der Abtheilung	Verhandlung und Beschlußfassung in der Plenar-Versammlung
In der 4. Abtheilung des 1. d. J. T. wurde über Referat des Justizrathes Volkmar der Grundsatz zum Beschlusse erhoben: Die Angabe der Beweismittel für die Behauptungen der Parteien erster Instanz in Klage, Klagebeantwortung, Replik u. s. w. braucht erst nach ergangenem Beweisinterlokute zu geschehen mit Ausnahme der Urkunden, welche zur Begründung der Behauptungen dienen und deren Beibringung oder Nachweisung mit den Behauptungen verbunden werden muß. I. 263.	In der 2. Plenarversammlung des 1. d. J. T. wurde Abth.-Beschl. vom Referenten zur Annahme empfohlen, dagegen vom Obergerichtsanwalt Dr. André aus Osnabrück sich gegen denselben erklärt, weil auf so allgemein gestellte spezielle Fragen des Prozeßrechtes nicht wegen Verschiedenheit der Gesetzgebungen der einzelnen Länder eingegangen werden solle, worauf der Antragsteller seinen Antrag vertheidigte. Obergerichtsanwalt Goetting

Ursprünglicher Antrag	Anträge der Gutachter
	insoferne zu, als er den Zwang zur Beweis-Antizipation verwirft, aber auch ihn bezüglich der Urkunden nicht als Regel gelten läßt, sondern nur dem Gerichte, wie es im §. 110 der Hannover'schen Prozeßordnung festgesetzt ist, das Befugniß geben will, die Vorlage von Urkunden vorzuschreiben, über die sich der Gegner sofort erklären muß (§. 201). I. 52—59. Prof. Dr. Planck zu Kiel bestreitet die Nützlichkeit, solche einzelne von Waldeck aufgestellten Sätze zu beschließen, ehe nicht eine Einigung über die allgemeinen Grundsätze der Gerichtsverfassung und des Verfahrens erzielt ist. II. 92. Bezüglich des ersten führt er aus, daß die Gerichtshöfe erster Instanz für die wichtigeren Rechtssachen so eingerichtet sein müssen, daß von ihnen Sprüche erwartet werden können, die der Sache und dem dermaligen Stand der Wissenschaft entsprechen. Die obern (2 und 3) Instanzen hätten mit Ausschluß aller nova nur mit streitigen Rechtsfragen zu beschäftigen. Die 3. Instanz aber sich auf den nicht bloßen Ausspruch abstrakter Rechtssätze beschränken, sondern die sonstige Rechtsfrage in concreto entscheiden.
Derselbe: 2. Beweisinterlokute sollen nicht appellabel sein? I. 23—24.	Obertribunalrath v. Sternenfels spricht sich für den Antrag aus und empfiehlt, daß Entscheidungsgründe auch zu den nicht appellablen Beweisdekreten mitgetheilt werden sollen. II. 9—18. Obergerichtsanwalt Dr. André stimmt dem Satze mit der Beschränkung zu, daß, wenn beide Streittheile einverstanden sind, die Berufung zulässig — in jedem Falle aber im mündlichen Verfahren der Richter an das Beweisinterlokut gebunden sein soll. II. 54—61. Prof. Planck zeigt, daß, je nachdem die

Verhandlung in der Abtheilung	Verhandlung und Beschlußfassung in der Plenar-Versammlung
	aus Hildesheim stellt den Antrag zu beschließen: Der d. J. T. spricht seine Ueberzeugung dahin aus, daß die Erlassung einer allgemeinen Zivilprozeßordnung gebaut auf das Prinzip der Oeffentlichkeit und Mündlichkeit ein dringendes Bedürfniß sei. Für diesen sprachen Rechtsanwalt Dr. Malß aus Frankfurt a. M., Obergerichtsrath Baehr aus Kassel, Hofrath v. Kerstorf aus Augsburg.
In der 4. Abtheilung des 2. d. J. T. stellte Obertribunalrath Dr. Waldeck den Antrag dahin: „Die Angabe der Beweismittel für die Behauptungen der Parteien braucht in der Regel erst nach ergangenem Beweisinterlokute zu geschehen," welcher Antrag nach Bevorwortung desselben durch den Referenten Kreisgerichtsrath Kühne und einige Bemerkungen Dr. Bernays' auch zum Beschlusse erhoben wurde. II. 2. 509.	Ueber Antrag des Professor Gneist aus Berlin wurde Beschlußfassung über die 5 Waldeck'schen Anträge in Rücksicht auf die große Wichtigkeit und Vielseitigkeit der Sache bis zum nächsten Juristentag vertagt, u. der Goetting'sche Antrag mit dem des Rechtsanwaltes Dr. Straß zum Beschlusse erhoben. I. 262 bis 281.
In der 4. Abtheilung des 1. d. J. T. unter Ablehnung der Amendements: a) Die Beweisinterlokute sind nicht sofort appellabel. b) Die Beweisinterlokute werden nicht rechtskräftig und sind nicht appellabel, angenommen. (I. 273. 328.) In der 4. Abtheilung des 2. d. J. T. wurde nach Vortrag des Referenten Kreisgerichtsrath Kühne, vom Obertribunalrath Waldeck der Antrag gestellt: „Die Ausführung eines vom Richter angeordneten Beweises, kann durch Rechtsmittel nicht aufgehalten werden." Vom Advokaten Bernays „die Einlegung von Rechtsmitteln, hält den vom Richter angeordneten Beweis nicht auf" — von Justizrath Volkmar: „die Beweisaufnahme kann durch Einlegung von Rechtsmitteln	In der 2. Plenarversammlung des 2. d. J. T. wurden über Referat des Obertribunalrathes Dr. Waldeck die Beschlüsse der Abtheilungen zum Satze 1 und 2 ohne Discussion einstimmig genehmigt. II. 2. 614—621.

Ursprünglicher Antrag	Anträge der Gutachter
	Gerichte eingerichtet sind — das Verfahren, die Rechtsanführungen und die Ausführung des Thatbestandes trennt — nova in zweiter Instanz zugelassen werden oder nicht, die zweite Instanz überhaupt die Thatfrage zu erörtern haben wird oder nicht, vorbehaltene oder sonstige Appellabilität gestattet werden kann. II. 71—92.
Derselbe: Die Vertretung durch einen Rechtsanw. ist obligatorisch zu machen? I. 24.	Obertribunalrath v. Sternenfels stimmt diesem Satze zu und gibt bloß der Erwägung heim, ob für Bagatellsachen eine Ausnahme zu machen sei. II. 18—20. Obergerichtsanwalt Dr. André ist vollkommen mit diesem Antrage einverstanden.
Derselbe: Eine Abweisung der Klage per decretum wegen offenbarer Nichtbegründung ist nicht zuzulassen. I. 17.	Obertribunalrath v. Sternenfels stellt auf, daß eine solche Zurückweisung statthaft sei, wenn aber dadurch materielles Recht zwischen den Parteien festgesetzt wird gegen das Dekret (richtiger Erkenntniß genannt) ein Beschwerderecht bis an die oberste Instanz offen zu halten sei. II. 20—24. Obergerichtsanwalt Dr. André stimmt dem Waldeck'schen Satze vollkommen bei. II. 61—62.
Derselbe: Das Rechtsmittel letzter Instanz bringt	Obertribunalrath v. Sternenfels stellt folgende Sätze auf:

Verhandlungen in der Abtheilung	Verhandlung und Beschlußfassung in der Plenar-Versammlung
nicht aufgeschoben werden," vom Assessor Makower: „Beweisinterlokute werden nicht rechtskräftig." Obertribunalrath von Sternenfels: „daß der Richter nicht an Beweisdekrete gebunden sei." Nach Zurückziehung der Anträge Bernays, Volkmar und Makower wurde der Waldeck'sche angenommen, der von Sternenfels der ständigen Deputation zur weiteren Berichterstattung und Begutachtung überwiesen. II. 2. 510—526.	
In der 4. Abtheilung des 1. d. J. T. mit Majorität angenommen. I. 329. In der 4. Abtheilung des 2. d. J. T. sprach für den Antrag Obergerichtsanwalt Dr. André, Rechtsanwalt Dr. Horwitz, Justizrath Dr. Straß, Advokat Dr. Mayersohn, — gegen denselben Advokat Judeich. — Obertribunalrath v. Sternenfels beantragte die Annahme mit dem Beisatze mit Ausnahme der Bagatellsachen, Advokat Dr. Bernays stellte den Antrag beizusetzen: „bei Kollegialgerichten", Justizrath Volkmar wünschte den Beisatz „bei ordentlich-kollegialisch besetzten Gerichten"; nach einigen Bemerkungen des Staatsanwaltes Block, Advokat Schöneseiffen, wurde der neu formulirte Antrag des Obertribunalrathes Dr. Waldeck angenommen: „Die Vertretung durch einen Rechtsanwalt soll in allen bürgerlichen ordentlichen Rechtsstreitigkeiten vor kollegialisch formirten Gerichten obligatorisch sein." II./2. 548—559.	Zum 3. Satze erklärte Obertribunalrath v. Sternenfels, daß das Amendement, es gelte dieser Grundsatz für Bagatellsachen nicht, in der Abtheilung beschlossen wurde. Kreisrichter Dr. Gad und Oberstaatsanwalt Dr. Keller wollten die Ausnahme, daß die rechtskundigen Personen eines Anwaltes nicht bedürfen, Hofrath v. Kerstorf, Adv. Judeich sind gegen den Beschluß der Abtheilung, Rechtsanwalt Dr. Horwitz für denselben, und nachdem der Berichterstatter Dr. Waldeck ihn ebenfalls vertrat, wurde dieser angenommen, die übrigen abgelehnt. II. 2. 627—631.
In der 4. Abtheilung des 1. d. J. T. angenommen nach Ablehnung eines Antrages auf Tagesordnung. I. 274. 329. In der 4. Abtheilung des 2. d. J. T. wurde über Antrag des Advokaten Noltemeier der Antrag angenommen. II./2. 559—560.	Bezüglich des 4. und 5. Satzes wurden die Beschlüsse der Abtheilung mit Majorität genehmigt. II. 2. 637—641.
Ueber diese wurde in der 4. Abtheilung des 1. d. J. T. der Antrag auf motivirte Tagesordnung dahin lautend bean-	

Ursprünglicher Antrag	Anträge der Gutachter
nicht die Sache in ihrer Totalität, sondern neben Kompetenzüberschreitungen und gewissen Prozedurfehlern nur die behauptete fehlerhafte Anwendung und Auslegung des Gesetzes mit Ausschluß der thatsächlichen Würdigungen des zweiten Richters zur Entscheidung des für ein größeres Gebiet bestimmten höchsten Gerichtshofes. I. 36.	1. Ueber reine Thatfragen hat eine dritte Instanz nicht zu bestehen. II. 28. 2. Für Beschwerden gegen unrichtige Auslegung oder Anwendung des Gesetzes soll ein Kassationshof bestehen. II. 32. 3. Der Kassationshof hat auch über Verletzung wesentlicher Prozeßnormen zu entscheiden. II. 34. Obergerichtsanwalt Dr. André tritt dem Waldeck'schen Satze bei, mit der Modifikation, daß er die Kassation im Falle Uebereinstimmung der beiden ersten Instanzen nicht zulässig findet. II. 62—65.
3. Der Kammergerichtsrath Buddee aus Berlin: a) Die strenge Anwendung der Eventualmaxime im Zivilprozeß bedingt die Vertretung der Parteien durch Rechtsanwälte. b) Die bloße Unterschrift eines Rechtsanwaltes unter Prozeßschriften — Legalisirung — kann die nothwendige Vertretung nicht ersetzen. c) Bei der Verhandlung geringfügiger Sachen vor dem Einzelnrichter ist die Anwendung der Eventualmaxime auszuschließen. I. 64.	

Verhandlung in der Abtheilung	Verhandlung und Beschlußfassung in der Plenar-Versammlung
tragt, „in Erwägung, daß der Antrag Nr. 5 zu tief in die Organisationsfrage und das übrige Prozeßrecht eingreift, geht die Versammlung zur Tagesordnung über" — abgelehnt. I. 329; eine geringe Minorität erklärte sich für den Gegenantrag: „Das Oberapellationsgericht soll ein Gerichtshof im deutschen Sinne des Wortes sein und bleiben, und demgemäß soll die Revision, beziehungsweise Oberappellation, das ordentlich Rechtsmittel höchster Instanz, das der Kassation nachgebildet Rechtsmittel nur ergänzend in den deutschen Zivilprozeß einleiten," dagegen die überwiegende Majorität für den Antrag Nr. 5 — das Amendement nach „Prozedurfehler" die Worte „abgesehen von jenen Fällen, wo in zweiter Instanz auf Grund neuer Instruktion reformirt ist," wurde abgelehnt. I. 329, 330. In der 4. Abtheilung des zweiten d. J. T. sprach Obergerichtsassessor Eudenmann für die Vertagung der Frage, geheimer Finanzrath v. Wilmowsky, Advokat Dr. Mayersohn, Rechtsanwalt Leonhard, Advokat Naumann, Obertribunalrath Waldeck, Justizrath Volkmar für die Bejahung derselben, Professor Gneist sprach gegen den Antrag, und nachdem der Vertagungsantrag zurückgezogen war, wurde der Satz (in der von Leonhard beantragten) Fassung: Soll das Rechtsmittel dritter Instanz nur als Kassation zu verstehen sein? bejaht. II./2. 560—574.	
Die 4. Abtheilung beschloß über Referat des Obertribunalrathes Waldeck, Uebergang zur Tagesordnung, weil der erste Punkt bereits Gegenstand der Verhandlung beim Antrage Waldeck Zusatz 3 war, die beiden anderen Punkte aber speziell nur Preußen interessire. I. 280. 331. Der Antrag „die Zwangsvertretung durch Rechtsanwälte bedingt die Freigebung der Advokatur an alle nach gesetzlichen Bestimmungen befähigte Personen" wurde abgelehnt. I. 331.	Wurde in 2. Plenarversammlung des 1. d. J. T. der Uebergang zur Tagesordnung beschlossen. I. 280.

Ursprünglicher Antrag	Anträge der Gutachter
4. Antrag des Kreisrichters Zenthöfer in Nikolai: „Der Juristentag wolle in Betracht nehmen und empfehlen, daß jedem ordentlichen Civilprozesse ein (in der weitern Ausführung des Antrages entwickeltes) Mandats-, und auf Antrag des Verklagten ein Sühneverfahren vorausgehe. I. 134. Antrag des Gerichts-Assessors Sutro aus Münster: „Der d. Juristentag wolle erklären, daß eine in ganz Deutschland geltende allgemeine Eidesnorm mit den Eingangsworten: „Ich schwöre bei Gott, dem Allmächtigen und Allwissenden" und mit den Schlußworten: „So wahr mir Gott helfe, Amen!" wünschenswerth sei. I. 143.	

Verhandlung in der Abtheilung	Verhandlung und Beschlußfassung in der Plenar-Versammlung
Laut Berichterstattung des Obertribunalraths **Waldeck** beantragte die 4. Abtheilung, diesen Antrag, als für einen Ausspruch des Juristentags nicht geeignet abzulehnen. I. 283, 333.	In der 2. Plenarversammlung des 1. d. J. T. dieser Abtheilungsantrag angenommen. I. 283.
Laut Berichterstattung des Obertribunalraths Dr. **Waldeck** hat die 4. Abtheilung beschlossen, den Antrag zur Annahme zu empfehlen. I. 283, 333.	In der 2. Plenarversammlung des 1. d. J. T. wurde von Rechtsanwalt **Block** aus Burg die Ablehnung beantragt, dagegen vom Berichterstatter Dr. **Waldeck** und Kreisrichter **Meibauer** aus Schivelbein der Abtheilungsbeschluß vertheidigt. Appellations-Gerichtsprokurator **Keller** aus Dillenburg beantragte die Fragen zu trennen, Professor Dr. **Bluntschli** aus München zur Tagesordnung überzugehen, dem Hofrath v. **Kerstorf** beistimmte. Professor Dr. **Aegidi** aus Hamburg sprach dafür, die Frage zu vertagen und der zu gründenden Abtheilung für Kirchenrecht zur Erörterung zu übergeben. Schließlich wurde, nachdem Präsident Dr. **Heimsoeth** aus Köln die Fragen formulirt hat, beschlossen, **daß eine allgemeine Eidesformel wünschenswerth sei, die Festsetzung derselben aber abgelehnt.** I. 282—290.

Ursprünglicher Antrag	Anträge der Gutachter
Ständige Deputation. 5. Soll der Schwerpunkt des nach dem Grundsatz der Oeffentlichkeit und Mündlichkeit zu regelnden Verfahrens in bürgerlichen Streitsachen in der mündlichen Verhandlung oder in dem als Grundlage dienenden schriftlichen Vorverfahren liegen, namentlich was das Verfahren in erster Instanz betrifft? II. 99.	Hofgerichtsrath Brauer aus Bruchsal spricht sich für das Hannover'sche System aus, welches ein verbessertes französisches System sei, nämlich ein rein mündliches Hauptverfahren mit einem nur kurz vorbereitenden Vorverfahren von Anwalt zu Anwalt. II. 99—104. Kammergerichtsr. Plathner aus Berlin stellt folgende Sätze auf: I. Es ist ein Recht, nicht eine Verpflichtung der Partei, ihre Sache dem entscheidenden Gerichte vorzutragen. II. Nur durch die Schrift erkennbar gemachten Erklärungen der Parteien dürfen die Grundlage der Entscheidung bilden. III. Es ist in der Regel zweckmäßig, die mündliche Verhandlung erst nach beendetem Schriftenwechsel eintreten zu lassen. IV. Das Vortragen des Streitstandes durch ein Mitglied des Gerichts vor dem Beginn der mündlichen Verhandlung Seitens der Parteien verstößt nicht gegen das Prinzip der Mündlichkeit; ob es statthaben soll oder nicht, ist eine Frage praktischer Zweckmäßigkeit. II. 116—122.

Verhandlung in der Abtheilung	Verhandlung und Beschlußfassung in der Plenar-Versammlung
In der 3. Abtheilung des 2. d. J. T. entwirft vorerst Obergerichtsassessor Dr. André ein Bild des Hannöver'schen Zivilprozesses und spricht sich dafür aus, daß die mündliche Verhandlung als Grundlage angenommen werde. II. 2. 453—463. Referent Assessor Makower hat die von der Deputation gestellte Frage in die Form des Antrages gebracht, welcher dahin geht: „Der d. J. T. erkläre als wünschenswerth, daß der Schwerpunkt des nach den Grundsätzen der Oeffentlichkeit und Mündlichkeit zu regelnden Verfahrens in bürgerlichen Streitsachen, namentlich was das Verfahren in erster Instanz betrifft, in der mündlichen Verhandlung liege." Kreisrichter Lehfeld stellt ein Amendement wegen sicherer Fixation des Thatbestandes. Kreisgerichtsdirektor Odebrecht sprach den Wunsch aus, daß vorher die Frage der zweckmäßigsten Organisation der Gerichte erläutert und dem nächsten Juristentage vorgelegt werde, und stellt eventuell den Antrag einzusetzen: „Bei kollegialisch formirten Gerichten." Justizrath Heintze sprach sich gegen die Geltung der mündlichen Verhandlung als Grundlage aus. Kreisgerichtsrath Kühne, Obergerichtsassessor Planck gaben faktische Berichtigungen bezüglich des Hannöver'schen Verfahrens. Obertribunalrath Dr. Waldeck, Advokat Dr. Judeich, Oberappell. Gerichtsrath Becker, Privatdozent Dr. Nissen, Assessor Planck sprachen für den Makower'schen Antrag. Obergerichtsrath Bähr wünscht denselben in mehrere Fragen zu theilen und darüber Abstimmung. Justizrath Volkmar beantragte Auslassung der Worte: namentlich was das Verfahren in erster Instanz betrifft. Geh. Finanzrath v. Wilknowsky tritt diesem Amendement bei. Kammergerichtsrath Plathner stimmt dem Satze, daß in der mündlichen Verhandlung der Schwerpunkt der Verhandlung liegt, unter dem Vorbehalte zu, daß trotzdem der Thatbestand schriftlich fixirt werde, und stellt den Antrag: „Nur die durch Schrift erkennbar gemachten Erläuterungen der Parteien dürfen die Grundlage der Entscheidung bilden." Der Referent vertheidigte seinen Antrag und beantragte Annahme desselben und der Amendements Odebrecht's und Volkmar's, sowie Ablehnung des Gegenantrages Plathner's. Die Abstimmung erfolgt demgemäß. Bemerkt wurde weiters über einen Antrag, daß durch den gefaßten Beschluß das Verfahren vor Einzelnrichtern gar nicht berührt werde. II. 2. 463—502.	In der 2. Plenar-Versammlung des 2. d. J. T. referirte Dr. André und wurde der Antrag Makower's mit Majorität ohne weitere Discussion angenommen. II. 608—614.

Ursprünglicher Antrag	Anträge der Gutachter
Ständige Deputation. 6. Soll, was den Beweis in bürgerlichen Streitsachen betrifft, das Urtheil nach freier richterlicher Ueberzeugung, ohne fest bindende Beweisregeln erfolgen? II. 104.	Hofgerichtsrath Brauer bejaht diese Frage und bemerkt, daß dabei eine gewisse Formstrenge, um einzelne Vorschriften über gesetzmäßige Beschaffenheit, Zulässigkeit, Werth oder Vorzug gewisser Beweismittel durch die Natur der bürgerl. Rechtsangelegenheiten geboten seien, insbesonders führt er dieses bezüglich der einzelnen Beweismittel aus. II. 104—108. Kammergerichtsrath Plathner stellt folgende Sätze auf: I. Es ist nothwendig für bestimmte Fälle bestimmte, den Richter verpflichtende Beweisregeln aufzustellen. II. Soweit das Gesetz solche bestimmte Regeln nicht enthält, hat der Richter über die Kraft des geführten Beweises zu entscheiden. III. Erachtet er einen Beweis für unvollständig geführt, so darf der Beweis nur durch einen nothwendigen Eid ergänzt werden. II/1. 112—125. Gerichtsassessor Dr. Bornemann bejaht im Allgemeinen diese Frage, hält damit aber die Aufstellung gewisser positiver Bestimmungen (z. B. über Ausschließung von Zeugen) für vereinbar und den nothwendigen Eid für zulässig. III. 1. 121—127. Adv. Dr. Bernays bejaht ebenfalls diese Frage. III. 1. 128—131.

Verhandlung in der Abtheilung	Verhandlung und Beschlußfassung in der Plenar-Versammlung
In der 4. Abtheilung des 2. d. J. T. beantragte Kreisrichter Dr. Silberschlag nach Vortrag des Referenten Kreisgerichtsrath Kühne die Ablehnung eventuell Zurückverweisung an die ständige Deputation. Rechtsanwalt Bromme sprach für die Bejahung der Frage, Prof. Dr. Gneist, Obertribunalrath Dr. Waldeck, Kreisrichter Dr. Elvers, Obergerichtsassessor Dr. Planck, Justizrath Dr. Straß für Vertagung, welche der Referent zu beschließen, Assessor Makower abzulehnen beantwortete, und Annahme empfahl. Justizrath Volkmar beantragte ebenfalls wegen nicht genügender Vorbereitung die Frage nochmals an die ständige Deputation zu verweisen, welcher letztere Antrag mit Majorität angenommen wurde. II. 2. 527—746.	In der 2. Plenar-Versammlung des 2. d. J. T. referirte Obertribunalrath Dr. Waldeck, — dem Antrage der Abtheilung stellte Obergerichtsassessor Endemann dem entgegen: „Die Gesetzgebung soll dahin streben, daß, was den Beweis in bürgerlichen Streitsachen betrifft, das Urtheil möglichst nach freier richterlicher Ueberzeugung ohne bindende Beweisregeln erfolgen kann," es sprach hiefür Oberamtsrichter Scheurlen, wurde aber der Vertagungsantrag der Abtheilung mit Majorität angenommen. II. 2. 621—623.
In der 4. Abtheilung des 3. d. J. T. wurde vom Berichterstatter, Obergerichtsanwalt Dr. Pfeiffer aus Bremen, zuvörderst beantragt: „In Betracht, daß die Würdigung eines geführten Beweises der Natur der Sache nach vorzugsweise der freien richterlichen Erkenntniß überlassen werden muß, daß insbesondere durch das mündliche Verfahren ein größerer Einfluß der subjektiven Ueberzeugung des Richters bei Entscheidung der Thatfrage bedingt erscheint, daß jedoch in bürgerlichen Rechtsstreitigkeiten unter den jetzt vorherrschenden prozessualischen Grundprinzipien gewisse positive Beweisregeln als Schranken der freien richterlichen Beurtheilung nicht ganz entbehrt werden können, die Grenzlinie aber zwischen der Nothwendigkeit und Verwerflichkeit von Beweisregeln nicht durch einen allgemeinen Ausspruch, sondern nur durch Erörterung der einschlagenden Einzelnfragen bezeichnet werden kann: über die aufgestellte Frage zur Tagesordnung überzugehen." Hierauf beantragte Kreisrichter Zenthöfer aus Rybnik: „Es sei auszusprechen, daß die Zeugen-, Gutachten- und	In der 2. Plenar-Versammlung des 3. d. J. T. empfahl der Referent Prof. Dr. Endemann den Beschluß der Abtheilung zur Annahme, dagegen sprachen Prof. Dr. Götz aus Leipzig u. Adv. Sabarth aus Ratibor, dafür Adv. Dr. Auerbach aus Frankfurt, Assessor Makower aus Berlin, Dr. Hofer aus Wien und wurde ein von Kreisr. Zenthöfer gestellter Antrag auf nochmalige Verweisung der Frage an die ständige Deputation, für welchen Adv. Eller aus Mann-

Ursprüngliches Statut	Antrag der Gutachter

Verhandlung in der Abtheilung

Augenscheinbeweise nach freiem Ermessen des Richters zu würdigen, dagegen bei der Würdigung des Urkundenbeweises gesetzliche Regeln anzuwenden seien,"

worauf Prof. Endemann aus Jena den Antrag stellte:

„Der Juristentag spricht sich dafür aus, daß der Richter die Wahrheit der Thatsachen, so weit sie unter den Parteien streitig, nach freier Ueberzeugung zu prüfen habe,"

welchen die Dr. Josef Kopp, Willner und Hoffer aus Wien vertheidigten;

sodann Rechtsanwalt Corty aus Lakau beantragte:

„Der deutsche Juristentag wolle als seine Ueberzeugung aussprechen:

in bürgerlichen Streitsachen habe der Richter die Frage, ob ein Beweis durch Zeugen oder Sachverständige geführt sei, nach seiner freien Ueberzeugung, vorbehaltlich der Befugniß der Auferlegung eines nothwendigen Eides zu beantworten,"

wogegen Rechtsanwalt Gierse aus Münster die Tagesordnung dahin motivirt:

„Die Versammlung geht in Erwägung,

1. daß gewisse Beweisregeln nicht entbehrt werden können,
2. daß dieselben jedoch auf das nothwendigste Maß zu beschränken seien, hierbei aber auch
3. die Gerichtsverfassung und die Gerichtsordnung in Betracht komme, zur Tagesordnung über," vorschlug, und für welche sich Rechtsanwalt Dr. Schaffrath aus Dresden erklärte.

Rechtsanwalt Leonhard aus Grüneburg stellt den später wieder zurückgezogenen Antrag:

„In bürgerlichen Streitsachen soll das Urtheil nach freiem Ermessen ohne fest bindende Beweisregeln erfolgen, soweit nicht der freie Wille der Parteien und sein Einfluß auf das Verfahren Ausnahmen rechtfertigt."

Rechtsanwalt Dr. Horwitz aus Grüneberg:

„Der Juristentag wolle als seine Ueberzeugung aussprechen: Die Würdigung des geführten Beweises ist auch im Zivilprozeß der Natur der Sache nach vorzugsweise der freien richterlichen Erkenntniß zu überlassen; insbesondere wird durch das mündliche Verfahren ein größerer Einfluß der subjektiven Ueberzeugung des Richters bei Entscheidung der Thatsachen bedingt. Die unbedingte Verwerfung aller positiven Beweisregeln als Schranken der freien richterlichen Beurtheilung erscheint jedoch nicht gerechtfertigt," welchem sich der Referent anschloß.

Verhandlung und Beschlußfassung in der Plenar-Versammlung

heim sich erklärte, nachdem in der Sache selbst Advokatur-Kandidat Dr. Brix aus Wien beantragt hatte:

„Der Juristentag wolle aussprechen: der Zivilrichter ist bei Beurtheilung der im Prozesse vorgebrachten Thatsachen an eine positive Beweistheorie nicht zu binden, vorbehaltlich der Bestimmung über die Glaubwürdigkeit von Urkunden u. Parteieneiden," und die Abstimmung über den nun noch vom Obergerichtsanwalt Lauenstein aus Lüneburg gestellten Vorantrag:

„In Erwägung, daß die Frage über die Freiheit der Prüfung der Beweisfrage in der Wissenschaft noch nicht zum Abschlusse gelangt ist, geht der J. T. zur Tagesordnung über," kein unzweifelhaftes Ergebniß geliefert hatte, angenommen. III. 2. 100—124.

In der 2. Plenar-Versammlung des 4. d. J. T. wurde vom Ref. Direktor v. Stösser der Abtheilungsbeschluß zur Kenntniß gebracht. IV. 2. 114.

Ursprünglicher Antrag	Anträge der Gutachter
	Von den weiteren, für den 4. d. J. T. veranlaßten Gutachten sprach sich das des Gerichtsassessors Makower aus Berlin für die Bejahung dieser Frage, IV. 1, 111 ff. das des Oberlandesgerichtsraths Dr. Frh. v. Sacken, welcher drei Gruppen von Beweisregeln unterscheidet — bei a) über Beweispflicht, b) über Beweisführung und c) über Beweiswürdigung dahin aus, der Juristentag sollte über diese weder unbedingt zu bejahende, noch unbedingt zu verneinende, die Würdigung der Beweise zu beschränkende Frage zur Tagesordnung übergehen. IV. 1, 116—132.

Verhandlung in der Abtheilung	Verhandlung und Beschlußfassung in der Plenar-Versammlung

Obertribunalrath Frh. v. Sternenfels aus Stuttgart:

„Der Juristentag spricht die Ueberzeugung aus, daß das richterliche Ermessen bei Würdigung des geführten Zeugen- und Urkundenbeweises und bei Auflegung des richterlichen Eides von fest bindenden Beweisregeln entbunden werden möge."

Der hierauf gestellte Antrag des Advokaten v. Feder aus Offenburg:

„Der deutsche Juristentag solle seine Ueberzeugung dahin aussprechen, daß, was den Beweis in bürgerlichen Streitsachen betrifft, das Urtheil nach freier richterlicher Ueberzeugung fest-bindende Beweisregeln erfolgen soll, wobei jedoch die Frage, ob und in wie weit die Einführung des Instituts der Richter der Thatsachen (Geschwornen) zu empfehlen sei, der weiteren Erörterung vorbehalten ist,"

wurde zurückgezogen.

Bei der Abstimmung wurde der Antrag Endemann's, welcher dahin motivirt war:

„Der Juristentag spreche sich ohne damit die Folgen des Grundsatzes im Einzelnen festzustellen, im Ganzen für das Prinzip aus, daß der Richter die Wahrheit der Thatsachen, soweit sie unter den Parteien streitig sind, nach freier Ueberzeugung zu prüfen habe, mit großer Majorität angenommen, die übrigen abgelehnt." III. 2. 515—558.

In der 4. Abtheilung des 4. d. J. T. wurde dem Antrage des Berichterstatters, Hofgerichtsrath v. Stößer aus Bruchsal entsprechend, für welchen Assessor Dr. Hierl aus München, Rechtsanwalt Spiegelthal aus Kalbe und Justizrath Fischer aus Breslau eintreten, den Beschluß gefaßt:

„Der Juristentag spricht sich — ohne damit bestimmten Vorschriften über die Zulässigkeit einzelner Beweismittel und über die Art ihrer Erhebung vorzugreifen, sowie mit Vorbehalt nöthiger Bestimmungen über den Beweis durch Urkunden und den Eid — für den Grundsatz aus, daß der Richter die Wahrheit der Thatsachen, soweit sie unter den Parteien streitig ist, nach freier Ueberzeugung zu prüfen habe."

und der Antrag des Advokaten Dr. v. Kißling aus Schärding:

die Worte (nach „streitig ist"): „jedoch nur unter der Voraussetzung des öffentlichen und mündlichen Verfahrens" beizufügen,

abgelehnt,

wonach dann die anderen materiellen Anträge, namentlich der des Rechtsanwalts Block aus Magdeburg, die Frage in folgender Fassung:

„Soll in bürgerlichen Streitsachen der Richter die Thatsachen — soweit die Parteien den Beweis weder durch Urkunden, noch durch einen Eid führen — nach freiem Ermessen feststellen?"

zu stellen und zu bejahen,

und der des Obergerichtsanwalts Dr. Eller aus Mannheim auszusprechen:

Ursprünglicher Antrag	Antrag der Gutachter
7. Ständige Deputation: Soll der erste Richter an ein von ihm erlassenes Beweisinterlokut in der Hauptentscheidung gebunden sein? Nr. 16 der Vorlagen für den 3. d. J. T.	Finanzprokurator Beschorner geht von den bereits vom Juristentage angenommenen Grundsätzen aus — daß ein Verfahren stattzufinden habe, bei welchem der Schwerpunkt in der mündlichen Verhandlung liegt, und Beweisinterlokute nicht appellabel seien, und bejaht diese Frage dahin, daß der Richter vor der ersten Entscheidung der Sache (der Hauptentscheidung) an ein von ihm erlassenes Beweisinterlokut gebunden, jedoch berechtigt sein soll, vor dieser ersten Entscheidung durch ein anderweitig verbesserndes Beweisdekret Nachhilfe zu schaffen. III. 1. 98—112. Obertribunalrath Dr. Heffter verneint diese Frage. III. 113—118.
8. Rechtsanwalt Dr. Schaffrath: „Der d. J. T. wolle als seine Rechtsüberzeugung aussprechen: daß der Gebrauch eines gesetzlich zulässigen Rechtsmittels auch selbst dann, wenn dasselbe für unbegründet	

Verhandlung in der Abtheilung	Verhandlung und Beschlußfassung in der Plenar-Versammlung
„In bürgerlichen Rechtsstreitigkeiten erfolgt die Beurtheilung des Beweises durch Zeugen, Sachverständige und Vermuthungen, soweit dieselben zulässig sind, nach freier richterlicher Ueberzeugung," von selbst wegfielen. IV. 2. 217—284.	
In der 4. Abtheilung des 3. d. J. T. stellte der Berichterstatter, Justizrath Volkmar aus Berlin, den Antrag: Das Gericht hat in einem mit Gründen versehenen Dekrete die Beweislast zu regeln und den Beweis zu verordnen. Das Gericht ist bei der Endentscheidung an dieses Beweisdekret nicht gebunden. Obergerichtsassessor Planck aus Göttingen, welchem sich Präsident von Pape aus Celle, Advokat Lauenstein von Lüneburg anschloß, bejahte dagegen die gestellte Frage, Kreisrichter Zenthöfer aus Rybnick beantragte dagegen: „auszusprechen, in einem Zivilprozesse, in welchem es zur Beweiserhebung kommt, sind zwei verschiedenartige Beweisresolute, nämlich ein Beweisaufgaberesolut oder Interlokut und ein Beweiszulassungs-Resolut oder Resolut im engeren Sinne anzunehmen. Bei der Hauptentscheidung eines solchen Prozesses ist das Beweisinterlokut unabänderlich, dagegen das Beweisresolut, insofern es auf Eidesabnahme lautet, ebenfalls unabänderlich, im Uebrigen abänderlich." Landesadvokat Dr. v. Ott aus Brünn sprach für den Antrag des Referenten, deßgleichen Advokat Dr. Bernays aus Mainz, Hof- und Gerichtsadvokat Dr. Josef Kopp aus Wien, Justizrath König aus Cleve. Rechtsanwalt Gierse aus Münster und Assessor Makower aus Berlin, beantragten die Weglassung der Worte „mit Gründen", dem sich Kreisgerichtsrath Schmid aus Weimar widersetzte. Obertribunalrath v. Sternenfels aus Stuttgart sprach für den Antrag des Referenten, beantragte aber die Auslassung „mit Gründen versehenen" und „die Beweislast zu regeln". Schließlich wurde der Antrag des Referenten mit großer Majorität angenommen. III. 2. 558—592.	In der 2. Plenarsitzung des 3. d. J. T. wurde vom Referenten Justizrath Volkmar aus Berlin der Abtheilungsbeschluß zur Kenntniß gebracht. III. 2. 124—125.
Wurde vom Antragsteller von der Verhandlung zurückgezogen. III. 2. 446.	

Ursprünglicher Antrag	Anträge der Gutachter
befunden wird, nicht noch besonders an der Partei oder deren Vertreter mit einer Geld- oder sonstigen Strafe geahndet werden darf." Nr. 17 der Vorlagen für den 3. d. J. T.	
9. Ständige Deputation: „Erscheint es für das deutsche bürgerliche Verfahren geboten oder auch nur zweckmäßig, daß die Zulässigkeit des Zeugenbeweises auf Rechtsgeschäfte von verhältnißmäßig nur geringem Betrage beschränkt, — und daß derselbe von dem Inhalte einer Urkunde oder zur Ergänzung des Inhalts oder zur Herstellung von Reden, die vor, während oder nach Abfassung einer Urkunde vorgefallen sein sollen, ausgeschlossen werde?" V. 1. 62.	Oberhofgerichtskanzler Haaß aus Mannheim sprach sich dahin aus: a) daß die Bestimmungen über Beschränkung des Zeugenbeweises in bürgerlichen Rechtssachen für besondere Fälle nicht zu der Gesetzgebung über das Verfahren gehören, b) daß die Aufnahme solcher Bestimmungen in den deutschen bürgerlichen Prozeß durch die übrige Einrichtung des letzteren nicht als geboten erscheine, c) daß aber eine solche Aufnahme wenigstens zweckmäßig sei." V. 1. 62—77. Professor Dr. Hinschius aus Halle sprach für die Verneinung der aufgestellten Frage. V. 1. 166—176. Advokatanwalt und Ergänzungsrichter Dr. Creizenach aus Mainz beantragte: der Zeugenbeweis sei zuzulassen, übrigens von den Richtern, gleich Zivilgeschwornen frei zu würdigen und muß ein diesem entsprechendes Verfahren hinsichtlich dieses Beweismittels eigerichtet werden, Vorsicht und Strenge zu empfehlen, wenn Zeugen und Urkunden sich widersprechen, sei nicht Sache der Gesetzgebung, sondern diese Vorsicht ergebe sich als Pflicht aus der Natur und dem Wesen des Richteramtes. V. 2. 19—31.

Verhandlung in der Abtheilung	Verhandlung und Beschlußfassung in der Plenar-Versammlung
b) In der 4. Abtheilung des 5. d. J. T. wurde vom Berichterstatter, Stadtrichter Hiersemenzel aus Berlin, beantragt, auszusprechen: 1. Es erscheint weder nothwendig, noch auch nur zweckmäßig, daß, wenn die zivilrechtlichen Folgen einer Handlung Gegenstand eines Prozeßverfahrens sind, die Zulässigkeit des Zeugenbeweises auf Rechtsgeschäfte von verhältnißmäßig nur geringem Betrage beschränkt, und der Zeugenbeweis von dem Inhalte einer Urkunde, sowie zur Ergänzung des Inhalts und zur Herstellung von Reden, welche vor, bei oder nach Abfassung einer Urkunde vorgefallen sein sollen, ausgeschlossen werde; 2. dagegen erscheint es geboten, daß die Zeugenverhöre, soweit es sich um ein streitiges Rechtsgeschäft handelt, im Zivilprozeß stets vor dem erkennenden Richter stattfinden." Diesen Antrag bevorwortete Obergerichts-Assessor Koppen aus Rinteln mit dem Beisatze, daß unter Ziffer 2 das Wort „regelmäßig" eingeschaltet werde. Prokurator Dr. Herz aus Höchst, im Wesentlichen mit dem Referenten einverstanden, will den Urkundenbeweis begünstigt wissen. Obertribunalrath v. Sternenfels aus Stuttgart erklärte sich gegen den Zusatz Koppen's, worauf Advokat Ruhwandl aus München den Antrag stellte, beizusetzen, mit Beschränkung der Ausnahmen auf die ganz unvermeidlichen, was von Sternenfels als nicht genug präcisirt bezeichnete, wogegen Koppen beantragte: „nur ausnahmsweise kann im Einverständnisse beider Streittheile Vernehmung der Zeugen kommissorisch erfolgen." Advokat Lohner aus Wittenberg wollte Ablehnung des 2. Satzes des Referenten und Beauftragung der ständigen Deputation die Frage zu erörtern, „wie der Beweis im Zivilprozesse im Ganzen und Einzelnen erhoben werden soll", gegen welchen Antrag sich Obergerichtsanwalt Lauenstein von Lüneburg und für den Antrag des Referenten erklärte und Obergerichtsrath Planck sich für Statuirung von Ausnahmen im Satze 2 aussprach, was Sternenfels bekämpfte.	Der Beschluß der Abtheilung wurde in der 2. Plenar-Versammlung des 5. d. J. T. vom Ref. Hiersemenzel zur Kenntniß gebracht. V. 2. 78.

Ursprünglicher Antrag	Anträge der Gutachter
10. Ist es für das mündliche Verfahren im Zivilprozesse angemessen, daß der Beweisantritt in der ersten mündlichen Verhandlung erfolge und daß der vorbereitende Schriftenwechsel sich auch auf die Benennung der Beweismittel über die unter den Parteien bestritten gebliebenen Thatsachen erstrecke? VI. 1. 24.	Oberappellationsgerichtspräsident v. Düring in Zelle: „Die Verbindung der Beweisantretung der thatsächlichen Behauptungen zugleich mit deren Aufstellung empfiehlt sich nicht für ein Verfahren, in welchem die Beweisführung zuvor durch ein Interlokut oder Resolut regulirt wird. sie ist dagegen sehr zu empfehlen für ein Verfahren, in dem den Parteien allein es überlassen wird, zu beurtheilen, was von den aufgestellten Behauptungen zu beweisen ihnen obliegt; sie wird indeß auch in diesem Verfahren nur dann auf eine raschere Erledigung des Rechtsstreites kräftig hinwirken, wenn nicht bloß den Parteien versagt wird, nach dem Schlusse des mündlichen Verfahrens über die Behauptungen und deren Beweisantretung in der betreffenden Instanz mit neuen Behauptungen und Beweisen hervorzutreten, sondern wenn daneben auch zu ermöglichen ist, daß regelmäßig schon im ersten Verhandlungstermine die Sache völlig, sofern es sich um Beweismittel handelt, die schon zur Stelle geschafft sind, sonst aber doch bis zur Beweisaufnahme erledigt werde. Letzteres ist als Regel zu ermöglichen, wenn vorgeschrieben wird, daß schon in den vorbereitenden Schriftsätzen die Beweise gleichzeitig mit den betreffenden Behauptungen angetreten werden müssen und zwar unter dem Präjudize, daß derjenige, welcher durch neues Vorbringen im Termine die

Verhandlung in der Abtheilung	Verhandlung und Beschlußfassung in der Plenar-Versammlung
Schließlich sprach Bezirksgerichtspräsident Wernz aus Landau für die Beschränkung des Zeugenbeweises, gegen welchen Obergerichtsassessor Struckmann sich äußerte. Nach den Schlußworten des Referenten wurde der Satz 1 mit großer Majorität angenommen, — der Antrag Lohner's fast einstimmig verworfen und der Satz 2 mit dem Amendement Ruhwandl zum Beschlusse erhoben. V. 2. 232—247.	
In der 4. Abth. des 6. d. J. T. stellte der Referent Oberhandelsgerichtspräsident v. Sternenfels den Antrag auf Bejahung der Frage. Rechtsanwalt Sehlmacher aus Pyritz schlägt dagegen vor, zu sagen: „Die Beweismittel sind sofort nach Verkündigung des Beweisbeschlusses zu benennen." Nach Bemerkungen des Adv. Dr. Mayersohn aus Aschaffenburg, Adv. Anwalt Frenckel aus Kaiserslautern und des Referenten wird die Frage mit Majorität bejaht und es entfällt sohin der Antrag Sehlmacher's. VI. 2. 288—296.	Wurde in der 2. Plenarversammlung des 6. d. J. T. vom Referenten über den Beschluß der Abth. Kenntniß gegeben. VI. 2. 37. 4.

Ursprünglicher Antrag	Anträge der Gutachter
	Aussetzung des Verfahrens veranlaßt, die desfallsige Kostenvermehrung zu tragen hat, und wenn Aussetzungen der mündlichen Verhandlungen zum Zwecke von Erläuterungen oder neuen Behauptungen, womit die Partei schon im ersten Termine hätte hervortreten können, wider den Willen der Gegenpartei überall nicht konzedirt werden. Bei einem Verfahren, bei dem am Schlusse der Verhandlung über die Beweisantretung oder gar am Schlusse der Beweisaufnahme dem Gerichte annoch die Pflicht obliegt, Vervollständigung des Beweises da, wo dieß zur erschöpfenden Ermittlung der relevanten Thatumstände erforderlich, nachträglich anzuordnen, geht der Vortheil der gleichzeitigen Behauptung der Thatsache und der Beweisantretung zum größten Theile wieder verloren. VI. 24—34. Rechtsanwalt Ruhwandl in München. Erklärt sich für das Aufgeben jedes positiven Beweisdekretes und sohin für die unbedingte Bejahung beider Fragen. VI. 1. 105—133.
11. Soll im Zivilprozeß für das Vorbringen von Thatsachen, Einreden und Beweismitteln in erster Instanz eine Präklusivfrist bestehen und bejahenden Falles welche? VI. 1. 35.	Adv. Dr. Maquard Barth von Kaufbäuren: 1. Ganz von aller Präklusivfrist abzusehen ist nicht rathsam. 2. Thatsachen, Einreden und Beweismittel können in der ersten Verhandlung bis zum Schlusse angebracht werden. 3. Dieses gilt auch, wenn ein schriftliches Vorverfahren Statt hat, mit gewissen Ausnahmen als insbesondere der Unzulässigkeit der Klagsänderung und der Anbringung peremtorischer Einreden nach der schriftlichen Einlassung auf die Klage. 4. Ist ein weiteres Beweisverfahren nothwendig, so muß den Parteien selbst-

Verhandlung in der Abtheilung	Verhandlung und Beschlußfassung in der Plenar-Versammlung
In der 3. Abth. des 6. d. J. T. theilte Dr. Ruhwandl die vom bestellten, aber am Erscheinen verhinderten Referenten Justizrath König zu Cleve eingesendeten Anträge mit: 1. Auch unter der Voraussetzung, daß die Beweisverfügung für das Endererkenntniß nicht bindend ist, muß für das Vorbringen sowohl von Einreden als von Beweismitteln eine Präklusivfrist bestehen, jedoch mit der Maßgabe, daß später neue Einreden und Beweismittel unter der Bedingung zugelassen werden dürfen, wenn deren Berücksichtigung die Endentscheidung nicht hinausschiebt. 2. Die erwähnte Präklusivfrist läuft für die Einreden mit dem Schlusse der ersten mündlichen Verhandlung ab, für die Beweismittel mit dem ersten Beweisantretungs-Termine, also falls Beweis mit Behauptungen verbunden wird, ebenfalls mit dem Schlusse der ersten mündlichen Verhandlung.	Wurde der Beschluß der Abth. von Dr. Ruhwandl in der 2. Plenarversammlung des 6. d. J. T. mitgetheilt, und die Verweisung auf den nächsten d. J. T. beschlossen. VI. 2. 376.

Ursprünglicher Antrag	Anträge der Gutachter
	verständlich unter Ausschluß aller Willkür gestattet werden, die Beweismittel vorzubringen. 5. Wo ein bindendes Beweisinterlokut besteht, dürfen neue Einreden nach Schluß der ersten Verhandlung nicht vorgebracht werden. 6. Auch dort, wo kein solches Interlokut besteht, ist es zweckmäßig, sie zu statuiren mit Ausnahme der Einreden, welche ein neues Beweisverfahren nicht nothwendig machen. VI. 1. 35—39. Obergerichtsanwalt Dr. André in Osnabrück beantragt: daß diese unter der Voraussetzung 1. eines mündlichen Verfahrens, 2. eines Interlokuts, das Vorbringen von Thatsachen und Einreden u. s. w. an die erste mündliche Verhandlung dergestalt geknüpft sein muß, daß vorher keine Präklusion eintritt, mit dem Schlusse der mündlichen Verhandlung aber das weitere Vorbringen präkludirt ist, daß die Beweisantretung mit den Behauptungen nicht zu verbinden ist, sondern auf Grund des Beweisurtheils in einem ferneren Termine unter Zugrundelegung vorbereitender Schriftsätze dergestalt zu geschehen hat, daß die Beweismittel vorher nicht präkludirt werden, nach diesem Termine aber ohne besondere Gründe (Erfordernisse der Restitutionsklage, Wegfallen von Beweismitteln) nicht vorgebracht werden können. Wenn man aber das Interlokut aufgibt und dann weiter zum französischen Verfahren übergeht, stellt sich die Sache anders; dann wird man Beweis und Behauptungen verbinden, aber vor dem Endurtheile (von prozeßhindernden Einreden abgesehen) keine Einreden und Beweise zu präkludiren haben, es sei denn, daß der Richter sie als vexatorisch vorwirft. VI. 143—163.

Verhandlung in der Abtheilung	Verhandlung und Beschlußfassung in der Plenar-Versammlung
Dr. Seuffert aus München stellte hierauf folgende Anträge: 1. Behauptungen und Beweise können bis zum Schlusse der mündlichen Verhandlung vorgebracht werden. 2. Prozeßeinreden, deren Nichtberücksichtigung keine Ungiltigkeit des Verfahrens nach sich zieht, müssen längstens am Beginne der mündlichen Verhandlung vorgeschützt werden. 3. Zeugen können regelmäßig nur innerhalb der vom Richter nach eigenem Ermessen oder auf Grund gesetzlicher Anordnung bestimmten Verweisantretungs-Frist vorgeschlagen werden. Rechtsanwalt Makower aus Berlin wollte ausgesprochen wissen: „Im Zivilprozeß soll für das Vorbringen von Thatsachen und Beweismitteln „in erster Instanz" eine Präklusivfrist nicht bestehen." Dr. Mayrsohn von Aschaffenburg und Dr. Steinfeld von Eschwege sprechen für den Antrag des Referenten. Dr. Frenckel spricht gegen Makower und nach Bemerkungen Oberappellationsgerichtsrath Becker aus Oldenburg, Adv. Dr. Eller aus Mannheim, Makower's und des Referenten, wird der Antrag Makower's mit geringer Majorität angenommen und beschlossen, das Plenum entscheiden zu lassen. VI. 2. 302—321.	
In der 4. Abth. des 7. d. J. T. sprach der Referent Dr. Ruhwandl aus München sich dahin aus: Daß ein konsequent durchführendes mündliches Verfahren, unmittelbarer Anschluß des erforderlichen Beweisanerbietens an die erste Verhandlung und hiernach dann ein Beweisresolut, welches über die Beweislast nichts bestimmt und auch in keiner anderen Hinsicht den Richter bindet, nothwendig erscheinen. Obergerichtsanwalt Dr. Freudenthal aus Stade erklärte sich für das bindende Beweisinterlokut. Justizrath v. König aus Kleve hält den im Vorjahre gestellten Antrag aufrecht. Obergerichtsanwalt Götting aus Hildesheim stellt den (später zurückgezogenen) Antrag: „Es soll eine Präklusivfrist bestehen, und zwar mit dem ersten mündlichen Verhandlungstermine für Vorbringen von Thatsachen und mit ersten Termin des Beweisverfahrens für die Beweismittel abgelaufen sein."	Der Beschluß der Abth. wurde durch den Referenten zur Kenntniß der 2. Plenarversammlung des 7. d. J. T. gebracht. VII. 2. 246.

Ursprünglicher Antrag	Anträge der Gutachter
12. „Soll im Zivilprozeß durch die Beweisverfügung, unter der Voraussetzung, daß dieselbe für das Enderkenntniß nicht bindend ist, neben der Bezeichnung der relevanten, bestrittenen Thatsachen und der Anordnung deb Beweiseinzuges ausgesprochen werden, welcher Partei die Beweislast obliegt, oder soll das auf die Endentscheidung ausgesetzt bleiben, so weit es zur Begründung derselben noch nöthig ist? VI. 1. 209.	Obergerichtsassessor Struckmann zu Hannover stellt Folgendes auf: 1. Wenn der Grundsatz der Beweisverbindung keine Aufnahme findet, und eine Trennung des Verfahrens in einen Abschnitt der Behauptungen und der Beweise Statt hat, so ist die erste Alternative der Frage zu bejahen. 2. Wird aber die Beweisverbindung durchgeführt und findet sohin keine Trennung Statt, so hat die zweite Alternative der Frage zu gelten. VI. 1. II. 1. 16. Sternenfels.

Verhandlungen in der Abtheilung	Verhandlung und Beschlußfassung in der Plenar-Versammlung
Justizrath Dr. Zachariae aus Stettin, Obergerichtsanwalt Noltemeier aus Hannover und Rechtsanwalt Sauder aus Arnswalde spricht für Ablehnung aller Anträge, so lange das Prozeßverfahren nicht weiter festgestellt ist, Rechtsanwalt Dr. Steinfeld aus Kassel für den vorjährigen Abtheilungsbeschluß Nach dem Schlußworte des Referenten wurde mit Majorität beschlossen, „für das Vorbringen sowohl von Einreden als Beweismitteln soll eine Präklusivfrist bestehen." VII. 2. 185—202.	
In der 4. Abth. des 6. d. J. T. stellt der Referent Adv. Dr. Ruhwandl aus München, welcher sich auf eine hierher gehörige Schrift des Obertribunalrathes v. Sternenfels (Verhandlungen des d. J. T. (II. 1. 16), in der die Frage verneint, und den Beschluß der 4. Abth. des 3. d. J. T. (III. 2. 591) bezieht, in dem die Frage bejaht wird, den Antrag zu bejahen.	Wurde der Abtheilungsbeschluß durch den Referenten in der 2. Plenarversammlung des 6. d. J. T. mitgetheilt. VI. 2. 374.
„Im Zivilprozeß soll durch die Beweisverfügung, unter der Voraussetzung, daß dieselbe für das Enderkenntniß nicht bindend ist, der Ausspruch darüber, welcher Partei die Beweislast obliegt, auf die Entscheidung ausgesetzt bleiben, soweit es zur Begründung derselben noch nöthig ist."	
Makower aus Berlin hält es gleichgültig, ob die Beweislast geregelt werde, während Dr. Mayrsohn aus Aschaffenburg und die Advokatenanwälte Drewecke aus Köln und Fränkel aus Kaiserslautern beantragen zu erklären:	
„Im Zivilprozesse soll durch die Beweisverfügung, auch unter der Voraussetzung, daß dieselben für das Enderkenntniß nicht bindend ist, neben der Bezeichnung der relevanten bestrittenen Thatsachen und der Anordnung des Beweiseinzuges ausgesprochen werden, welcher Partei die Beweislast obliegt."	
Dr. Mayrsohn beantragt mit Frenkel weiters die Nothwendigkeit der Motivirung des Beweisdekretes auszusprechen. Dr. Söltl aus München, v. Sternenfels aus Stuttgart, Dr. Schmidt aus Dresden, unterstützen den Antrag des Referenten.	
Nach weiteren Bemerkungen des Dr. Malß aus Frankfurt a. M., Makower aus Berlin und des Referenten, wurde des Letzteren Antrag mit Majorität angenommen. VI. 2. 296—302.	

Ursprünglicher Antrag	Anträge der Gutachter
13. Regierungsassessor Linke in Glauchau: „Der deutsche Juristentag wolle aussprechen: I. Das Verfahren im Schädenprozesse, wie es in den meisten Theilen Deutschlands besteht, bedarf einer gründlichen Umgestaltung. II. Insbesondere gilt dieß nach folgenden Richtungen: a) Sowohl bei Ermittlung der Existenz des Schadens, als bei Bestimmung der Höhe des Schadenersatzes hat der erkennende Richter bei Prüfung der von den Parteien gegebenen Unterlagen in der Hauptsache und an erster Stelle seinem freien Ermessen zu folgen; b) Sachverständige sind nur als Gehilfen des Richters, nicht als Beweismittel in der Hand der Parteien herbeizuziehen; c) der Würderungseid hat nur eine subsidiäre Geltung — er ist nicht aufzulegen, nur nachzulassen; d) das Verfahren soll ein von dem strengen Beweiszwange befreites, summarisches sein; e) gegen die Entscheidung des ersten Richters ist nur eine einmalige Einwendung eines Rechtsmittels zulässig." VI. 2. 7.	Adv. Dr. Lehmann zu Dresden ist vollkommen mit den in I und II a b c d aufgestellten Sätzen einverstanden, ist aber gegen den Satz, welcher in II d ausgesprochen ist. Derselbe verweist besonders auf die französische Jurisprudenz und bringt eine Reihe Rechtsfälle als Belege für dieselbe. VI. 2. 7—35.

Verhandlungen in der Abtheilung	Verhandlung und Beschlußfassung in der Plenar-Versammlung
In der 4. Abtheilung des 6. d. J. T. stellte der Referent Dr. Schaffrath aus Dresden folgende Anträge: „In Erwägung, daß bereits der 4. Juristentag in Mainz sich für den Grundsatz ausgesprochen hat, daß der Richter die Wahrheit der Thatsachen, soweit sie unter den Parteien im Streite ist, nach seiner Ueberzeugung zu prüfen hat; in Erwägung, daß dieser Grundsatz selbstverständlich auch und ganz besonders im Schädensprozeß, sowohl bei Ermittelung der Existenz des Schadens, als bei Bestimmung der Höhe des Schadenersatzes gilt und anzuwenden ist, beschließt der Juristentag über den Antrag der Tagesordnung überzugehen," und eventuell: „In einem jeden Falle, in welchem die Verpflichtung zum Schadenersatze in rechtlicher Gewißheit beruht, ist auch der Betrag des Schadens von dem Richter nach seiner freien Ueberzeugung, nach Befinden unter Zuratheziehung von Sachverständigen, oder unter Zuerkennung des Noth- oder Legaleides festzusetzen, sowohl auf einseitigen Antrag, als auch von Amtswegen, selbst wenn über die Höhe des Schadens eine ganz oder theilweise ohne Erfolg gebliebene Beweisaufnahme stattgefunden hat." Advokat Dr. Eller aus Mannheim sprach gegen die motivirte Tagesordnung und beantragte zu sagen: „daß bei Bestimmung der Höhe des Schadenersatzes der erkennende Richter seinem freien Ermessen zu folgen hat, daß Sachverständige lediglich als Gehilfen des Richters beizuziehen sind, und daß der Würderungseid eine subsidiäre Geltung hat." Rechtsanwalt Makower aus Berlin erklärt sich für Ablehnung aller Anträge mit Ausnahme des Satzes II a des Antragstellers, in welchem aber die Worte: „in der Hauptsache und an erster Stelle" auszulassen sind. Rechtsanwalt Schreck aus Pirna spricht für den eventuellen Antrag des Referenten. Dr. Steinfeld aus Eschwege für den Antrag desselben auf Tagesordnung. Nach dem Schlußworte des Referenten wurde der Antrag auf Tagesordnung und die übrigen Anträge abgelehnt, und der Makower's mit Majorität angenommen, welcher lautet: „Sowohl bei Ermittelung des Schadens, als bei Bestimmung der Höhe des Schadenersatzes hat der erkennende Richter bei Prüfung der von den Parteien gegebenen Unterlagen seinem freien Ermessen zu folgen." Ueber die weiteren Punkte b, c, d des Beck'schen Antrages wurde nichts weiteres beschlossen. VI. 2. 250—268.	Wurde in der 2. Plenarversammlung des 6. d. J. T. der Abtheilungsbeschluß durch den Referenten mitgetheilt. VI. 2. 367.

Ursprünglicher Antrag	Anträge der Gutachter
14. „Soll einem prozeßordnungsgemäß erlassenen strafrichterlichen Urtheile, wodurch eine Frage entschieden ist, welche eine Entscheidung einer Zivilsache präjudizirt, für diese letztere die Kraft eines vollen Beweises eingeräumt werden?	Prof. Dr. J. W. Planck zu München kommt zu dem Antrage: „Es sei auszusprechen, daß einem prozeßordnungsgemäß erlassenen strafrichterlichen Urtheil, wodurch eine Frage entschieden ist, welche der Entscheidung einer Zivilsache präjudizirt, für diese letztere unter Umständen die Kraft eines genügenden Beweises zuzugestehen ist, daß indeß die Beurtheilung dieser Beweiskraft in jedem einzelnen Falle der freien Würdigung des Zivilrechtes überlassen bleiben muß, daß es endlich zur Herbeiführung dieses Resultates eines Einschreitens der Gesetzgebung nicht bedarf. VII. 1. 3—44. Oberlandesgerichtsrath Dr. Eduard R. v. Liszt aus Wien stellt folgende Sätze auf: 1. Ein strafrichterliches Urtheil, welches am Schlusse des ordnungsmäßigen Prozeßverfahrens nach Vernehmung des Angeklagten geschöpft wurde, macht über alle darin als erwiesen angenommenen Thatsachen, welche der Entscheidung einer Zivilsache präjudiziren, für diese letztere die Kraft eines vollen Beweises. 2. Kontumazial-Urtheile, welche ohne Vernehmung des Angeklagten gefällt werden, sind bezüglich der darin als erwiesen gesehenen Thatsachen ohne Einfluß auf die (spätere) Entscheidung des Zivilrichters. 3. Zivilgerichtliche Urtheile, in welchen Fragen entschieden wurden, welche später durch eine strafgerichtliches Erkenntniß in einen andern oder im entgegengesetzten Sinne gelöst wurde, werden durch das letztere nicht berührt. VII. 2. 45—53.

Verhandlung in der Abtheilung	Verhandlung und Beschlußfassung in der Plenar-Versammlung
In der 4. Abtheilung des 7. d. J. T. stellte der Referent Prof. Dr. Seuffert aus München den Antrag: „Der deutsche Juristentag erachtet die Erlassung einer gesetzlichen Bestimmung über die Beweiswirkung der Strafurtheile in den bürgerlichen Rechtsstreiten nicht für entsprechend." Dagegen empfahl Rechtsanwalt Dr. Steinfeld aus Kassel den Satz: „Daß die Urtheile des Strafverfahrens als Urkunden betrachtet und so benützt werden können, wie eine andere Urkunde, daß die Beweiskraft dieser Urkunde zu prüfen ist und das Weitere dem Ermessen des Zivilrichters überlassen bleiben muß." Justizrath Dr. Zachariae aus Stettin und Advokat Dr. Mayrsohn aus Aschaffenburg sprachen für den Antrag des Referenten, während Obergerichtsanwalt Dr. Götting aus Hildesheim die aufgestellte Frage dahin beantwortet wissen will: „daß der d. J. T. seine Ueberzeugung ausspreche, daß das Urtheil des Strafrichters den Zivilrichter nicht bindet." Nach dem Schlußworte des Referenten wird dessen Antrag nahezu einstimmig angenommen. VII. 165—183.	In der 2. Plenarversammlung des 7. d. J. T. wurde der Abtheisungsbeschluß zur Kenntuiß gebracht und wurde der Antrag des Obergerichtsanwaltes Götting auf Berathung im Plenum, gegen welchen sich der Referent erklärte, mit entschiedener Majorität abgelehnt. VII. 2. 243.

Ursprünglicher Antrag	Anträge der Gutachter
15. Ist unter der Voraussetzung freier richterlicher Beweiswürdigung die eidliche Vernehmung der Parteien als Zeugen in eigener Sache in der deutschen Zivilprozeßordnung einzuführen? VIII. 1. 11.	Prof. Dr. v. Bar aus Breslau bejaht die aufgestellte Frage, bezeichnet aber weiterer Erörterung bedürftig, ob nicht im Exekutiv- und Wechselprozesse die bisherigen Parteieneide beizuhalten seien. VII. 1. 12—38. Appellationsgerichtsrath Dr. Schmitt in München spricht sich dahin aus, daß ohne Gefährdung unzähliger Interessen die Parteieneide nicht gänzlich entbehrt werden können, dieselben aber möglichst zu beschränkt werden müssen, und zwar durch Beseitigung gewisser Eidesarten und Beschränkung der Eidesfälle. VII. 1. 39—46.
16. Soll die künftige deutsche Zivilprozeßordnung den Ignoranz- und Kredulitätseid aufnehmen? VIII. 1. 47.	Prof. Dr. v. Bar aus Breslau: gibt sein Gutachten dahin ab: „daß die künftige deutsche Zivilprozeßordnung den Ignoranz- und Kredulitätseid nicht aufzunehmen habe, insoweit zum Ersatze für diese Beweismittel das eidliche Verhör der Parteien als Zeugen in eigener Sache eingeführt werden kann." VIII. 1. 47—61. Appellationsgerichtsrath Dr. Schmitt aus München spricht sich dahin aus, daß der Eid nur auf eigene Handlungen und Wahrnehmungen zu beschränken sei, daher für jene Form des Eides kein Gegenstand mehr bestehe, der mit „Ignoranz oder Kredulitätseid" bezeichnet wird — es seien aber nur ganz singuläre Ausnahmen zulässig, wenn bei eigenen Handlungen oder Wahrnehmungen des Schwurpflichtigen Verhältnisse vorkommen, welche bewirken, daß derselbe hiervon kein genaues Wissen hat. VIII. 1. 62—68.

Verhandlung in der Abtheilung	Verhandlung und Beschlußfassung in der Plenar-Versammlung
In der 4. Abtheilung des 8. d. J. T. stellte der Referent Oberappellationsrath Becker aus Oldenburg folgenden Antrag: „Unter Voraussetzung freier richterlicher Beweiswürdigung ist die Einführung einer eidlichen Vernehmung der Parteien als Zeugen in eigener Sache für das ordentliche Verfahren der künftigen deutschen Zivilprozeßordnung zu empfehlen." VIII. 1. 274.	Wurden die Beschlüsse der Abtheilung bezüglich aller drei Fragen (15, 16, 17) durch den Ref. der 2. Plenar-Versammlung des 8. d. J. T. mitgetheilt. 2. 329.
In der 4. Abtheilung des 8. d. J. T. stellte der Referent Oberappellationsgerichtsrath Becker aus Oldenburg den Antrag auf Verneinung der Frage unter Voraussetzung freier richterlicher Beweiswürdigung: VIII. 2. 265.	

Ursprünglicher Antrag	Anträge der Gutachter
17. In wie weit soll eine eventuelle Eidesdelation gestattet werden? VIII. 1. 69.	Justizrath v. Mittelstädt zu Neuwied erstattet sein Gutachten dahin, daß aus den von ihm dargelegten Gründen: „Die eventuelle Eidesdelation in einer künftigen deutschen Prozeßgebung ist unbedingt zulässig und jeder Eidesdelation, welche nicht durch Einverständniß der Parteien zur Erledigung der Beweisfrage führt, gleichstehend zu behandeln." VIII. 1. 69—99.

Verhandlung in der Abtheilung	Verhandlung und Beschlußfassung in der Plenar-Versammlung
Referent Advokat Dr. Wolffsohn aus Hamburg stellte in der 4. Abtheilung des 8. d. J. T. folgenden Antrag: „Der Juristentag spricht seine Ueberzeugung aus, daß die eventuelle Eidesdelation in demselben Umfange zu gestatten ist, wie die prinzipale. Vorher stellte Justizrath v. Mittelstädt den Antrag: „Der Juristentag wolle seine Ueberzeugung dahin aussprechen, daß die Verhandlung des deferirten Eides in eine Zeugenvernehmung des Delaten zulässig ist. Kreisgerichtsrath Heinsheimer aus Mannheim ist für die Abschaffung des Kredulitätseides. Amtsgerichtsassessor Schrader aus Stade will von den vorliegenden 3 Fragen, die wegen Vernehmung der Partheien bejaht, die beiden anderen wegen Zulässigkeit der eventuellen Eidesdelation und des Kredulitätseides verneint wissen. Prof. Dr. Brunner aus Lemberg stellt folgende Anträge: „Der deutsche Juristentag möge aussprechen, die eidliche Vernehmung der Parteien in eigener Sache ist nur unter der Voraussetzung zu billigen, daß die Ziviljury in den deutschen Prozeß eingeführt wird." Im Falle die Abtheilung auf diesen Antrag nicht einginge: „Die Beantwortung dieser Frage bis zur Entscheidung über die Einführung der Ziviljury zu suspendiren." Obergerichtsanwalt Noltemeier aus Hannover stellte für den Fall der Verneinung derselben Frage den eventuellen Antrag: „Daß der Richter den Eid zu normiren habe, ohne an die Regel gebunden zu sein, nach welcher man eigene Handlungen und eigene Wahrnehmungen durch einen Wahrheitseid zu bekräftigen hat. Rechtsanwalt Maier aus Berlin beantragt Weglassung der Worte: „im ordentlichen Verfahren von Kollegialgerichten" aus dem Antrage des Referenten Dr. Becker ausgelassen werde, womit sich der Referent einverstanden, und gegen den Antrag Prof. Brunner's erklärt. Justizrath v. Mittelstädt spricht gegen die Amendements Schrader, Brunner und Noltemeier. Referent Dr. Wolffsohn ist weiters für Verwerfung der Parteienvernehmung als Zeugen, welchem die Advokaten Geck aus Hagen, Dr. May aus Hamburg und Kreisgerichtsrath Heinsheimer beitreten und Ersterer den Antrag stellte:	

Ursprünglicher Antrag	Anträge der Gutachter
18. Appellationsgerichtsrath v. Kraewel zu Naumburg: Soll das unbedingte Mandatsverfahren in die Prozeßordnung für Deutschland aufgenommen werden? VIII. 2. 247.	

Verhandlung in der Abtheilung	Verhandlung und Beschlußfassung in der Plenar-Versammlung
„Daß die eidliche Vernehmung der Partei nur dann zuzulassen sei, wenn beide Parteien darüber einverstanden sind." Nach Schlußworten der Referenten Becker und Wolffsohn zieht Brunner seinen ersten Antrag zurück, und wurde sohin dessen 2. Antrag abgelehnt, und sohin die Frage wegen zeugeneidlicher Vernehmung der Parteien mit 16 gegen 13 Stimmen verneint, sodann der Antrag: „Unter der Voraussetzung freier richterlicher Beweiswürdigung hat die künftige deutsche Zivilprozeßordnung den Ignoranz- und Glaubenseid nicht aufzunehmen," mit 15 Stimmen zum Beschluß erhoben. Der Antrag Wolffsohn: „Die eventuelle Eideszuschiebung ist in demselben Umfange zu gestatten, wie die prinzipale" wird mit Stimmenmehrheit genehmigt, sowie der weitere Vorschlag des Professor Brunner: „Die Abtheilung fordert die ständige Deputation auf, die Frage über die Einführung der Ziviljury auf die Tagesordnung des nächsten Juristentages zu setzen." VIII. 2. 255 bis 317.	
In der 4. Abtheilung des 8. d. J. T. stellte Professor Dr. v. Bar aus Breslau als Referent den Antrag, die Frage zu verneinen, weil der unbedingte Mandatsprozeß mit den Grundsätzen des modernen mündlichen Verfahrens nicht harmonirt. Advokat Dr. Rau aus München und Stadtrichter Dr. Schmidt aus Danzig und Obergerichtsanwalt Noltemeier aus Hannover stimmten diesem Antrage zu. Da sich ergibt, daß in verschiedenen deutschen Gesetzgebungen der Ausdruck „Exekutivprozeß" verschiedene Bedeutung hat, beantragt Obergerichtsrath Struckmann aus Hannover, die Einschiebung der Worte „wornach eine Verurtheilung ohne vorgängiges Gehör des Gegners möglich ist" in den Antrag des Referenten, welche dieser annimmt. Es wird sodann folgender Antrag mit überwiegender Mehrheit angenommen: „Der d. J. T. spricht als seine Ueberzeugung aus, daß das unbedingte deutsche Mandatsverfahren, wonach eine Verurtheilung ohne vorheriges Gehör des Gegners zulässig ist, in die Prozeßordnung für Deutschland nicht aufgenommen werden soll."	Wurde vom Ref. der Abtheilungsbeschluß der 2. Plenar-Versammlung des 8. d. J. T. zur Kenntniß gebracht. VIII. 2. 326.

Ursprünglicher Antrag	Anträge der Gutachter
19. Soll die Ziviljury in den deutschen Zivilprozeß eingeführt werden? IX. 2. a. 317.	Professor Dr. v. Bar aus Breslau sprach sich dahin aus: „Die Einführung der Jury ist zu empfehlen 1. für Liquidationen eines erlittenen Schadens, 2. in Handelssachen als Ergänzung der Handelsgerichte, beziehungsweise als Ersatz der Handelsgerichte zweiter Instanz (wobei dann selbstverständlich, wenn beide Parteien Kaufleute sind, die Jury lediglich aus Personen des Handelsstandes zu bilden wäre und außerdem in verwickelten Rechnungsprozessen ein dem englischen Refereeverfahren nachgebildetes Verfahren mit Schiedsrichtern stattzufinden hätte. Dagegen erscheint die Einführung der Ziviljury in umfassenderer Weise zur Zeit nicht rathsam.“ IX. 2. a. 317—333. Professor Dr. Brunner zu Lemberg stellte folgende Sätze auf: 1. Die Aufnahme der Ziviljury in das deutsche Prozeßrecht, erscheint als wünschenswerth. 2. Für Schädenprozesse und Handelssachen ist die Anwendung der Jury als Norm hinzustellen. 3. Im Uebrigen ist ein konkurrirendes Verhältniß zwischen schwurgerichtlicher und richtlicher Entscheidung der Beweisfragen in der Weise einzuführen, daß die Anwendung der Ziviljury im einzelnen Falle von der Initiative der Prozeßparteien abhängig gemacht wird. IX. 2. a. 334—358.
20. I. In wie weit sollen im mündlichen fahren die der Verhandlung vorausgehenden Schriftsätze und schriftlichen Anträge für die Feststellung des Thatbestandes maßgebend sein? IX. 3. 247.	

Verhandlung in der Abtheilung	Verhandlung und Beschlußfassung in der Plenar-Versammlung
In der 1. und 2. Abtheilung des 10. d. J. T. stellt der Referent Prof. Marquardsen aus Erlangen den Antrag auf Aussetzung des Beschlusses, eventuell Annahme der Brunner'schen Sätze. Rechtsanwalt v. Grodbeck aus Bromberg stellte dagegen den Antrag: „Nur auf Antrag eines der beiden Parteien sind im Zivilprozeß zu dem Richterkollegium bei der mündlichen Verhandlung in denjenigen Instanzen, welche nicht nur Rechtsfragen zu entscheiden haben, mit vollem Stimmrecht zwei Schöffen zuzuziehen, von welchen das Richterkollegium je einen aus einer von beiden Parteien aufzustellenden Vorschlagsliste zu wählen hat." Nach einer Bemerkung des Referenten wird nachstehender Antrag angenommen: „In Rücksicht darauf, daß es zur Zeit an einer genügenden Vorbereitung für die Entscheidung der Frage über die Einführung der Ziviljury in dem deutschen Zivilprozeß fehlt, die Entscheidung auch von derjenigen über die zur Zeit ventilirte Frage, ob in Strafsachen an Stelle der Geschwornengerichte Schöffengerichte zu setzen, abhängig ist, setzt die Abtheilung die Beschlußfassung über die angeführte Frage aus." X. 2. 52 bis 71.	Der Beschluß der Abtheilung wurde der 2. Plenar-Versammlung des 10. d. J. T. zur Kenntniß gebracht. X. 2. 276.
In der 4. Abtheilung des 9. d. J. T. stellte Prof. Dr. Gneist folgende Sätze in Beantwortung der 1. Frage auf: A) Die im mündlichen Verfahren der Verhandlung vorangehenden Schriftsätze haben die Hauptbestimmung einer gegenseitigen Information der Parteien;	Die Beschlüsse der Abtheilung über die Fragen 20. 21. 22. wurden vom Ref. der 2. Plenar-Versammlung des 9. d. J. T. mitgetheilt. IX. 3. 366.

Ursprünglicher Antrag	Anträge der Gutachter

Verhandlung in der Abtheilung	Verhandlung und Beschlußfassung in der Plenar-Versammlung
B) nur die gestellten Anträge sind aus den Schriftsätzen zu verlesen; C) es bedarf keiner schriftlichen Fixirung des Thatbestandes durch einen motivirten Beweisbeschluß; D) der Thatbestand des Endurtheiles ist aus dem Gesammtinbegriffe der mündlichen Verhandlung durch den Richter festzustellen, mit Vorbehalt eines summarischen Berichtigungsverfahrens; E) die in dem revidirten Entwurfe der deutschen Prozeßordnung gewählte Konstruktion ist demgemäß als Grundlage einer gemeinsamen Prozeßordnung annehmbar. Rechtsanwalt Richter aus Osterburg spricht gegen Satz A und stellt den Antrag für diesen auszusprechen, daß nach Zustellung der Klage eine Aenderung derselben nicht mehr zulässig sei. Obertribunal-Vizepräsident v. Sternenfels aus Stuttgart beantragt folgende Beantwortung der Frage: „Die vorbereitenden Schriftsätze haben an sich für die Feststellung des Thatbestandes keine Bedeutung, die in der mündlichen Verhandlung gestellten Anträge sind allein maßgebend und bestehen entweder in der Wiederholung oder in der Fixirung der Anträge zu Protokoll, oder in schriftlichen Nachträgen der Parteien." Obergerichtsanwalt Dr. André aus Osnabrück erklärt sich für die Bestimmungen des revidirten Entwurfes der deutschen Zivilprozeßordnung bezüglich der Bedeutung der Schriftsätze. Rechtsanwalt Sabarth aus Ratibor wünscht in lit. D die Aufnahme der Worte „unter Berücksichtigung des Inhaltes der vorangegangenen Schriftsätze" nach „durch den Richtern". Rechtsanwalt Dr. Mayrsohn aus Aschaffenburg ist für den revidirten Entwurf mit der Abänderung, daß nach durchgeführtem Beweisverfahren schriftliche Ausführungen gestattet werden. Oberhofgerichtsrath Wieland von Mannheim ist ebenfalls für die Bestimmungen des Entwurfes. Appellationsgerichtsrath Struckmann aus Köln spricht für den Antrag, Sternenfels eventuell für Satz B des Referenten. Nach dem Schlußworte des Referenten zieht Richter seinen Antrag zurück, der Antrag von Sternenfels wird	

Ursprünglicher Antrag	Anträge der Gutachter
21. II. Sollen neue Thatsachen und Beweismittel bis zum Schlusse der Verhandlung, auf welche das Endurtheil ergeht, zugelassen werden? IX. 3. 247.	
22. III. Kann die Berufung gegen die thatsächlichen Feststellungen der Kollegialgerichte erster Instanz aufgegeben, und demnach das Rechtsmittel auf eine revisio in juri beschränkt werden?" IX. 3. 247.	

Verhandlung in der Abtheilung	Verhandlung und Beschlußfassung in der Plenar-Versammlung

abgelehnt und die Sätze A—E des Referenten mit Stimmenmehrheit angenommen. IX. 3. 247—270.

Der Referent Prof. Dr. Gneist schlägt zu Frage II folgenden Satz vor:

„Neue Thatsachen und Beweismittel sind bis zum Schlusse der Verhandlung, auf welche das Endurtheil ergeht, mit solchen Maßgaben zuzulassen, wie sie der revidirte Entwurf der deutschen Prozeßordnung erhält."

Stadtgerichtsrath Silberschlag aus Magdeburg ist für die Abschaffung der Eventualmaxime mit der diskretionären Gewalt der Richter, diejenigen nova ohne weiters zurückzuweisen, welche zur Verschleppung der Sache dienen.

Prof. Dr. Endemann aus Jena spricht dafür, daß es eine Cäsur im Verfahren gibt, nach welcher das Vorbringen von nova unzulässig sein muß.

Rechtsanwalt Dr. Steinfeld aus Kassel, Kreisgerichtsrath Glöcker aus Eßlingen, Prof. Dr. v. Bar aus Breslau sprechen für den Satz des Referenten. Letzterer beantragt aber den Zusatz:

„vorbehaltlich
1. der Befugniß des Gerichtes, bestimmte Vertheidigungsmittel zum besonderen Verfahren zu verweisen und zwar so, daß das Urtheil ohne Rücksicht auf diese vollstreckbar ist und
2. der Befugniß des Gerichtes, äußersten Fall nova, welche offenbar nur zum Verschleif der Sache gemacht sind, zu verwerfen," dem sich Silberschlag anschließt und seinen Antrag zurückzieht.

Adv.-Anwalt Fischer aus Köln vertheidigt den französischen Prozeß gegenüber den Bemerkungen, daß er den Prozeß verschleppe, welchem sich Adv.-Anwalt Weber aus Achen anschließt und den Antrag stellt:

„Neue Thatsachen und Beweismittel sind bis zum Schlusse der Verhandlung, auf welche das Endurtheil ergeht, zuzulassen."

Adv. Rolin aus Gent theilt mit, daß man in Belgien den französischen Prozeß in dem erwähnten Punkte ändern wolle.

Nach Bemerkungen des Appellationsgerichtsrathes Kurlbaum aus Berlin und des Rechtsanwaltes Herz aus Wiesbaden erklärt sich der Referent gegen den zweiten der Bar'schen Zusätze. IX. 271—295.

Die Frage III beantragt Referent Dr. Gneist zu bejahen, Rechtsanwalt Dr. Rau aus München, Rechtsanwalt Eller und Oberhofgerichtsrath Wieland aus Mannheim zu verneinen.

Prof. Dr. v. Bar stellte folgenden Vermittlungsantrag:

„Eine Abänderung des in erster Instanz angenommenen Sachverhaltes soll in zweiter Instanz, wenn derselbe ganz oder theilweise auf Zeugen- oder Sachverständigenbeweis sich gründet, ausgeschlossen sein; jedoch soll das Gericht zweiter Instanz kraft einstimmigen Beschlusses die Befugniß haben, die Sache zur nochmaligen Verhandlung an die erste Instanz

Ursprünglicher Antrag	Anträge der Gutachter
2. Exekutionsverfahren. 1. Antrag des Advokaten Dr. Mayersohn aus Aschaffenburg: „Der d. J. T. wolle seine Ueberzeugung aussprechen und zur Kenntniß der sämmtlichen Regierungen der deutschen Bundesstaaten bringen: daß ein allgemeines Gesetz über den Vollzug der rechtskräftigen zivilrechtlichen Erkenntnisse als ein sehr dringendes Bedürfniß für alle deutschen Bundesstaaten erkannt werde." I. 141.	

Verhandlung in der Abtheilung	Verhandlung und Beschlußfassung in der Plenar-Versammlung
zurückzuverweisen, wenn seiner Ansicht nach der in erster Instanz geführte Beweis offenbar falsch beurtheilt wurde. Die Parteien sollen die Befugniß haben, in erster Instanz die Zeugen und Sachverständigen provisorisch zu ihrer Instruktion vor dem Einzelnrichter vernehmen zu lassen." Rechtsanwalt Werenberg aus Berlin schlägt zur Bejahung folgenden Satz beizusetzen, vor: „Den Parteien ist jedoch durch Erweiterung des Institutes der Beweisaufnahme zum ewigen Gedächtnisse die Möglichkeit zu gewähren, sich über das zur Begründung der Parteianträge erforderliche Material vor der Sachverhandlung Gewißheit zu verschaffen. Rechtsanwalt Sabarth aus Ratibor verlangt dagegen folgende Resolution: „Das Recht der unbedingten Berufung ist als Regel im neuen Prozeßgesetze schlechterdings aufrecht zu erhalten und es kann die bloße revisio in jure dafür nicht genügen." Rechtsanwalt Neuling aus Leipzig will nach „thatsächlichen Feststellungen" aufgenommen wissen: „Insoweit dieselben einer neuen Beweisaufnahme bedürfen würden und es sich dabei nicht lediglich um eine Interpretation aus dem in erster Instanz festgestellten Thatbestande handelt." Nachdem Oberappellationsrath Dr. Bahr aus Berlin sich gegen den Antrag des Referenten ausgesprochen, amendirt dieser seinen Antrag dahin: „Das Rechtsmittel gegen die Urtheile der Kollegialgerichte erster Instanz kann mit solchen Maßgaben, wie sie der revidirte Entwurf der deutschen Prozeßordnung enthält, auf eine revisio ohne nova in facto et probatorio beschränkt werden." Auf dieses bemerkt Dr. Bahr, daß mit dem Antrage die Frage aufgeworfen sei, ob Appellation die volle Prüfung des Thatbestandes mit oder ohne nova stattfinden solle, und daher darüber zu verhandeln sei. Die Majorität lehnt weitere Verhandlung ab. bei der Abstimmung wird Satz II nach dem Antrage des Referenten, der Satz III nach dem Sabarth mit Majorität angenommen. IX. 2. b. 296—336.	
Laut Berichterstattung der Obertribunalrathes Dr. Waldeck wurde in der 4. Abth. beschlossen: Der d. J. T. erklärt, der baldige Erlaß eines für alle deutschen Staaten geltenden Gesetzes über die gegenseitige Vollstreckbarkeit der rechtskräftigen Zivilrechtserkenntnisse sei für ein dringendes Bedürfniß zu erachten. I. 291. 334.	In der 2. Plenar-Versammlung des 1. d. J. T. angenommen. I. 291.

Ursprünglicher Antrag	Anträge der Gutachter
2. Des Stadtgerichtsrathes Dr. Eberty: „Der Personalarrest wegen Schulden findet a) in Wechselsachen, b) wegen verweigerter Offenlegung des Vermögens, c) sonst nur bei nachgewiesenem Betruge statt.“ II. 2. b.	Rechtsanwalt Kalm v. Bernburg erklärt sich prinzipiell als Gegner des Personalarrestes, hält jedoch die Beibehaltung desselben in Wechselsachen für nothwendig, die in den Fällen b) und c) für unzulässig, schlägt aber motivirte Tagesordnung deßhalb vor, weil eine einzelne Materie der deutschen Zivilprozeßordnung nicht besonders behandelt werden dürfe, um das ganze Werk zu erschweren oder in die Ferne zu rücken.“ IV. 1. 79—94. Stadtrichter Primker von Breslau stellt es als wünschenswerth auf, daß in Handelssachen die Personalexekution als prinzipales Exekutionsmittel und gleichzeitig mit der Vermögensexekution gestattet werde. IV. 1. 96—107.
3. Kreisrichter Zenthöfer aus Rybnick: „Der Juristentag wolle folgenden (auf Abschneidung von Streitigkeiten oder wenigstens des ordentlichen Prozesses abzielenden) Vorschlägen seine Zustimmung ertheilen: 1. die durch eine öffentliche qualifizirte Urkunde beglaubigte privatrechtliche Befugniß, beziehungsweise Obliegenheit ist, im Falle sie nicht von einer sogenannten Suspensiv-Bedingung abhängt, innerhalb einer bestimmten Frist ohne vorherigen Prozeß exekutionsfähig. 2. Der Streit über eine privatrechtliche Befugniß, beziehungsweise Obliegenheit ist versuchsweise ohne ordentlichen Prozeß in der Art beizulegen, daß a) das Erkenntniß nach dem gesetzlich statthaft erfundenen Antrage des Berechtigten ertheilt und bei unter-	a) Hofrath v. Weixelbaum aus Wien sprach sich gegen den ersten Satz in seiner Allgemeinheit aus, b) erklärte den Satz a) zu 2 theils durch die Praxis überholt, theils nicht für alle Prozeßformen anwendbar, c) stimmte dem Satze b) zu 2 zu, d) verwarf den 3. Satz als nicht für alle Prozeßformen zulässig. IV. 1. 135 bis 139. Obergerichtsadvokat Dr. Ladenburg aus Mannheim bemerkt zum Satze 1, daß nicht klar sei, was den Antragsteller unter qualifizirter Urkunde verstehe und nicht rathsam erscheine, dem Gläubiger zu gestatten, Exekutionen unmittelbar ohne vorausgehenden Zahlbefehl nachzusuchen. Zum Satze 2 a, daß die Institution des bedingten Mandatsprozesses damit gemeint

Verhandlung in der Abtheilung	Verhandlung und Beschlußfassung in der Plenar-Versammlung
In der vereinigten 1. und 2. Abth. des 4. d. J. T. beantragte der Referent Justizrath Dorn aus Berlin von allen Ausnahmen abzusehen und auszusprechen: „Der Personalarrest ist kein zulässiges Zwangsmittel zur Vollstreckung der Judikate.“ Kreisrichter Dr. Gad aus Sagan, Adv. Dr. Auerbach aus Frankfurt a. M., Prof. Dr. Kuntze aus Leipzig beantragen die Ablehnung des Antrages des Referenten, wogegen Hofgerichts-Prokurator Dr. Braun aus Wiesbaden vorschlug, daß die Personalhaft 1. zu beschränken sei auf a) Handels- und Wechselsachen, b) verweigerte Offenlegung des Vermögens und Betrug, c) auf den Sicherheitsarrest, 2. daß sie zu beschränken sei auf ein Jahr. Nachdem der Abth. Präsident Dr. Gneist einige statistische Daten mitgetheilt, der Berichterstatter Dorn seinen Antrag aufrecht erhalten und Dr. Braun seinen Antrag zurückgezogen hatte, wurde der des Referenten abgelehnt. IV. 2. 197—211.	Wurde vom Referenten Justizrath Dorn in der 2. Plenar-Versammlung des 4. d. J. T. der Abtheilungsbeschluß zur Kenntniß gebracht. IV. 2. 126.
Wurde in der 4. Abth. des 3. d. J. T. zur weiteren Vorbereitung der ständigen Deputation überwiesen. III. 2. 594. In der 4. Abth. des 4. d. J. T. wurde Satz 1 und 2 lit. a nach Antrag des Referenten Kohlschüter aus Dresden abgelehnt. IV. 2. 326. Gegen Satz 2 lit. b sprechen Adv. Lingmann aus Koblenz, Rechtsanwalt Spiegelthal aus Kolbe und Adv. Dr. Hofer aus Wien, wogegen Rechtsanwalt v. Thielenfeld aus Frankfurt a. O. den Antrag stellte: „Es sei wünschenswerth, daß jedes Rechtsverfahren mit einem Termine der Sühne beginne.“ Ueber Antrag des Referenten wurde Satz 2 b und der Thielenfelds abgelehnt — desgleichen Satz 3. IV. 2. 329—330.	In der 2. Plenar-Verdes 4. d. J. T. wurde der Abtheilungsbeschluß von Dr. Berger mitgetheilt. IV. 2. 116.

Ursprünglicher Antrag	Anträge der Gutachter
bliebener Erhebung des dem Verpflichteten dagegen innerhalb einer bestimmten Frist zulässigen Widerspruchs für wirksam erklärt, eventuell b) auf den Antrag des dergestalt in Anspruch genommenen Verpflichteten zwischen diesem und dem Berechtigten, ebenso wie auf den gemeinschaftlichen Antrag beider Theile ein Vergleich vermittelt wird. 3. Bei einer im Streite über eine privatrechtliche Befugniß, beziehungsweise Obliegenheit unter den Parteien über die Thatfrage stattgehabten Verständigung ist, vorbehaltlich der Nichtigkeitsbeschwerde, über die Rechtsfrage ohne ordentlichen Prozeß zu entscheiden." Nr. 21 der Vorlagen für den 3. d. J. T.	sei, den Vorschlag aber keine Erleichterung gewähre, da er eine förmliche Klage, Prüfung derselben durch den Richter, und vollständige Wahrnehmung des Beklagten erfordere. Der Satz 2 b) benöthige nicht erst eines Beschlusses des Juristentages, ebenso Satz 3, da ersterer selbstverständlich ist, bezüglich des letzteren aber klar ist, daß, wenn die Parteien über die Thatfrage einig sind, die Sache zur Urtheilsfällung reif sei — eine Rechtsausführung dann aber keineswegs überflüssig erscheine. IV. 1. 140—144. Gerichtsrath Wengler aus Dresden, erklärt sich gegen Satz 1 insoferne an das Vertheidigungsrecht des Beklagten verkürze — dem Satze 2 stimmt er unbedingt, dem Satze 3 unter der Voraussetzung zu, daß auf dieses Verfahren von den Parteien kompromittirt wurde und der Richter auf dasselbe eingeht. IV. 1. 353—360.
4. Kreisrichter Zenthöfer aus Rybnick: „Der d. J. T. wolle, anlangend die Ordnung des Zwangsverkaufsverfahrens, als seine rechtliche Ueberzeugung aussprechen: 1. Der im Wege der Exekution angeordnete Zwangsverkauf von Liegenschaften muß sich auf Beschlagnahme der letzteren stützen. Der Vermerk der Einleitung der Subhastation in Grund-, Inskriptions- und ähnlichen Büchern ersetzt die Immobiliar-Beschlagnahme nicht. 2. Der Antragnehmer muß auf die zu veräußernde Liegenschaft ein Angebot thun. Einer Taxe des Grundstücks bedarf es nicht. 3. Der Zuschlag wird sofort im Steigtermine dem Bestbietenden vom Kommissär ertheilt. Eine besondere Adjudicatoria ist nicht gerechtfertigt.	

Verhandlungen in der Abtheilung	Verhandlung und Beschlußfassung in der Plenar-Versammlung
Dieser Antrag kam in der 4. Abtheilung des 5. d. J. T. wegen Abwesenheit des Antragstellers nicht zur Verhandlung. V. 2. 248.	

Ursprünglicher Antrag	Anträge der Gutachter
4. Der Ansteigerer darf in bestimmter Frist die Person, für welche er geboten hat, benennen. Zession des Rechts aus dem Meistgebot ist nicht zulässig. 5. Mit der Leitung des Zwangsverkaufsverfahrens ist ein öffentlicher Notar zu betrauen. Doch ist der Austrag des Widerspruchs gegen das Verfahren und den Zuschlag, sowie die Präklusion aufzubietender Realprätendenten Gegenstand besonderer prozeßrichterlicher Verhandlungen.“	
5. Ist es zweckmäßig, die Exekution den Gerichten oder selbstständigen Beamten nach Art der Gerichtsvollzieher zu übertragen. VIII. 1. 100.	Stadtgerichtsrath Dr. Gad zu Berlin erachtet es für zweckmäßig, nicht selbstständigen Beamten, sondern den Gerichten die Exekution zu übertragen. VIII. 1. 100 bis 108. Adv. Dr. Marquard Barth zu Kaufbeuren unterscheidet die einzelnen Vollstreckungsarten und die verschiedenen Zwischenfälle hierbei, bei welchen die Gerichte einzuschreiten haben und spricht sich dahin aus: „Daß die Uebertragung der Vollstreckungshandlungen an selbstständige Vollstreckungsbeamte (Gerichtsvollzieher), so weit die Natur des Verfahrens bei den einzelnen Vollstreckungsakten sich damit verträgt, nicht allein als zweckmäßig, sondern beim mündlichen Prozeßverfahren für einen wohlgeordneten Rechtsgang als kaum entbehrlich erscheint.“ VIII. 1. 109—115. Obergerichtsanwalt Götting in Hildesheim stellt folgende Ansicht auf: „Es ist zweckmäßig, die Exekution selbstständigen Beamten nach Art der Gerichtsvollzieher zu übertragen; denn 1. dies sichert die Interessen der die Exekution nachsuchenden Partei am Besten; 2. den Gerichten wird dadurch eine Arbeit abgenommen, die bei dem regelmäßigen Verlaufe der Exekution einer richterlichen Kognition nicht bedarf, da aber,

Verhandlungen in der Abtheilung	Verhandlung und Beschlußfassung in der Plenar-Versammlung
In der 4. Abtheilung des 8. d. J. T. beantragt der Referent Justizrath Dorn aus Berlin: „Es ist zweckmäßig, daß die Exekution selbstständigen Beamten nach Art der Gerichtsvollzieher übertragen werde.“ Stadtgerichtsrath Dr. Gad aus Berlin stellt den Antrag: „Es sei zweckmäßig, den Gerichten die Exekution zu übertragen, könne aber jeder einzelnen Provinz überlassen werden, bei ihren Einrichtungen zu beharren, ohne daß die Rechtseinheit dadurch gefährdet werde, gegen welchen Obergerichtsrath Dr. Struckmann aus Hannover sich erklärt, wie auch Kreisgerichtsrath Heinsheimer aus Mannheim und Kreisgerichtsrath Bähr aus Waldshut. Nach dem Schlußworte des Referenten wird dessen Antrag mit überwiegender Majorität angenommen, und der des Dr. Gad abgelehnt. VIII. 2. 226—247.	In der 2. Plenar-Versammlung des 8. d. J. T. brachte der Referent den Abtheilungsbeschluß zur Kenntniß. VIII. 2. 327.

Ursprünglicher Antrag	Anträge der Gutachter
	wo sie ausnahmsweise eine solche erfordert, die richterliche Unbefangenheit vorweg beeinträchtigt; 3. Die Erfahrung hat diesem Systeme überall das beste Zeugniß gegeben.“ VIII. 1. 116—129. Referent im Justizministerium in Wien Freiherr v. Sacken hält für Städte und volkreiche Bezirke, wo den Parteien eine Wahl unter mehreren Gerichtsvollziehern offen steht, die Uebertragung der Exekution, d. h. derjenigen Exekutionsarten, welche nicht, wie die Exekution durch Verkauf von unbeweglichen Gütern oder die Sequestration der Leitung durch die Gerichte oder andere Behörden bedürfen, an Gerichtsvollzieher, welche im Auftrage der Partei handeln, unter der Voraussetzung für zweckmäßig, daß denselben auch das Geschäft der Zustellung übertragen werde. VIII. 1. 381 bis 387.
6. Soll die Gesetzgebung Arrest auf künftig zu verdienenden Lohn gestatten und in welchem Umfange? VII. 1. 100.	Stadtgerichtsrath Koch zu Berlin empfiehlt folgenden Satz: „Die noch nicht fälligen (künftigen) Arbeits- und Dienstlöhne, Privatbesoldungen und Gehalte jeder Art unterliegen nur zu einem Viertel ihres Betrages der Beschlagnahme im Wege des Arrestprozesses oder der Exekution.“ VII. 1. 100—122. Rechtskonsulent Dr. Otto zu Heilbronn spricht seine Ansicht dahin aus, daß ein Arrest auf verfallene oder künftig zu verdienende Löhne zu Gunsten eines Gläubigers nur dann zulässig sein soll, wenn beim Eingehen des Kreditgeschäftes eine schriftliche Anweisung auf den Lohn und vom Arbeitsgeber die Zusage ertheilt worden ist, die Anweisung seiner Zeit zu vollziehen. Ausnahmen seien bezüglich gesetzlicher Verpflichtungen (Geldstrafen, Alimenten, Schadenersatzforderungen), dann bei Privat-

Verhandlung in der Abtheilung	Verhandlung und Beschlußfassung in der Plenar-Versammlung
In der vereinigten 1. und 2. Abtheilung stellte der Referent Oberappellationsrath **Becker** aus Oldenburg, welcher auch auf die aufliegende Schrift **Hopf's** Bezug nahm, mehrere Anträge, die er aber schließlich in folgendem Satz zusammenzog: „Der Gesetzgeber hat eine Beschlagnahme der Forderung noch unverdienten Arbeitslohnes im Wege des Arrestprozesses oder der Exekution nur zu gestatten für nicht vertragsmäßige Schulden und auch für diese nur, soweit solcher Arbeitslohn nicht zu dem nothdürftigen Unterhalt des Arbeiters und seiner von ihm zu ernährenden Familie erforderlich ist. VII. 2. 91, 92. Amtsassessor Dr. **Hopf** aus Gotha stellte dem entgegen folgende Sätze: 1. Die Beschlagnahme noch nicht verdienter Arbeitslöhne auf Grund eines bestehenden Arbeitsvertrages ist juristisch unbedenklich. 2. Die Gesetzgebungspolitik gebietet jedoch, diese Beschlagnahme auf dasjenige [im einzelnen Falle durch eine causae cognitio zu ermittelnde und durch das richterliche Arbitrium festzustellende] Maß zu beschränken, welches zum Unterhalt des Schuldners und der auf ihn angewiesenen Personen nicht schlechterdings unentbehrlich erscheint. Rechtsanwalt Dr. **Otto** erklärt sich mit dem Referenten einverstanden. Advokat Dr. **Embden** aus Hamburg beantragte den Be-	In der 2. Plenar-Versammlung des 7. d. J. T. empfahl der Ref. **Lipke** den Beschluß der Abtheilung zur Annahme. Dr. **Hopf** wiederholt seinen in der Abtheilung gestellten Antrag, während Dr. **Hilse** aus Göttingen anzunehmen beantragte: „Die Gesetzgebung hat Arrest auf künftig zu verdienenden Lohn nicht zu gestatten." Oberappellationsgerichtsrath **Becker** aus Oldenburg stellte den Antrag: „Der deutsche Juristentag wolle beschließen: Der Gesetzgeber hat eine Beschlagnahme der Forderung noch unverdienten Arbeitslohnes im Wege des Arrestprocesses oder der Exekuzion nur zu

<table>
<tr><th>Ursprünglicher Antrag</th><th>Anträge der Gutachter</th></tr>
<tr><td></td><td>Bediensteten, die auf längere Dauer oder lebenslang angestellt sind, und bei Forderungen des Staates gegenüber seiner Angestellten zulässig. VII. 1. 182—187.</td></tr>
<tr><td>

3. Konkurs- und Akkordverfahren.

Kreisrichter Lesse von Thorn:
Der d. J. T. wolle sich für folgende Sätze betreffend das Konkursrecht, aussprechen:
I. Die baldige Herstellung eines gemeinsamen deutschen kaufmännischen Akkordgesetzes erscheint dringend wünschenswerth und braucht nicht nothwendig vom Zustandekommen einer gemeinsamen Zivilprozeßordnung abhängig gemacht zu werden.
II. Ein gemeinsames Akkordgesetz hat sich nicht auf den gerichtlichen Akkord im Konkurse zu beschränken, vielmehr ist auch auf Einführung eines zweckmäßigen gerichtlichen Akkordverfahrens außerhalb des Konkurses Bedacht zu nehmen.
III. Für beide Arten von Akkord sind vorzugsweise folgende Grundsätze durchzuführen:
1. Der Zeitpunkt für die Akkordschließung ist so festzustellen, daß den Gläubigern die Theilnahme daran möglichst erleichtert wird.</td>
<td>Prof. Dr. v. Stubenrauch aus Wien erklärt sich mit Satz I einverstanden, aber nicht mit dem im Satze II angedeuteten Akkordverfahren außerhalb des Konkurses.
Zu III. bemerkt er:
Zu 1. der geeignete Zeitpunkt sei nach der allgemeinen Liquidirungstagfahrt,
zu 2. die gerichtliche Bestätigung sei nothwendig, jedoch nicht wegen bloß unlauterem Vorgehen des Gemeinschuldners zu verweigern;
den Sätzen III. 3. IV. 1 und 2 (letzteren unter Voraussetzung, daß man auf einen Akkord außer dem Konkurse eingehen will) stimmt er zu. VI. 1. 40—44.
Handelsrichter Lupp zu Düsseldorf stimmt den Sätzen I und III zu, verwirft aber die Anträge II und IV, den Akkord außer dem Konkurs betreffend. VI. 1. 134—142.
Dr. jur. W. Kompe in Breslau stellt folgende Sätze auf:
„Der d. J. T. wolle
I. zunächst den Deutschen Handelsstand (— durch den bleibenden Ausschuß des Deutschen Handelstages in Berlin —) zu einem sachverständigen Gutachten insbesondere über die Sätze Nr. II. und III. des Herrn Antragstellers, mithin namentlich über die Frage ver-</td></tr>
</table>

Verhandlung in der Abtheilung	Verhandlung und Beschlußfassung in der Plenar-Versammlung
schluß auf die Löhne der Handarbeiter zu beschränken und dann absolut zu beschließen, daß die Beschlagnahme des Lohnes der Handarbeiter unzulässig sei." Rechtsanwalt Lipke aus Danzig proponirte zur Annahme: „Der Juristentag wolle aussprechen: im Wege der Gesetzgebung Arrest auf künftig zu verdienenden Arbeits- oder Dienstlohn zu verbieten, ist nicht gerechtfertigt, wohl aber ist bei Beschlagnahme von Arbeits- und Dienstlohn das Recht auf die Belassung einer Kompetenz dem Schuldner einzuräumen," gegen welchen Antrag sich Dr. Hopf aussprach. Nach den Schlußworten des Referenten wurden die Anträge Embden und Koch's abgelehnt und der Lipke's mit 42 gegen 30 Stimmen angenommen, und deßhalb der Antrag Dr. Otto's auf Beschlußfassung im Plenum genehmigt.	gestatten für nicht vertragsmäßige Schulden, und auch für diese nur, soweit solcher Arbeitslohn nicht zum nothdürftigen Unterhalt des Arbeiters und seiner von ihm zu ernährenden Familie erforderlich ist." VII. 266. 2. Nach dem Schlußworte des Referenten wurde der Abtheilungsbeschluß angenommen, die andern Anträge abgelehnt. VII. 3. 262—267.
Wurde in der 2. Abth. des 5. d. J. T. über Antrag des Kreisrichters Lesse und des Präsidenten Dr. Bluntschli beschlossen, den Antrag an die ständige Deputation zur Vorbereitung für den nächsten Juristentag zu verweisen. IV. 2. 105. In der vereinigten 1. und 2. Abth. des 6. d. J. T. stellte der Referent Rechtsanwalt Makower aus Berlin folgende Anträge: Der Juristentag erklärt den Erlaß einer gemeinsamen Konkursordnung für wünschenswerth, empfiehlt für dieselbe die Aufnahme von Bestimmungen über den Akkord, wornach dieser als Zwangsvergleich für die Konkursgläubiger wirkt und der Bestätigung durch das Gericht bedarf, hält die Ueberweisung der kaufmännischen Konkurse an die Handelsgerichte für zweckmäßig und erachtet Vorschriften über ein gerichtliches Akkordverfahren außerhalb des Konkurses nicht für erforderlich." Hofrath Dr. v. Kerstorf aus Augsburg erklärte sich für diese Anträge. Adv. Gunzenhauser aus Fürth und Dr. Knepler aus Wien sind gegen den Zwangsausgleich, für welchen Adv. Dr. Raudnitz aus Prag, Dr. Wehli aus Wien und Justizrath Dürre aus Magdeburg sprechen. Es werden hierauf der erste Satz des Referenten einstimmig, der zweite mit der auf Anregung des Adv. Dr. Voigt aus Weimar vom Referenten vorgenommenen Umänderung des	In der 2. Plenar-Versammlung des 5. d. J. T. beantragte Referent Dr. Bluntschli die Annahme des Abtheilungsbeschlusses, welche auch erfolgte. V. 2. 62. In der 2. Plenar-Versammlung des 6. d. J. T. wurden durch den Ref. Makower die Beschlüsse der Abtheilung zur Kenntniß gebracht und die von Dr. Eller vorgeschlagene Beschlußfassung in pleno abgelehnt. VI. 2. 338.

Ursprünglicher Antrag	Anträge der Gutachter
2. Der abgeschlossene Akkord bedarf zu seiner rechtlichen Wirksamkeit der Bestätigung durch das Gericht, welsich dabei auch in eine Prüfung des Verhaltens des Gemeinschuldners einzulassen hat. 3. Der rechtskräftig bestätigte Akkord gilt als Vergleich zwischen dem Gemeinschuldner und sämmtlichen Konkursgläubigern, dieselben mögen ihre Forderungen angemeldet haben oder nicht, an der Beschlußfassung Theil genommen haben oder nicht. IV. Für den Akkord außerhalb des Konkurses sind außerdem folgende Grundsätze durchzuführen: 1. Das Vermögen des Gemeinschuldners wird während des Verfahrens durch einen Gläubigerausschuß möglichst selbstständig verwaltet. 2. Die Einleitung des Akkordverfahrens hat in ähnlicher Weise, wie die förmliche Konkurseröffnung, eine Beschränkung der bürgerlichen Ehrenrechte des Gemeinschuldners zur Folge."	anlassen, ob der kaufmännische Akkord mit den Wirkungen des Zwangsvergleichs zu versehen, oder ob nicht vielmehr das Akkordverfahren nach Bremer Recht vorzuziehen sei, sowie ob und inwieweit die Einführung eines gerichtlichen Akkordverfahrens außerhalb des Konkurses als Bedürfniß sich darstelle, II. bei Erörterung und Feststellung der über den kaufmännischen Akkord zu beschließenden Resolutionen von einem gemeinsamen Deutschen Akkordgesetze zur Zeit absehen, die vereinbarten Hauptgrundsätze vielmehr den einzelnen Landesgesetzgebungen zur baldigen gleichmäßigen Einführung empfehlen, III. als solche Hauptgrundsätze eventuell folgende bezeichnen: 1. Der Akkord ist als reiner Privatvertrag zwischen den Kontrahenten zu behandeln; er bindet nur die Kontrahenten und verpflichtet nicht die dissentirende Minderheit zum Nachlasse ihrer Forderungen, beschränkt vielmehr nur die Ausübung ihrer Rechte für eine gesetzlich zu bestimmende Zeit (erzwungene Stundung). 2. Der Akkord ist nicht abhängig zu machen von dem Verhalten des Gemeinschuldners und von der Prüfung desselben durch das Gericht, resp. den Kommissär. 3. Das Akkordverfahren wird geleitet und resp. der Akkord bestätigt von einem gerichtsseitig dafür bestellten Kommissär, und ist, wo Handelsgerichte nicht bestehen, jedenfalls ein Kaufmann als Sachverständiger hinzuzuziehen. 4. Der Akkordtermin ist erst nach der — schleunig zu bewirkenden — Feststellung der Aktivmasse abzuhalten. 5. Wo das Bedürfniß besteht, ist auch ein gerichtliches Akkordverfahren außerhalb des Konkurses einzuführen. 6. Die in Nr. IV. 1, 2 enthaltenen Sätze des Lesse'schen Antrages. VI. 1. 164—176.

Verhandlung in der Abtheilung	Verhandlung und Beschlußfassung in der Plenar-Versammlung
Wortes „Konkursgläubiger" in „mit einem Pfand oder Vorzugsrechte nicht versehene Gläubiger" — sowie die übrigen Sätze mit großer Majorität angenommen. VI. 2. 117—129.	

Druck von Jos. Feichtinger's Erben in Linz.

FSC
www.fsc.org
MIX
Papier | Fördert gute Waldnutzung
FSC® C083411

Kolibri 360 GmbH
Ferdinand-Jühlke-Straße 7
99095 Erfurt, Deutschland
produktsicherheit@kolibri360.de